U0574188

新 史 学

观 古 今 中 西 之 变

镜像中的历史

孙 江 著

北京师范大学出版集团
BEIJING NORMAL UNIVERSITY PUBLISHING GROUP
北京师范大学出版社

代序 "后真相"中的"真相"*

　　反智主义（anti-intellectualism）思潮弥漫全球。英国公投"脱欧"和美国总统大选特朗普的胜出，不仅让媒体大跌眼镜，也使反智主义一跃而成为大众普遍关注的话题。2016 年 11 月 16 日，《牛津英语词典》将 post-truth（"后真相"）选为年度词汇，认为"后真相"反映了 2016 年是"非常紧迫"的政治性的一年。同年 12 月 9 日，德语协会也将"后真相"（postfaktisch）选定为年度词汇，指出与事实相比，"俨如感同身受"。

　　所谓"后真相"，《牛津英语词典》的解释如下："在公共舆论形成中，诉诸情感和个人信仰比陈述客观事实更为有效。"（Objective facts are less influential in shaping public opinion than appeals to emotion and personal belief.）这段话有三个关键词：公共舆论（public opinion）、客观事实（objective facts）、情感和个人信仰（emotion and per-

---

* 本文原载《探索与争鸣》，2017 年第 4 期。

sonal belief)。套用黑格尔的句式,情感在先,事实在后。其实,当下公共舆论中的"后真相"不过是彰显了其内涵中的非理智倾向而已。

在西语中,公共舆论(public opinion/ öffentlich Meinung/opinion publique)作为整词出现于 17 世纪,及至 18 世纪后半叶逐渐成为一个主导性的政治—社会概念。在西欧世俗化过程中,由于人从神的永恒的普遍秩序被抛入具有偶然性的时间世界,"公共"是在流动的、碎片化的不安定的社会空间中逐渐生成的,启蒙思想家将自古希腊以来的公(κοινόν/publicus)先于私(ἴδιον/privates)"转向",认为国家乃是为了保护和促进个人利益而创造出社会的。对于舆论,除了与古典真理与意见含义在唯名论上加以区别外,启蒙思想家认识到舆论附带行动,蕴含政治力量,是打破政治隐秘性的利器。鉴于此,主权者基于维持秩序的要求,常常否认公共舆论的正当性。另一方面,基于文化教育、技术手段和权力分配等因素,人们对公共舆论的参与和感受也不尽一致,公共舆论无法吸纳所有人的诉求,其诉诸理性或情感的性格为反智主义预留了滋生的空间。历史学家霍夫斯塔特(Richard Hofstadter)认为"理智没有人气"(unpopularity of intellect)①,从美国建国到 20 世纪 50 年代甚嚣尘上的麦卡锡主义,在美国文化中流淌着绵绵不断的反智主义

---

① Richard Hofstadter, *Anti-intellectualism in American Life*, New York, Alfred A. Knopf, 1963, pp. 24-25.

的潮流。霍夫斯塔特用以分析美国这一特定政治——社会环境下的反智主义概念工具具有相当的普适性，可以解释其他地区和国家存在的类似现象。

不同的是，当下的反智主义滋长于新的知识/权力氛围，是在全球化/匀质性和地域化/特殊性的张力关系中不断发酵的。传媒技术的革命和传播手段的多样化弱化了原有公共舆论的媒介功能，人们越来越多地借助新媒体获取所需信息，只要有网络，一台电脑或一部智能手机，即可将海量的信息尽纳囊中，足不出户而知晓天下。英国社会学家霍斯金斯（Andrew Hoskins）认为这是"连接性的转向"（connective turn）所带来的"活着的档案"（the living archive）的吊诡现象：一方面，它穿越看似健忘、抹去了过去感的日常数字通信，通向即时性；另一方面，比起以往的媒介，它又使过去显得近在眼前和触手可及。① 如此一来，"客观事实"不再由公共舆论来主导，而取决于分散化的小群和个体的好恶与取舍，恰似英语和德语中的诙谐调侃：letter（文字）即 litter（垃圾），Druck（印刷物）如 Dreck（排泄物），公共舆论成为一种不确定的存在。

不只公共舆论，公共历史也遭遇同样不确定性的难题。本来，情感先于事实是历史叙述的伴生物，没有哪个叙事不曾渗入个人的情感和信仰。19 世纪实证主义历

---

① Andrew Hoskins, "Media, Memory, Metaphor: Remembering and the Connective Turn", *Parallax*, Vol. 17, No. 4, Routledge, 2011, pp. 19-31.

史学矫枉过正，追求"赛先生"，这一刻板的叙述样式为20世纪史家所扬弃，年鉴学派拓展历史学的领域，关注政治以外的社会、经济、心性等，而"公共史学"则大开门户，强调历史学与当下的互动。"历史"原本属于职业群体——历史学者——耕耘的田野，而历史叙述进入公共领域之后则遭遇到其曾极力规避的问题：情感先于事实。年鉴派学者费罗（Marc Ferro）将公共历史叙述中的这一现象称为"沉默"，体现在正统性原则和集体记忆方面。① 他认为，在涉及正统性起源问题上，不管是教会和王朝，还是政党，历史叙述的机构都缺乏"透明性"。确实，如果说公共历史是一种知识性的存在的话，无论是王权的谱系还是近代国家的谱系，都多少纠缠着柏拉图所说的"高贵的谎言"。随着世代的推移，当言说变成自明的知识并内化为共同体的集体情感和信仰后，一种如哈布瓦赫（Maurice Halbwachs）所说的"记忆的社会框架"（Les cadres sociaux de la mémoire）便形成了，它影响个人的思想、情感和行动，在时间之流中依"分散法则"（a law of fragmentation）和"集中法则"（a law of concentration）而变迁。②

　　费罗的沉默类型学分析还涉及两个相反的样态：加

---

① Marc Ferro, *L'Histoire Sous Surveillance*, Calmann-Lévy, 1985, pp. 52-59.
② Astrid Erll & Ansgar Nünning, *Cultural Memory Studies: An International and Interdisciplinary Handbook*, Berlin & New York, Walter de Gruyter, 2008, p. 148.

害者的沉默和受害者的沉默。所谓加害者的沉默是一种
内化的、心照不宣的沉默。20世纪末公共历史领域最重
要的争论是围绕历史修正主义言说展开的。对于第二次
世界大战中的奥斯威辛犹太人大屠杀、南京大屠杀等,
受害者/历史的"不在场",给历史修正主义者以否定历
史"实在性"的借口,充当了"记忆的暗杀者"(assassin of
memory)的角色。① 朴素的实证主义者希冀以铁证如山
的史事进行回击,其实,经历"精神创伤"(trauma)的受
害者除了"受害"本身什么也回忆不起来了的案例在心理
学和历史学上不乏其例,比起虚实杂陈的回忆,回忆不
起来本身就是受害事实的最有力的证据。这涉及费罗所
说的受害者的沉默问题。记忆研究作为一个跨学科的概
念的兴起,直面的是当事者即将成为"过去"的现实,抢
救当事人的"历史"使记忆研究在公共史学中成为最为活
跃的一个领域。回忆(ἀνάμνησιζ/anamnēsis)是一种针
对外在刺激而进行感觉和推理的过程,古希腊语中意为
自下而上的精神活动。对于难言之隐,当事人常常选择
沉默,这最终导致集体记忆的丧失。

　　以书写为特征的历史叙述始于口传时代,口述史的
兴起犹如历史叙述的"返祖"。主编《记忆之场》的诺拉
(Pierre Nora)质疑口述史到底是当事人的历史还是设问

---

① Pierre Vidal-Naquet, ed., *Assassins of Memory: Essays on the Denial of the Holocaust*, New York, Columbia University Press, 1993.

者的历史。① 我以为，问题的核心在于个人口述多大程度上是属于个人真正经验的事实。按照哲学家利科（Paul Ricœur）的说法，记忆要成为公共史学的研究对象必须经受检验。② 个人的证言是从诉之语言记忆开始的，被讲诉的记忆从一个体制（集体）向另一个体制流动，进而进入公共领域。证者言之凿凿，闻者未必尽信，甚至有所怀疑。这样，证言就需要接受验证，不能经受诘问的证言就不能称为事实。各种证言进入档案馆，和其他有些完全不是证言的证据一起被收藏起来，进入了史料范畴。史料超越记忆痕迹，是记忆所无法匹敌的真正的制度化的东西。根据史料痕迹和记录文书，认识论建构起其相应的阐释范式。史料交由专家来判断、解释，其真实性是由史料的盖然性所决定的，有多少比例、是否首尾一贯、有多大的有效性等。历史的真实仰仗史料和记录，胜过记忆的真实度。利科认为，历史判断嵌入现代人的集体记忆之中，构成历史母体的集体记忆只有再次作为历史的累积和媒介才能成为历史学的研究对象。正如当年马克·布洛赫（Marc Bloch）批评哈布瓦赫时所说，即便记忆是集体的，也无法将记忆主体归于集体这

---

① Pierre Nora, "Entre Mémoire et Histoire", *Les Lieux de Mémorire*, Tome 1, *La République*, Paris, Gallimard, 1984. 中译本参见皮埃尔·诺拉：《记忆与历史之间：场所问题》，见《记忆之场：法国国民意识的文化社会史》，黄艳红等译，南京，南京大学出版社，2015年。

② Paul Ricœur, "Zwischen Gedächtnis und Geschichte", *Transit* 22, Winter, 2001/2002.

一实体之中，而且一旦将"集体"这一形容词视为有如个体一样可以"回忆"，则会陷入将集体视为一个自明的实体的危险。① 因此，口述史、记忆研究等当下公共史学还有一段内省和批判的路要走。

　　于是，围绕"后真相"的博弈转移到认识论的领域。在"语言学的转向"（linguistic turn）之后，怀特（Hayden White）的《元史学》揭示了"超历史"（meta-history）——meta/μετά不是"之后"，是"超越"之意——的文学性格②，这如一记炸弹，震撼了历史学的脆弱神经。论者可以不赞成怀特的观点，但不能不正视他所提出的问题：历史学的文学源泉、批判性意识形态以及历史如何成为一门学科等问题。③

　　事实是由文字所承载和传递的过去的信息，通过回忆而建构的过去的经验在记忆中是解释学的经验，如何寻觅不在场的实在呢？20世纪70年代以降，"语言学的转向"动摇了科学地说明过去的信念，但历史学者并没有放弃对历史合理性的探求和对历史现实的重构。④ 新文化史大家金兹伯格（Carlo Ginzburg）质疑怀特对"历史

① Marc Bloch, "Mémorie Collective, Tradition Et Coutume", *Revue de synthèse historique*, 1925, pp. 118-120.

② 海登·怀特：《元史学：十九世纪欧洲的历史想象》，陈新译，南京，译林出版社，2009年。

③ Hayden White, *Tropics of Discourse: Essays in Cultural Criticism*, Johns Hopkins University Press, 1985, p. 99.

④ Lawrence Stone, "The Revival of Narrative: Reflection on a New Old History", *Past and Present*, No. 135, 1979.

的想象力"与历史证明之间的相互作用、被视为文学的历史作品与历史研究的历史著述之间的相互作用缺乏必要的说明。历史学有自身的自律性,从"证据"到"事实"尚有弥合的可能性。金兹伯格认为,史料存在三种可能性:一种是假的(fake);一种本身是真的(authentic),但不可信(unreliable),因为提供者可能说谎或有误;一种是真实的和可靠的(authentic and reliable)。在此,史家可以排除前两者,针对第三者进行历史性的研究。① 文字通过视觉将语言符号化,而痕迹不是,体现在文本中的史料和表现为痕迹的史料两相对立。阿莱达·阿斯曼(Aleida Assmann)在《回忆空间》一书中专门讨论"文字"(schrift)与"痕迹"(spur)之间的关系,她认为,"痕迹里既含有逝去的文化的非语言表现——废墟和遗物、片断与碎片,也有口传传统的残滓"②。把痕迹作为非文字之物,强调痕迹的意义大于文字。这类对历史事实的探索不无效果。2009 年 10 月 24 日,年届 80 高龄的怀特在日本东洋大学做"实用的过去"的演讲中承认,在围绕"事实"与"虚构"关系问题上,"我曾犯过错误,现在清楚了。也许这样论述与话语(历史学)的关系较为妥当,即在试图忠于指示对象的同时,产生了文字

---

① Carlo Ginzburg, "Checking the Evidence: The Judge and Historian", *Critical Inquiry*, Vol. 18, No. 1, Autumn, 1991.

② Aleida Assmann, *Erinnerungsräume: Formen und Wandlungen des Kulturellen Gedächtnisses*, München, C. H. Beck, 1999, s. 209.

记述以外的意义，就其结果，虽不能说是虚构，但无论怎么看话语都承继了文学表象习惯"①。至此，纠缠多年的悬案似乎告一段落了，否，毋宁说怀特又将球踢给历史学者，何以历史学看起来像文学呢？对此，历史学者应该予以认真回答。

同样，在批判"后真相"的反智主义倾向时，霍夫斯塔特笔下的知识人是否也该反求诸己，省思自身的欺瞒和傲慢。反对西方的形而上学传统，致力于揭示近代知识的断裂和非连续性的福柯（Michel Foucault），晚年回到古希腊，大谈真理，陈述"直言"（παρρησία/parrhēsia）在古希腊政治生活中的意义。所谓"直言"，简言之，就是不畏危险勇敢地讲述真理。② 面对反智主义时代的来临，重温"直言"，如何把握和讲述真理呢？这个严肃的问题等待每个思考"后真相"者的回答。

① ヘイドン・ホワイト：《実用的な過去》，《思想》，2010 年第 8 号。
② 米歇尔・福柯：《自我技术》，见汪民安编：《福柯文选》3，北京，北京大学出版社，2016 年，第 287～372 页。

目 录

方法

后现代主义、新史学与中国语境[*]

　　21世纪的中国历史学正处在一个十分尴尬的位置上。在欧风美雨的浸润下成长起来的新史学虽然迎来了百岁寿辰，却远未完成近代中国赋予其启蒙的历史使命。而与此同时，在现代主义和后现代主义交错混杂的氛围下，欧美的历史学在历史认识和叙述范式上发生了新的变化：由近代以来以目的论为终极目标，以对历史进行因果律的阐释为叙述方法的单数的、大写的历史，改弦更张，追求以非目的论为可接近之目标，以意义的阐释为叙述方法的复数的、小写的历史，如果把前者视为现代主义历史学的主张的话，毫无疑问，后者堪称后现代主义影响下的产物。

　　众所周知，后现代主义是对过去几个世纪支配西方思想和社会生活的诸原理和前提持怀疑、批判态度的文

---

* 本文原载杨念群、黄兴涛、毛丹主编：《新史学》下，北京，中国人民大学出版社，2003年。孙江主编：《事件·记忆·叙述》，杭州，浙江人民出版社，2004年。

化思潮，它对真实、理性、认同、客观性、进步、单一理论框架等启蒙价值观提出了挑战。在文化研究和文学批评领域里，后现代主义像光芒四射的白雪公主，人见人爱，而在历史学领域里，后现代主义如满身污泥的丑小鸭，人见人嫌，历史学者对后现代主义所提出的问题和方法怀有深刻的敌意①，不习惯或不理解福柯（Michel Foucault）式的把认识范畴置于历史情景中反复检验，从而揭示历史的非连续性、脱中心化以及话语与非话语之间区别和联系的历史研究样式，甚至面对福柯等带来的历史学革命，一些人出于恐惧试图"忘掉"这个令其讨嫌的名字②。同样，在用中文发表的著述中，虽然越来越多的研究关注后现代历史学的进展③，但持敌视态度的仍然居多。这些反感并非无故而发，曾经热烈鼓吹后现代主义批评方法，继而又倒戈批判后现代主义的伊格尔顿（Terry Eagleton）道出了个中原由：后现代主义无视历史本质，肢解历史的整体性，把历史变成了一种暂时性

---

① Robert F. Berkhofer, *Beyond the Great Story: History as Text and Discourse*, Cambrige, Harvard University Press, 1995, p. 25.

② Haas Kellner, "Narrativity in History: Post-structuralism and Since", *History and Theory*, Vol. 26, No. 4, Middletown, CT, Wesleyan University Press, 1987, p. 6.

③ 王晴佳：《如何看待后现代主义对史学的挑战》，《新史学》，第 10 卷第 2 期，1999 年。王文在回顾了后现代主义的兴起后，评述了后现代在"大写的历史"和"历史客观性"两个方面对史学的挑战，最后介绍了一些后现代主义历史著作。另外，还可以参看张永华：《后现代观念与历史学》，《史学理论研究》，1998 年第 3 期。

的、不安定的、非本质主义的叙述。① 另一方面，人们
还应该看到，恰恰是后现代主义为历史叙述拓展了一个
前所未有的新天地，后现代主义的方法不仅渗透到绿树
常青的"新史学"的实践中，而且还为历史研究提供了别
具特色的样本。限于主题，本文不打算对后现代主义与
历史学的关系进行全面爬梳，对于业已为学者探讨过的
后现代主义与中国历史研究关系等诸问题②，本文也尽
量予以回避，在以下的篇幅里，本文主要围绕后现代主
义给现代历史叙述带来了什么、欧美新史学是怎样回应
后现代主义的挑战等方面探讨新史学的后现代问题。早
在 20 世纪初，梁启超就提出了"新史学"——大写的历
史的口号，在走过了一个世纪坎坷的道路后，中国新史
学面对后现代主义的挑战可以选择什么样的历史叙述
呢？最后，本文在指出中国新史学存在的问题后，以近
年世界新史学的发展为参照，展望中国新社会史研究的
走向。

一、历史、叙述与后现代主义的挑战

历史存在于叙述之中，叙述表现历史。历史和叙述

---

① Terry Eagleton, *The Illusion of Postmodernism*, Oxford, Blackwell, 1996.
② 德里克：《后现代主义与中国历史》，见刘东主编：《中国学术》总第 5
辑，北京，商务印书馆，2001 年。德里克讨论的问题和王晴佳前揭
文略有重叠，他主要是在美国语境里讨论后现代的历史化和美国中国
学中的后现代历史学问题。本文讨论的对象和角度与其不同。

的关系通常被喻如下："一些人告诉另一些人发生了什么事。""发生了什么事"就是历史，是客观存在的，而"一些人告诉另一些人"则是叙述，是经语言表象化了的历史。在这一点上，现代主义者和后现代主义者之间并没有根本分歧，两者的分歧首先体现在以下几点上：历史是什么？历史有没有客观性？人的认识在多大程度上可以把握和认知历史？

何谓历史？自从 18 世纪后半叶现代史学兴起以来，该问题就一直纠缠着历史研究者，这是因为以启蒙思想为内核的现代史学必须在历史语境里回答与启蒙相关的思想问题。启蒙思想的核心是，在历经教育、改革和制度变化之后，人不再以无法理解的事物和他律性力量为认识对象，而以和自我相关的诸关系为主体，培养自我意识、承担责任和处理各种事务的能力。1784 年，康德（Immanuel Kant）在《答复这个问题："什么是启蒙运动？"》里指出："启蒙运动就是人类脱离自己所加之于自己的不成熟状态。不成熟状态就是不经别人的引导，就对运用自己的理智无能为力。"[1]启蒙思想家之所以重视历史问题，不仅是因为批判传统是启蒙的主要课题之一，而且还在于他们关注在传统的关系下改变人的可能性、教育人的可能性和使人向上的可能性等问题。启蒙思想给历史学带来的影响是深刻的，它产生了一种新的

---

① 康德：《答复这个问题："什么是启蒙运动？"》，见康德：《历史理性批判文集》，何兆武译，北京，商务印书馆，1996 年，第 22 页。

历史观，即进步的历史观，这种历史观与其说是一个轮廓完整的形体，不如说是一股向四方扩散的力量。在此以前，历史学是道德的学校，艺术的工具，国王和宗教的代言人。因而历史学缺乏批判精神，注重修辞而忽视事实正确与否。启蒙历史观诞生后，历史学逐渐发展出一套现代的历史叙述体系。德国社会史学家科卡（Jürgen Kocka）在《历史与启蒙》一书里专章讨论启蒙思想与历史的关系，他把启蒙思想给迄今为止的历史学带来的变化归纳为四点。

第一，作为启蒙进步思想的一部分，形成了集体的单数形的历史表象——在某种意义上，也是现实过程的一部分。在此之前，存在着复数的历史，但是启蒙的世俗思想否定了这种复数的历史，它通过对过去的解释打通了过去和现在的联系，进而暗示了未来和现在的关系，构筑了过去、现在和未来的连续性。

第二，形成了确保历史学作为学问的一整套严格的方法。把事实与传说以及未经验证的意见区别开来，强调事实必须经得起方法的验证，并进而作为事实而为所有的人（不论身份、信仰、国籍、性别等）所接受。

第三，历史认识行为中所存在的对未来的展望并非来源于相对主义，而是从必须说明、反省和批判自己的"观点"和"计划"中派生出来的，为此，需要进一步完善研究方法。

第四，随着方法的完善，叙述的形式也发生了变化，开始注重讨论和论证，把历史著述和注重修辞的作品区别开来。①

科卡是德国社会史——历史社会科学（Historische Sozialwissenschaft）的旗手，他的概括揭示了启蒙史学的主要特征，概言之，基于人性同一性的信念，启蒙史学试图构建完整的哲学化的文明史，这种历史不是关于国王和英雄的事件史，而是整体的、大写的、单数的文明史。伏尔泰在《路易十四时代》（1751—1756年）中试图描述一个时代的文化精神史，《风俗论》（1756年）则包括东方世界的多样性习俗。而孟德斯鸠的《罗马盛衰原因论》（1734年）和《论法的精神》（1748年）排除了偶然因素和传说纪年似的叙述，以社会和政治的发展作为叙述中心，考察政体和自然、习俗、宗教及商业的关系。

然而，启蒙史学也有其严重缺陷：被启蒙思想否定的中世纪时代及其宗教在启蒙历史叙述中是个空白，启蒙的历史叙述缺乏对史料的彻底批判。19世纪兴起的兰克史学试图以历史中的个性及其发展的感觉即历史主义为思想依托，通过确立客观的、科学的历史学来克服启蒙史学缺乏对史料进行批判的弱点。但是，另一方面，借助历史学家的直觉把握客观事实的做法又致使主观因

---

① Jürgen Kocka, *Geschichte und Aufklärung*: *Aufsätze*, Göttingen, Vandenhoeck & Ruprecht, 1989. 参见科卡：《启蒙与历史》，肥前荣一、杉原达译，东京，未来社，1994年，第206～207页。

素混入历史叙述中，因而所谓客观性是有局限的。而且，兰克（Leopold von Ranke）把历史研究的对象限定在政治史的范畴内，在方法论上无疑使历史学趋于严密，但在历史研究对象的把握上则与启蒙思想家关注历史整体背道而驰。20世纪初，以年鉴学派为代表的新史学为克服兰克史学的缺陷，强调社会科学的方法和整体的历史观，同时，布洛赫（Marc Bloch）之后的众多的年鉴派历史学家之所以钟情于中世纪史，既带有对早期启蒙史学的矫枉过正，也含有对现代文明变动不居的倦怠。

19世纪以来的历史学形成了两个叙述传统：一个是从兰克到狄尔泰（Wilhelm Dilthey）、科林伍德（Robin George Collingwood）的解释学的传统，认识到历史学无法科学地把握和再现历史，但坚信历史学可以解释历史。与这种古典主义的文献解释学相反，另一个以布罗代尔（Fernand Braudel）为代表的历史学潮流强调关注人的思想和行为背后的物质结构和结构实体，认为可以科学地把握和认识研究对象的结构。20世纪70年代以来，后现代主义对上述史学传统提出了一系列的诘难。一个诘难是以普遍性的说明阐释历史和社会而得出的单数的大写的历史（History）——用利奥塔（Jean-Francois Lyo-tard）的话来说就是"大叙述"（grand narrative）——淹没了复数的小写的历史（history），而历史不应该也不可能只有一种叙述，应当用"小叙述"（little narrative）来替代

"大叙述"。① 另一个重要的诘难是在"历史事实""文献事实"和"解释事实"三者中，历史学家得到的"事实"究竟是哪种"事实"？现代主义史学相信可以通过科学的方法找到真理。但是，历史学毕竟不是科学，历史叙述中的主体和客体不可能截然两分，人们无法保证事实的"客观性"。在伽达默尔（Hans-Georg Gadamer）、利科（Paul Ricœur）等解释学理论的影响下，人们认识到理解是有局限的；而在福柯和德里达（Jacques Derrida）等后结构主义者看来，连构成解释原点的文本的作者都失去了存在的理由。面对历史永远不能成为科学的这类反对意见，一些历史学家相信通过某种方式可以把作为"解释的叙述"的历史与编年的、科学的历史区别开来。对于这一尝试，闵克（Louis Mink）一针见血地指出，把历史变为科学的主要困难并不在于"证据的逻辑"（logic of evidence），而在于"结论的意义"（meaning of conclusions），因为分离的结论在科学上是能成立的，而在历史研究上是不能成立的。历史学家在每一本书的最后要专门辟出一章来做总结，但是很少或者从来就没有得出过分离性的结论。② 伊格尔斯（Georg G. Iggers）认为，对"对象的信仰"在康德和韦伯（Max Weber）那里早已受到

① Jean-Francois Lyotard, *The Postmodern Condition*, trans. Brian Massumi, Minneapolis, University of Minnesota Press, 1984.
② Louis Mink, "The Autonomy of Historical Understanding", *History and Theory*, Vol. 5, No. 1, Middletown, CT, Wesleyan University Press, 1996, p. 39.

颠覆，而在20世纪的历史中逐渐消失。①

在历史是什么的问题上，现代主义史学对历史本质的执着近乎中世纪神学在讨论上帝存在时的态度。在中世纪，神学家们在论证上帝存在的时候，反复强调上帝之所以存在是因为上帝这个称呼里已经包含了存在性的成分，这就是著名的存在论证明。启蒙时代以来的历史学也形成了一个认识论传统，坚持认为历史学之所以是"科学的"，乃在于历史的客观性里包含了科学因素。不错，历史具有客观性，但是历史的客观性并不能构成历史学的科学性，历史虽是客观发生的，却只有在被叙述后始能获得意义。虽然现代主义历史学还无法认同费尔曼（Shtoshana Felman）的如下之语："我们通常把我们所说的历史设定为关于探究的学科和关于知识的形态，把我们所说的叙述设定为话语形态和文学题材。"②但是，如诺拉（Pierre Nora）最近在关于历史与记忆研究中所指出的，历史是客观性的、知识性的存在，由分析和批判性的话语所构成的"过去的表象"这一界说③，对现代主

---

① Georg G. Iggers, *Geschichtswissenschaft im 20*, Göttingen, Jahrhundert, 1993. 伊格尔斯：《20世纪的历史学》，早岛瑛译，京都，晃洋书房，1996年，第127页。

② Shtoshana Felman, *Testimony: Crises of Witnessing in Literature, Psychoanalysis and History*, London and New York, Routledge, 1992, p. 93.

③ Pierre Nora, "Entre Mémoire et Histoire", *Les Lieux de mémoire*, Tome 1, *La République*, Paris, Gallimard, 1984. 中译本参见皮埃尔·诺拉：《记忆与历史之间：场所问题》，见《记忆之场：法国国民意识的文化社会史》，黄艳红等译，南京，南京大学出版社，2015年，第3~28页。

义历史学来说应该是可以接受的。

　　20 世纪的绝大多数历史学都可以纳入现代主义的范式里。在现代主义的强大的话语霸权下，20 世纪 60 年代末兴起的后现代主义/后结构主义通过文学批评、文化研究和新历史主义等冲击了现代主义历史学，其结果在历史学引起了一场范式转化的革命——语言学的转向（linguistic turn）、解释学的转向（interpretive turn）和修辞学的转向（rhetorical turn），三者分别涉及语言、意义和解释等重要问题①，其中围绕语言学的转向争论最大。语言学的转向是界分近代哲学质变的标志，自笛卡儿（René Descartes）以来的近代哲学把意识作为认识的最终基础，通过自省的方法给世界赋予意义，阐明世界构成的过程。但是，这种以意识为中心的哲学在意识自身隐秘性的面前屡屡碰壁，很容易陷入不可知论的境地。从19 世纪末到 20 世纪初，西方哲学为了从意识的自我完结里超越出来，把哲学讨论的话题从"意识"转移到"语言"上，形成了狭义的英美分析哲学和广义上的索绪尔（Ferdinand de Saussure）、卡西尔（Ernst Cassirer）和胡塞尔（Edmund Gustav Albrecht Husserl）等人的语言哲学。语言学转向的基本观点是，语言既不体现语言之外的事实，也不是表现语言之外的事实的工具。语言不但不反映社会，相反是构成社会之物，也即正是语言构成了人

---

① Robert F. Berkhofer, *Beyond the Great Story*: *History as Text and Discourse*, Cambrige, Harvard University Press, 1995, p. 1.

的意识的主体并使之产生社会性意义。这样，一个文本由于是由其他无数文本所构成的，其存在与作者的意识和社会语境没有任何关系，历史学所依据的文献解释从根本上被颠覆了，在认识论上史料与产生史料的社会现实的关系被切断，实证主义的历史研究也被彻底否定。伯克霍福（Robert F. Berkhofer）将后现代主义向历史学发出的挑战归结为以下五个方面：脱自然化（denaturalization）和脱神秘化（demystifiction）、脱等级化（dehierarchization）、脱文献主义（dereferentialism）和脱结构（即解构，deconstruction）①，从这五个方面可以看到后现代主义的历史化或曰后现代主义历史学的基本表征。

脱自然化和脱神秘化。所谓脱自然化首先出现在有关种族（race）、少数群体（ethnicity）和性别（gender）的研究上。后现代主义否定了以往学者从生物学的角度来理解种族和少数群体的差异，理解男女之间的性差，强调在一定的社会文化关系里把握人的行为、文本和人造物等。伴随历史研究脱自然化的过程，还出现了脱神秘化的趋向。所谓脱神秘化是指在方法论上追寻社会不平等关系和形成人的行为、思想和人工制品的权力之间的关系。阶级、性社会差别和种族等不是与生俱来的，是在历史演化过程中产生出来的。脱神秘化要求把所有关于人的知识范畴和文化范畴相对化，将大写的历史消解在

---

① Robert F. Berkhofer, *Beyond the Great Story: History as Text and Discourse*, Cambrige, Harvard University Press, 1995, pp. 4-11.

具体的社会文化情景里。正如俄尔马斯(Elizabeth Deeds Ermarth)所指出的,"后现代主义者从来就不谈'历史事实',这倒不是因为在限定的局部范围之外不存在'事实',而是因为在限定的局部范围之外不存在'历史'"①。

脱等级化。尽管区别精英文化和民众文化有时并不那么容易,脱等级化试图侵蚀和溶解区别精英文化和民众文化的学术和美学边界。在新历史主义的推动下,民众研究和文化研究获得了进一步展开。新历史主义通过比较研究文学精品/文学文本和一般历史文献发现,两者都是一个给定时期的社会文化关系中的一部分,证明了以往的大写的文化/历史只是小写的文化的一部分。就历史研究领域而言,在福柯之前分别流行着两种权力分析框架,即马克思的经济基础/上层建筑模式和韦伯的支配/被支配模式,其共同点都是强调权力的等级特征,而在福柯那里,通过知识/权力的话语实践关系消解了权力的支配性性格②。新文化史研究受到福柯的知识/权力论的影响,它试图通过语境化的实践将文化和政治放在同一个平台上。

脱文献主义。语言的使用不能与其作为社会基础的

---

① Elizabeth Deeds Ermarth, *Sequel to History*:*Postmodernism and the Crisis of Time*, Princeton, Princeton University Press, 1992, p. 66.

② 参见福柯:《性史》,张廷深译,上海,上海科学技术文献出版社,1989年,第2卷相关内容。

话语实践相分离。语言和概念的脱等级化动摇了价值判断的基础，直接导致了脱文献主义和解构。脱文献主义在思想上反对本质主义，否认文学和其他语言文字之间有任何区别。脱文献主义否定过分强调语言事实、超越性意义和坚持抽象范畴的本质主义，它对主体和客体的真实地位提出了质疑，进而否定了构成语境的存在的性质。

解构。文献主义至上遭到质疑后，历史本身也被视为文本。德里达在《论文字学》里有一句名言："文本之外一无所有。"既然文本之外一切都不存在，那么就应该把一切都作为文本来解释。后结构主义者批评把范畴自然化、本质化和统一化的做法，反对男/女、自然/文化、真实的（real）/人造的（artificial）、理性/情感、自我/他者、公共的/私人的等，甚至还包括能指（signifier）/所指（signified）、理论/实践、原因/作用以及真理/想象等二元对立的形而上学，认为应当抛弃这些支配西方的文学文化价值体系，关注文本内部的紧张（tension），消解语言的等级化倾向。后结构主义彻底消解了启蒙时代以来的结构的历史观。当然，正如人们所知道的而又常常误解的，后结构主义对历史文本的解构不单单是对"结构"的否定和破坏，而是通过对"结构"的接受和侵犯之"两义性"操作，揭示一个"总体"是怎样被"结构"的，因此"解构"（deconstruction）既不是否定也不是肯定。① "de"这个前缀与其说是"解体",不如说暗示了系谱学上的迂回。

以上五个方面互相关联,其中尤其以脱文献主义和脱结构对历史学的冲击最大。可以想见,以后现代主义的观点和方法叙述的历史将有别于现代主义历史学,后现代主义为人们对历史的阅读带来了新的无限的可能性,同时也挑起了一场深刻的史学范式革命。不管对后现代主义持有怎样的敌视态度,从此以后,历史学家对历史的叙述将无法回避现代与后现代的辩证对立:单一性/复数性,普遍性/特殊(差异)性,中心/边缘,真实/虚构,一元论/多元论,统一的自我/分裂的自我,生物决定论/文化主义决定论,等等。福柯在撰写《哲学家词典》"福柯"条时,自称在欧洲近代哲学的传统中继袭了康德以来的"批判性"传统。② 在康德发表《答复这个问题:"什么是启蒙运动?"》之后两百年的 1984 年,即将被病魔带向另一个世界的福柯在《回答启蒙是什么的提问》一文里,回顾了 18 世纪以来的启蒙思想的发展轨迹,讨论了影响至今的启蒙思考样式背后的"现代性"哲学精神——福柯称之为"我们自身的历史存在论",福柯认为对启蒙思想进行的批判并不是要追求普遍的形式上的结构,它以历史调查的形式来展开,在目的论上是

① 守中高明:《脱构筑》,东京,岩波书店,1999 年,第 7 页。
② 福柯:《米歇尔·福柯思考集成(1984—1988)》第 10 卷,东京,筑摩书房,2002 年,第 102 页。

"系谱学的", 在方法论上是"考古学的"。① 在现代主义语境里形成的新史学面对后现代主义的挑战、重新界定新史学的位置时, 从福柯的"系谱学"和"考古学"中无疑可以得到启示。

二、从"新史学"到"新新史学"

那么, 西方历史学界是怎样回应后现代主义的挑战的呢? 限于篇幅, 这里暂不对新历史主义(new historicism)进行评介, 这在各种后现代主义的叙述中已经被反复提到, 王晴佳和德里克(Arif Dirlik)在各自的中文论文里也先后评介了一些被视为具有后现代主义特征的历史著述。一般而言, 新历史主义由于放弃了启蒙时代以来形成的历史学的基本原则, 在历史学界被视为异类, 它与其说被看作历史学的一部分, 不如说被看作文学的一部分。其实, 即使撇开新历史主义不谈, 要从"传统的"历史学角度考察后现代主义的观念和方法对历史学的渗透也非易事, 因为对于坚守主客体二分的认识论原则的现代史学来说, 后现代主义是个不祥之物, 没有一个以历史学为职业的人愿意在自己的脖子上套上一根绳

---

① 福柯:《米歇尔·福柯思考集成(1984—1988)》第10卷, 东京, 筑摩书房, 2002年, 第20页。中译本参见汪晖、陈燕谷主编:《文化与公共性》, 北京, 生活·读书·新知三联书店, 1998年, 第422～442页。

子，放弃对历史客观性的追求，宣称自己所从事的研究是虚假的话语游戏。伯克(Peter Burke)曾经说道："如果我们仔细审视（历史学里存在的）解构、后结构主义和与此相关的其他方面的进展，将没有什么东西可以奉告。"①但是另一方面，如果回顾一下第二次世界大战以来，特别是 20 世纪 60 年代"造反文化"(counter culture)以来的"新史学"(new history)的实践便不难发现，表面上在历史学内无所依归的后现代主义，其一些因素早已融入当今的历史学中，甚至可以说后现代主义的影子在历史学中已经无处不在了。新史学的继承者在重新调整和确认历史学的基本立场后，正在对后现代主义做出积极的防守反击。

"新史学"一词自诞生以来常新不旧。鲁滨孙(James Harvey Robinson)在 1912 年出版的《新史学》一书里呼吁历史学需要进行一场"革命"，声称新史学是借助人类学、经济学、心理学和社会学等方法研究人类既往的全部活动。② 因此，长期以来，即使是在西方史学界，如上文提到的伯克等著名历史学家也误以为鲁滨孙是"新史学"一词的发明者。其实，单就词语来看，德国史学家兰普赫特(Karl Gotthard Lamprecht)早在 1896 年在批

①　Peter Burke, ed. , *History and Social Theory*, Cambridge, Eng. , 1992, p. 121.

②　鲁滨孙:《新史学》，齐思和等译，北京，商务印书馆，1989 年，第 20 页。

评兰克及其门徒、阐述自己的历史认识时就使用了"新史学"一词。如果对"新史学"的由来进一步进行知识考古的话，法国哲学家贝尔（Henri Berr）在1890年发表的一篇短文里就提到了"新史学"①。当然，真正使"新史学"扬名世界的则是后出的法国年鉴学派。1929年，布洛赫（Marc Bloch）和费弗尔（Lucien Febvre）为了对抗兰克学派的实证主义史学，创办了《社会经济史年鉴》（Annales d'histoire economique et sociale），他们提出了"活着的历史"（l'histoire vivante）、"新史学"（la nouvelle histoire）的主张，要求打破狭隘的学科分际，进行多学科的交叉研究，年鉴学派的这一主张在其第二代代表布罗代尔那里被推至一个高峰，确立了年鉴学派新史学在历史学界的霸权地位。20世纪70年代，勒高夫（Jacques Le Goff）等第三代年鉴学派学者重倡"新史学"，他们虽然强调新史学是有源头的活水，但是已经让人隐约感觉到他们开始对布罗代尔的结构的、整体的历史叙述产生了危机感。

本来，结构和历史学互不相干，因为历史是由主体即具有感性的人叙述出来的，而在结构主义者叙述的历史中找不到主体的位置。布罗代尔的历史学之所以被称作是"结构的"历史学，是因为他对历史概念进行了扩大

---

① Ignacio Olabarri, "'New' New History: A Long Durée Structure", *History and Theory*, Vol. 34, No. 1, Middletown, CT, Wesleyan University Press, 1995, pp. 4-5.

解释，将历史视为长时段地理历史作用下的产物，而且，历史的变化不仅可以借助事件来加以说明，个体的人的意识还可以置于缓慢的长时段的时间变化里加以测定。需要指出的是，长时段的历史虽然是结构变化的历史，但其变化是通过对"变化"的类型化而为人们所认知的，并不是说结构决定了变化。年鉴学派之前的欧洲历史学中占主导地位的历史叙述关注短时段的事件史，在这种叙述下，历史被刻画为绘画一样客观化的存在，不存在重构历史的观念。然而把历史视为如风景般的存在后，人们其实已经根本无法捕捉历史了。与此相异，布罗代尔认为，历史的存在具有多样性，不能单从一个侧面观察历史，历史研究的问题群要像纺织品一样不断地被编织起来。① 问题是，布罗代尔虽然承认历史具有多样性，但是在他企图构筑的整体历史（total history）的背后隐藏着寻找普遍历史（universal history）的野心，结果，原本并没有否定主体意义的布罗代尔的结构历史学在后来的历史学实践中竟演变为没有主体的客观性历史学。

"新史学"历史既久，含义亦杂，内容则更因人而异。在各种观点兼容并包的新史学大家族里有四大学派最为著名，即年鉴学派②、以马克思在历史学领域里的

① Fernand Braudel, *On History*, trans. Sarah Matthews, Chicago, University of Chicago Press, 1980, pp. 9-10.

② 年鉴学派之外，法国还有另外三个社会史学派，分别从大革命史、经济史和法制史角度入手研究社会史问题。

继承人自负的马克思主义学派①、美国的社会科学史学派、强调研究"社会的历史"的德国比勒费尔德（Bielefeld）学派②。伯克在回顾传统旧史学（即19世纪的兰克史学）和新史学时指出，两者的不同具体表现在如下几个方面：政治史/整体史、事件/结构、自上而下/自下而上、仅仅使用"公家"文献史料/"公家"与"私人"文献史料并用、绝对客观性/相对客观性，以及历史学家提问方式的改变，等等。③ 伯克举证的新史学的上述特征不仅为广大历史学者和读者所认同，而且已经成为常识性的知识，他在文章里回避了新史学所面对的后现代主义的挑战问题，但是其所编论文集涉及内容广泛，如收录的"来自底层的历史""女性史""身体的历史""微观历史""事件史和叙述的复活"等都带有后现代的影子。伯克这种不动声色地为新史学寻找出路的做法和他对后现代主义一贯持有的怀疑态度是一致的。

继伯克之后，西班牙史学家奥拉巴里（Ignacio Olabarri）把新史学的特征概括为十点，概言之，即相信历

---

① Eric Hobsbawm, *On History*, London, Weidenfeld & Nicolson, 1997, p. 157.

② 参见 Jürgen Kocka, *Sozialegeschichte：Begriff-Entwicklung-Probleme*, Göttingen, Vandenhoeck & Ruprecht, 1986. 科卡：《社会史是什么——它的方法与轨迹》，仲内英三、土井美德译，东京，日本经济评论社，2000年。

③ Peter Burke, "Overture：The New History, its Past and its Future", Peter Burke, ed., *New Perspectives on Historical Writing*, Cambridge, Cambridge University Press, 1991.

史学是科学，是与自然科学对应的社会科学；强调和其他社会科学的合作，因为在研究人类社会上它们的目标是一致的；整体的历史解释；关注集体现象；结构的历史；社会科学的历史；辩证地对待现在和过去的关系；承认文化和道德相对主义；后康德主义者认为知识"构成"（constitutes）现实；作为"现代的"历史的一部分，试图根据"解放的意识形态"（ideology of emancipation）或进步的概念来解释过去。① 奥拉巴里所指出的第一点和最后一点十分重要，即截至 20 世纪 70 年代的所谓新史学只是相对于 19 世纪的兰克史学而言，可以置于近代启蒙史学的谱系里来把握，为此，人们不难理解勒高夫为什么会把新史学的祖先追溯到 18 世纪启蒙思想家伏尔泰那里②。

但是，20 世纪 70 年代末年鉴学派重提新史学，并不单单是因为新史学内部发生了危机，也是新史学面对后现代/后结构主义的挑战而不得不做出的应变反应。在"旧"史学家眼里，这个"新史学"已经与 70 年代以前的"新史学"截然不同，带有后现代主义的色彩。保守的西默法伯（Gertrude Himmelfarb）讥讽道："新史学多样性的增殖那么快，修辞和原理阐述变得如此粗俗，整个学

① Ignacio Olabarri, "'New'New History: A Long Durée Structure", *History and Theory*, Vol. 34, No. 1, Middletown, CT, Wesleyan University Press, 1995, pp. 9-11.

② 勒高夫等编：《新史学》，姚蒙译，上海，上海译文出版社，1989 年，第 18～19 页。

科已经远远逸出'新史学'的范畴，乃至让人不能不称其为'新新史学'（new new history）。"①正如上文已经述及的，脱文献主义和解构不但打破了现代主义史学的内聚力，而且 70 年代以后的新史学内部也出现了一些背反现象：构建整体史和历史学社会科学化之间的矛盾，具有后现代主义意识的学者开始拒绝启蒙史学的"主导叙事"（master stories），这是以往近半个世纪新史学传统里所没有过的现象。

20 世纪 80 年代，年鉴学派面对"语言学的转向"所引发的历史认识论的危机，开始检讨历史认识问题。1989 年，《年鉴》编辑部出版了题为《历史和社会科学：批判性的转变》的专集，从 1994 年第 1 期起，杂志更名为《年鉴：历史、社会科学》（*Annales. Histoire*，*Sciences Sociales*）。② 在《历史和社会科学：批判性的转变》专集里刊载了夏蒂埃（Roger Chartier）的《作为表象的世界》一文，该文可以视为新史学在认识论上认真地思考和回答后现代主义的挑战之作。夏蒂埃出生于 1945 年，是当今最受瞩目的历史学家之一，他从法国后现代思想汲取营养，借用社会学家布尔迪厄（Pierre Bourdieu）"实践"

---

① Gertrude Himmelfarb, "Some Reflections on the New History ", *The American Historical Review*, Vol. 94, No. 3, 1989, p. 661.

② 《年鉴》杂志中，"社会"一词的词性变化值得注意。1929 年杂志创刊时"sociale"是形容词，用于修饰"经济"。1946 年，杂志改名为《年鉴：经济、文明、社会》后，形容词变为名词"sociétés"，而 1994 年更名后的杂志，经济、文明、社会的结构区分不见了，成为"历史与社会科学"。

（pratique）等概念试图构筑文化的历史学①，著有《读书的文化史——文本、书籍和解读》等。在勒高夫领头编著的《新史学》里，他是四位编者之一。令人遗憾的是，姚蒙在选编《新史学》的中译本论文集时没有收录这么重要的历史学家的著作。

《作为表象的世界》一文是应《年鉴》编辑部之约所写的，在文中，夏蒂埃首先确认了以结构主义和马克思主义为代表的社会科学的整体论解释系统的危机，这些以往占有支配地位的范式开始被人弃之一旁，而且，人们还放弃了对从这些范式里导出的意识形态，也即对把西欧自由主义的资本主义社会改变为社会主义社会模式的信仰。对于社会科学的危机所引发的历史学危机，新史学的反应有两种：一种是将挑战者包含在自身中，为历史研究的菜单上增加新的项目和花样，广泛借用其他学科的方法，结果出现了20世纪30年代《年鉴》创刊伊始的"返祖"现象。虽然这种做法在一定程度上有助于消解历史学所面临的危机，但是夏蒂埃认为它完全低估了80年代末历史学所遭遇的危机的实质。这次危机与新史学的开拓者所经历的危机的性质完全不同——这次危机不再是在社会科学的名义下批判历史学的偏颇，而是对

① "实践"（pratique）是布尔迪厄社会学里的一个重要概念，是指人后天得到的，并且成为习惯的行动。Pierre Bourdieu, *La Reproduction*, Paris, Éditions de Minuit, 1970. 参见布尔迪厄：《再生产》，宫岛乔译，东京，藤原书店，1991年。

构成社会科学基础的原则进行批判。首先，它呼唤主体哲学的回归。主体哲学拒绝集体决定和社会性条件的作用，试图找回"支配人行为的明确的自省动机"。其次，它呼唤政治研究的回归。因为只有政治性的东西才能提供"构筑全体性的新的钥匙"①。因此，历史学必须重新审视研究对象、交流对象和历史认识的构架等问题，研究对象要以对政治本质的追究为原点重新构架，交流对象应该赋予政治学和法学以优先权，应该抛弃"批判的范式"，根据意识的哲学重新界定历史认识的构架。

基于上述认识，夏蒂埃认为要与20世纪60年代以来支配新史学的历史认识原则保持距离，这些原则具体而言就是：第一，全球史（histoire globale）的视野。这种全球史认为可以把社会总体的各个层次归结为一点，并构建其内在的联系。夏蒂埃宣称要放弃"布罗代尔模式"，不必区分经济的、社会的、文化的、政治的等人的活动性质，也不必对各个层面所具有的时间性设置阶层秩序，不必去寻找技术、经济等决定性因素，通过构成社会的各种结合和对立关系等方法重新阅读社会。第二，研究对象的空间设定。这是那种描述置于都市、地域、地方等特定空间里的社会的研究，如此一来，整体

---

① Roger Chartier, "Le monde comme représentation", *Annales ESC*, No. 6, 1989, p. 1507. 中译版参阅 R. 沙蒂埃：《作为表象的世界》，水金译，《国外社会科学》，1990年第7期，第13~17页。（沙蒂埃与夏蒂埃为同一人，译法不同。——编者注）

史(histoire totale)所要求的收集和处理大量资料的工作始能得到实现。而夏蒂埃认为，通过研究个别事例并不能推导出一般性。第三，社会阶层的区分。这种区分法被视为能够把握文化差异和分割原因的有效方法。夏蒂埃认为应该放弃社会分层的想法。①

那么，应该选择什么样的研究呢？夏蒂埃以其个人研究为例提出了一个可供参考的样本。他的研究是由在以往的学术传统中被切割为三极的部分所构成的。第一极是关于文本的批判研究，不管什么样的文本都从内部构成和意图两面进行解读。第二极是书籍，广而言之是以文字为交流的一切历史。第三极则是对书籍、图像等象征资本(biens symboliques)以多种形式将其变为自己的研究对象，分析其产生不同用法和意义作用之实践。他批判以往认为书籍所记载的文本本身即体现意义的认识，认为书籍包括三个要素：文本、载录文本的书以及阅读文本的读者。文本以书为媒介，在读者的阅读过程中获得意义。这样，夏蒂埃把世界即历史置于表象的层面加以考察，把自己与以往的新史学区别开来了。以往的新史学认为世界是实体性的存在，可以作为研究的对象来把握。② 正如研究法国史的日本学者二宫宏之指出

---

① Roger Chartier, "Le monde comme représentation", *Annales ESC*, No. 6, 1989, pp. 1508-1509.

② Roger Chartier, "Le monde comme représentation", *Annales ESC*, No. 6, 1989, pp. 1509-1511.

的，夏蒂埃虽然没有论及历史认识论的问题，但从中不难看出他认为历史学家的历史认识只是一种表象行为。这种认识论上的转变是以两个形式发生的：一方面，在具体发生的事情和史料的相互关联层面上，可以确认史料的绝大部分是记录者表象化的产物；另一方面，在历史叙述的层面上，由于历史学家的记述属于叙事领域，历史学家的工作就是以作为表象的史料为媒介，进一步将史料表象化的二重性表象行为。① 可见，夏蒂埃既在主体、意识等问题上回应了后现代主义的挑战，也在历史认识论上与新史学决裂。

当然，西方历史学界关注后现代主义挑战的不止《年鉴》一家，许多著名的历史学杂志如《过去与现在》(*Past and Present*)、《历史与理论》(*History and Theory*)、《美国历史评论》(*The American Historical Review*) 等都组织过专题讨论。那么，通过讨论历史学家在哪些问题上达成了共识呢？又在哪些问题上依然对后现代主义采取了排斥的立场呢？

在关于"语言学的转向"(linguistic turn) 上，新史学无法接受如下后现代主义的名言所体现出来的观点：

"作者之死。"(the death of the author.)(Barthes，Roland)

"(历史是)制造虚构的运作。"(fictionmaking operation.)(White，Hayden)

---

① 二宫宏之：《战后历史学与社会史》，见历史学研究会编：《战后历史学再考》，东京，青木书店，2000 年，第 137～138 页。

"文本之外一无所有。"（il n′y a pas de hors-texte.）（Derrida, Jacques）

"真实如虚构之虚。"（the real is as imaginary as the imaginary.）（Geertz, Clifford）

后现代主义/后结构主义否定了存在从外部能够考察现实的元语言，文本不再被视为现实的对应之物，而仅仅是反映与其他文本之间的关系的存在，所有的文本都是从相互关联中产生出来的。如此一来，"过去"便被溶解在文学里。虽然不少历史学家开始意识到不管自己的话语是怎样一种形态，最终历史仍是叙述，但是恰如斯通（Lawrence Stone）在《过去与现在》上撰文指出的，立足于索绪尔语言哲学激进立场的德里达理论和格尔茨（Clifford Geertz）的文化与符号人类学存在着危险性：文本成为互相映照的镜子，什么都能照出来，就是没有"真理"，因为"真理"本来就不存在。① 伊格尔斯在评论1993年夏蒂埃发表的一篇文章时明确指出，夏蒂埃并没有因为承认历史是叙述，而得出"历史叙述就是纯粹的文学"之结论，原因是历史学家不能无视史料，在方法上不能脱离科学的标准，如果没有科学，"历史学不但不能反对一切歪曲，也失去了拥护真实的权利"。作为表象的历史显示，世界是通过符号和象征的形态来表现自我的，对象征的解读需

---

① Lawrence Stone, "History and Post Modernism", *Past and Present* 131, May, 1991. "History and Post Modernism", *Past and Present* 135, May, 1992.

要符号论的方法，但是，这些原则的导入不是要否定科学性的历史标准，相反，是要强化历史研究的科学标准。[①]唯其如此，修正主义历史学尽管在个人道德上可以否认纳粹大屠杀(holocaust)、"南京大屠杀"等，但若要以历史叙述有虚构的成分便想在认识论上否认战争中的"大屠杀"行为，那将是不可能的事情。

　　平心而论，后现代主义/后结构主义对深化历史认识和历史研究具有重要意义。新史学可以在承认"作者之死"后，唤醒"作者"——历史的"主体"，重新面对过去和对过去的解释。当今的新史学("新"新史学)正摇摆在"现代"与"后现代"之间，它放弃了对整体历史的追求，放弃对整体历史的追求并不是要否定整体历史，准确地说是要抛弃那种僵化的结构的"布罗代尔模式"——普遍主义的整体史，拒绝启蒙史学所带来的令人压抑的"主导叙事"(master stories)。新史学的"解构"(既是对作为研究对象的历史，也是对作为历史叙述的自身)业已出现，虽然年鉴学派在微观史学(Microhistory)上否定认识论上的相对主义，坚信在一定程度上能够把握过去，英美历史学者反对把历史归结为纯粹的语言和主体性，意大利的历史学家反对历史是修辞和美学活动的说法，但不能就此否认新史学没有受到"语言学

---

① 伊格尔斯：《后记》，见《20 世纪的历史学》(Georg G. Iggers, *Geschichtswissenschaft im 20*)，早岛瑛译，京都，晃洋书房，1996 年，第 136～137 页。

的转向"和后结构主义之影响。① 夏蒂埃的文化社会史研究似乎受语言学转向和后结构主义的影响并不明显，但他的研究有着清晰的福柯、布尔迪厄和埃利亚斯(Norbert Elias)影响的痕迹。

三、中国语境："新史学"的坎坷之路

在对现代主义历史学的后现代遭遇和新史学话语实践做了一番走马观花似的概观后，现在可以回到中国语境上来了。中国近代/现代历史学诞生在 20 世纪之初，迄今时光已经翻转了一个世纪，但当我们翻开新史学的履历簿时，必须承认我们面对的仍然是同一本书。

在中国新史学的履历簿上，梁启超的大名位列榜首。他在 1901 年发表的《中国史叙论》中提出"前者史家"和"近世史家"的区别在于："前者史家，不过记载事实；近世史家，必说明其事实之关系，与其原因结果。前者史家，不过记述人间一二有权力者兴亡隆替之事，虽名为史，实不过一人一家之谱牒；近世史家，必探察人间全体之进步运动，即国民全部之经历，及其相互关系。"②这里，梁启超触及了近代西方启蒙史学的要

---

① Ignacio Olabarri, "'New' New History: A Long Durée Structure", *History and Theory*, Vol. 34, No. 1, Middletown, CT, Wesleyan University Press, 1995, pp. 23-24.

② 梁启超:《中国史叙论》(1901 年)，见《梁启超全集》第 1 册，北京，北京出版社，1999 年，第 448 页。

脉：因果律的、进化/进步的和民族/国民的历史叙述。

1902 年 2 月《新民丛报》从第一期起开始连载梁启超的《新史学》。在《新史学》里，梁不但提出新史学的口号，更明确批评"前者史家"的著述有四弊二病之害。四弊是："知有朝廷而不知有国家""知有个人而不知有群体""知有陈迹而不知有今务""知有事实而不知有理想"。二病是："能铺陈而不能别裁""能因袭而不能创作"。① 进而，梁启超阐述了他的进化的历史观："历史者，叙述进化之现象也"，"历史者，叙述人群进化之现象也"，"历史者，叙述人群进化之现象而求得其公理公例者也"。② 梁启超率先提出"新史学"的口号是有其西学背景（以日本作为中介）做支持的，1902 年前后梁启超发表的文字涉及从古希腊到 19 世纪西方几乎所有的重要思想，他认识到近代西方学术思想以培根（Francis Bacon）和笛卡儿为始，到 18 世纪末康德"遂和合两派，成一纯全完备之哲学"③。梁启超思想里带有许多不确定的因素，他一方面以西方启蒙思想批判中国传统的正统史学，声言"勿为中国旧学之奴隶"。试图构建进步的、国民的新史学；另一方面又声称"勿为西人新学之奴

① 梁启超：《新史学》（1902 年），见《梁启超全集》第 2 册，北京，北京出版社，1999 年，第 737 页。

② 梁启超：《近世文明初祖二大家之学说》（1902 年），见《梁启超全集》第 2 册，北京，北京出版社，1999 年，第 739 ~ 740 页。

③ 梁启超：《近世文明初祖二大家之学说》（1902 年），见《梁启超全集》第 2 册，北京，北京出版社，1999 年，第 1033 页。

隶"，其史学思想多变和矛盾的原因诚如杨念群所说，存在"表皮（西方理性）与内核（道德评判）之间的紧张关系"，最终"采取的仍是儒学的'正统观'立场"。① 尽管如此，国民的历史观念的提出标志着中国新史学意欲将其理想构建在近代民族—国家理念的基础上，梁启超在中国新史学的"现代史"上堪称"新史学之父"。

新史学在中国的诞生是近代中西遭遇的产物，也是古今中国学术思想断裂和沿袭努力的结果。除梁启超外，催促新史学诞生的还有章太炎、夏曾佑、刘师培等若隐若现的群星，还有在"创造传统"（invented tradition）②下"复活"的历史人物——一些被赋予现代性的史家和士人。③ 20世纪最初二三十年，在"新之有道，必自学始"④的驱动下，中国新史学一枝多叶，衍化出各种派系和历史观念。张岂之主编的《中国近代史学学术史》把对"新史学"的叙述纳入近代中国文化思潮的嬗变中，分成三大流派加以总结道：第一，传统文化主体论

① 杨念群：《中国历史上的"正统观"及其"蛮性遗留"》，见《杨念群自选集》，桂林，广西师范大学出版社，2000年，第9页。
② Eric Hobsbawm & Ranger Terence, *The Invention of Tradition*, Cambridge, Cambridge University Press, 1983, "Introduction". 中译本参见霍布斯鲍姆、兰格编：《传统的发明》，顾杭、庞冠群译，南京，译林出版社，2004年。
③ 即使在20世纪初期，梁启超等新史学家也并不全盘否认旧史学的传统，在梁批判的传统史学名单上，不包括司马迁、杜预、袁枢和黄梨洲等人，而且还一再赞扬明末清初的民族主义者。
④ 梁启超：《近世文明初祖二大家之学说》（1902年），见《梁启超全集》第2册，北京，北京出版社，1999年，第1030页。

的新史学流派，以王国维、陈寅恪、陈垣、汤用彤、柳诒徵等为代表，"试图把传统史学的道德人文精神转化为具有近代特征的新人文精神，把传统史学的伦理主体改造为科学与道德相统一的史学主体"。第二，文化西化论的新史学流派，以胡适、傅斯年以及和这一派有一定瓜葛的顾颉刚等为代表，"以个人主义为基本出发点，把他们理想化了的西方文化当做价值来追求"，"把史学的个性和科学性摆在第一位，提倡独立和合乎逻辑的史学研究"。第三，马克思主义文化观的新史学流派，以李大钊、郭沫若、侯外庐等为代表，"在寻求历史因果关系，发掘历史本质方面，比起其他新史学流派显得更加深入、更加辩证、更加触及历史的本质"。[①] 近年，学界对近代学术史的整理与研究已经相当深入，在以文化思潮来划分史学流派之外，还存在其他许多不同意见。[②] 但就新史学内部在认识论和方法论上的分野而言，大体没有超出 20 世纪 30 年代后半叶周予同、冯友兰和钱穆等人的认识水平。[③] 另一方面，以政治文化思潮诠释新史学的主导叙事，恰恰揭明了新史学由生而死的奥秘。

　　撇开新史学内部存在的差异，如果取最大公约数来

[①]　张岂之主编：《中国近代史学学术史》，北京，中国社会科学出版社，1996 年，第 137、151 ~ 152、159 页。

[②]　可参见罗志田主编：《20 世纪的中国：学术与社会·史学卷》（上下），济南，山东人民出版社，2001 年。

[③]　周予同：《五十年来中国之新史学》，见《五十年来中国之新史学》学林第 4 辑，上海，学林社，1941 年。

审视20世纪初万花筒般的中国新史学，不难看到中国新史学在历史认识和研究方法上的一些共同点：进化/进步的历史观的出现和科学研究方法的确立。毋庸置疑，进化/进步历史观的确立是中国新史学"现代史"上的最大的"事件"。对于这个事件，事件的当事人及其解释存在多样而且非常复杂的立场，有的当事人甚至走向了自我否定。但是进化/进步的历史观一旦汇成巨大的知识/权力霸权，便在历史—现实之轴上发生了两个互为逆反的作用。一方面，新史学的启蒙任务要求其批判传统；另一方面，新史学的现实承担则要求其建立起过去、现在与未来的直线联系。结果使新史学最终异化在现实/现时的政治语境里，从而丧失了其作为新史学之自省和批判的性格。杜赞奇（Prasenjit Duara）在其著作中，通过对不同文本的分析，揭示了直线的历史进步观在中国的现代形式，对近代中国主导叙事的霸权提出了质疑。① 杜赞奇没有涉及主导叙事和新史学之关系。在笔者看来，新史学的"现代史"就是民族国家的主导叙事主导新史学的"现代史"。在新史学里，刻意和政治文化保持距离的即如顾颉刚一类的新史学家也不能获免。众所周知，在20世纪20年代初顾颉刚提出了"层累地造

---

① Prasenjit Duara, *Rescuing History from the Nation*: *Questioning Narratives of Modern China*, Chicago, University of Chicago Press, 1995. "De-Construction the Chinese Nation", Jonathan Unger, ed., *Chinese Nationalism*, M. E. Sharpe, Inc., 1996.

成的中国古史"观,"古史是层累地造成的,发生的次序和排列的系统恰是一个背反"①,在这里顾颉刚发现了中国古史里隐藏着的"创造传统"的问题。顾颉刚的中国古史实践重在解构,即"破"——"打破民族出于一元的观念""打破地域向来一统的观念""打破古史人化的观念""打破古代为黄金世界的观念"等②,以其历史进化观和科学方法把对历史的叙述纳入经他重新排列组合的时序里。然而,顾颉刚的新史学并没有置身于现代民族—国家话语之外,他在《古史辨》第一册自序里就已经说道:"我很想就用了这个问题的研究做我的唯一的救国事业,尽我国民一分子的责任。我在研究别种问题时,都不愿与实用发生关系;惟有这一个问题,却希望供给政治家、教育家、社会改造家的参考,而获得一点效果。"③虽然,民族危机和政治剧变最终消释了顾颉刚古史辨新史学的批判性格,但这另一方面也是其新史学思想内在矛盾碰撞的结果,他在批判了历史上的"创造传统"的同时,在现实上认同了民族国家的"创造传统"。④ 新史学

---

① 顾颉刚:《〈古史辨〉第一册自序》,见《古史辨自序》上,石家庄,河北教育出版社,2003 年,第 68 页。
② 顾颉刚:《答刘胡两先生书》,见《古史辨自序》上,石家庄,河北教育出版社,2003 年,第 14~16 页。
③ 顾颉刚:《〈古史辨〉第一册自序》,见《古史辨自序》上,石家庄,河北教育出版社,2003 年,第 105~106 页。
④ 顾颉刚在《答刘胡两先生书》(1923 年 6 月) 里说道:"所谓'受命''革命',比了现在的伪造民意还要胡闹。"见《古史辨自序》上,石家庄,河北教育出版社,2003 年,第 16~17 页。

的进步/进化史观承载了太重的现实负荷，它把从前为一家一姓写作的"旧史学"变成了单数的民族国家的历史叙述，最终机械唯物论的历史观成为新史学现代史的主导叙述。

近代社会科学方法的引入是新史学现代史上的另一件大事。经验实证和演绎归纳的社会科学方法融入新史学的实践中。王国维的文献和考古材料互相印证的"二重证据法"、胡适的"大胆假设，小心求证"均体现了中国乾嘉考据学传统和西方科学方法的共存，并且在历史学研究上导出了顾颉刚的"层累地造成的中国古史"的重大发现。余英时认为顾颉刚所代表的新史学传统没有后现代主义批评的现代主义历史认识论存在的主客对立的问题，之所以如此，是因为"中国史学一方面固然强调客观性的'无征不信'，另一方面也重视主观性的'心知其意'"①。"文献即文物"（福柯语），顾颉刚的古史辨方法固然有着知识考古学的味道，但笔者更愿意将其放在和兰克历史主义同一个平台上来考虑——顾颉刚的方法最终需要仰仗的还是兰克推崇的历史学家个人的直觉。

在中国语境下，新史学被赋予了过多的现实承担。浮田和民的《史学通论》是给梁启超《新史学》以诸多启示的著作，这本书在被译成汉语时，译者在译序中声称

---

① 余英时：《顾颉刚、洪业与中国现代史学》，见顾潮编：《顾颉刚学记》，北京，生活·读书·新知三联书店，2002年，第40页。

中国之不能发达进步，中国之史不能辞其为一种原因也。① 新史学内部的观点分立往往不是由对学术规范界定的不同而引起的，而是由政治文化观的差异所决定的。周予同在论述新史学最初的五十年历史时，将新史学不同观点分为"疑古派""考古派"和"释古派"，他说道："释古派自身的论争非常激烈，而别派所给予的指斥也很露骨，但都不免含有非学术的宗派的气息，而未能为冷静的客观的论断。"② 比较中国新史学和欧美新史学，可以看到，两者有很大的不同之处。虽然，欧美新史学内部各有不同的现实关怀和学术承继，但都是在启蒙史学历经"古典历史主义危机"后，通过历史学的社会科学化而得以实现的，有着历历分明的该学科的"现代史"轨迹。③ 而中国的新史学与近代国家建设则基本上是在"共时态"的空间里同时发生的，在复杂的政治斗争下，新史学的现代轮廓刚刚形成，作为具有内省批判精神的新史学即已死亡。那么，是谁杀死了新史学呢？杀死新史学的正是新史学自己！不必追究中国历史主导叙事模式所带来的种种问题，正如本文已经陈述的，新史学对传统史学的批判可谓一语中的，但是包括梁启超在

---

① 浮田和民：《史学通论》，罗大维译，上海，进化译社，1903年，"译序"。

② 周予同：《五十年来中国之新史学》，见《学林》第4辑，上海，学林社，1941年，第33页。

③ Georg G. Iggers, *New Directions in European Historiography*, Middletown, CT, Wesleyan University Press, 1975.

内的现代主义新史学为自己预设了不可回避的宿命，将不适合现代尺度的东西弃之不问，把新史学限定在民族—国家的现实/想象空间里。梁启超批判道教的例子就很典型，他说"做中国史把道教叙述上去，可以说是大羞耻。他们所做的事对民族毫无利益，而且以左道惑众，扰乱治安，历代不绝"，"他于中国社会既无多大关系，于中国国民心理又无多大影响"。① 毫无疑问，梁启超的判断值得商榷。百年来，梁启超批评的"前者史家""书法"之四弊二病之害，在某种意义上可以以逆反的语式贴在新史学身上，即"知有国家而不知有社会""知有群体而不知有个人""知有今务而不知有陈迹""知有理想而不知有事实"（四弊），和"能别裁而不能铺陈""能创作而不能因袭"（二病）。不是吗？当新史学在意识形态的旋涡里晕头转向的时候，标榜乾嘉学风的传统史学从后台走出来冷冷发笑道：瞧啦，这就是新史学！

于是，20世纪80年代在"史学危机"的喧嚷声中人们开始关注社会史研究。社会史研究一词前面被冠以"复兴"二字，带有对往昔新史学怀恋的意味，它凸显出两个特征：终结政治叙述对历史的独占，呼唤整体的历史叙述；历史学摆脱意识形态的纠缠，加速社会科学化。作为80年代以来社会史研究的参与者和见证人，无论是以中国新史学的传统，还是以当代欧美新史学为

① 梁启超：《中国历史研究法》，上海，上海古籍出版社，1998年，第284页。

参照来审视社会史研究，笔者不能不承认中国社会史研究存在着严重的不足。80 年代的中国社会史研究本质上是一场"复古"运动，企图以社会史拯救中国历史学，把在中国历史主导叙事形成后新史学没有走完的路回头走一遍。在当代世界新史学变化的时间表上，值得我们痛加反思的是，限于学术信息的不足和学术语境的不同，我们虽然和欧美几乎在同一个时间发出了"史学危机"的呼声，但是内容却根本不同。以年鉴学派为代表的新史学要否定的是整体的结构历史和历史学过分社会科学化的倾向，而这恰恰是被我们视为社会史研究的范本而加以追求的目标！杨念群显然不满意 80 年代以来的社会史研究，试图以"新社会史"来扬弃现有的社会史研究，他虽然承认无法区别 80 年代与 90 年代的社会史，无法界定"新社会史"的内涵，只是希望通过具体研究来推进"新社会史"，但仍然给"新社会史"划定了边界："新社会史"不是一个范式转换的概念，也不是一个简单的分类范围的概念，而应是与本土语境相契合的中层理论的构建范畴，"所谓'新社会史'就是要在由传统经济史出发而构建的整体论式的架构笼罩之外，寻求以更微观的单位深描诠释基层社会文化的可能性"。① 杨念群的这个亦新亦旧的"新社会史"，按照我的解读，构建和解构的矛盾同时存在：它一方面带有新史学的现代主义特

---

① 杨念群主编：《空间·记忆·社会转型——"新社会史"研究论文精选集》，上海，上海人民出版社，2001 年，第 55 ~ 56、61 页。

征——关注方法、重视结构，另一方面带有新史学的后现代主义特征——微观的、本土语境的。而我以为中国新史学的再生必须以清算自身的旧历史即放弃结构的整体史的叙述和正面回答后现代的挑战为起点，这是建设中国新社会史的关键所在。

那么，我们可以选择什么样的新社会史呢？这个提问也可以置换成如下问题：当今国际学界的社会史研究已经进展到哪里？我们处在哪里？能够和需要做什么？第一个和第二个问题上文已经有所涉猎，概言之，社会史研究在一定程度上已经后现代化了，传统的社会史研究还在被"解构"，而我们的社会史研究还在大举复古，还停留在 20 世纪 30 年代年鉴学派初兴时期的状态，如果要对中国新社会史的发展做一预测的话，本文愿意提出以下三点意见。

新社会史可以做出的第一个选择是放弃构建整体史的野心。正如本文反复论述的，今日新史学的实践业已确认历史学家不可能构建整体史，构建整体史的努力窒息了历史学的发展。关于社会史是什么，霍布斯鲍姆（Eric Hobsbawm）曾经在《从社会史到社会的历史》中将其概括为三点：（1）社会史是社会集团及其相互关系的历史。（2）社会史就是历史，历史的所有领域都属于社会史。（3）下层社会和社会经济史等。① 这个概括揭示了

----

① Eric Hobsbawm, "From Social History to the History of Society", *On History*, London, Weidenfeld & Nicolson, 1997.

社会史是结构的、整体的和个别领域的历史等三种观点。尽管迄今在社会史是什么上人们还难以达成统一的认识，但是我们不难发现这三种社会史观都有一个共同点，即都是作为非政治叙述而诞生的。不断地自我更新和逸出常规是社会史的性格所致，新社会史要以当年对抗政治叙述的精神反抗"旧"社会史的僵化模式。我赞成日本法国史学者二宫宏之在一次关于社会史的座谈会上发表的看法："社会史概念是作为反对僵化的武器来使用的，不是自我限定的概念，而是边缘性（Hamidaxi）的概念。正因为如此，与其围绕定义争吵不休，不如研究边缘状态。"①20 世纪 80 年代以来的中国社会史研究，在为社会史划定疆界和设计构图上费时太多，在"边缘性"问题研究上成就甚少。我所谓的边缘性问题是指被近代主导叙事所排斥的东西，比如人群——包括民族、少数集团、性、阶级和年龄等以及被主流社会所忽视的人的集团、心性等，即属于后现代主义所关心的对象，而不是那种表面上的地方史、区域史和下层社会史等"边缘性"课题，后者要么是换了花样的结构的整体史，要么是那种用主导叙事写就的边缘史。新社会史与这种社会史背道而驰，它旨在把研究对象从对普遍性的关注转向地方性，从抽象的概念世界转向日常的生活世界。

新社会史可以做出的第二个选择是实现历史认识论

---

① 二宫宏之等：《思考社会史》，见勒高夫等：《历史·文化·表象》，二宫宏之编译，东京，岩波书店，1999 年，第 217 页。

的转变。新社会史不能以后现代主义否定客观性为由而对后现代主义横眉冷对，对于语言学的转向所引起的认识论危机应当认真对待。的确，新社会史在积极回答后现代主义的挑战时不无尴尬之处，不要说关于中国的历史叙述，就是世界范围内的历史叙述，迄今我们还没有看到一本成功的后现代主义版的历史。令人深思的是，现代主义历史学家和后现代主义历史著述发生的对立几乎都在文献/文本上，现代主义历史学家批评后现代主义历史学家无视文本产生的现实语境和文本在不同语境下所传达的含义，而后者则以文献即文本来对抗现代主义历史学家的诘难。我以为新社会史可以接受后现代主义/后结构主义关于解读文本的观念和方法，但决不能把文本与产生文本的语境割裂开来，否则，新社会史在历史学内将没有立足之地。

新社会史可以做出的第三个选择是摆脱以美国中国学为中心的中国研究。20世纪80年代美国中国学在认识论上批判美国中心的帝国主义，出现了回归中国语境，"discovering history in China"（在中国发现历史）的转变。近20年来，在美国中国学的启示下，国内的中国史研究已经有了长足的进步。但是，如果说中国历史学的主导叙事令人窒息的话，那种可以谓之为"discovering history in American Chinese studies"（在美国中国学中发现历史）的研究倾向也令人不安。摆脱以美国中国学为中心的中国研究，并不是要以狭隘的民族话语否定美国中国学，而是要求把美国中国学的文本与产生文本的现实语境结合起来，放在全球范围内重新认识和对待。

上述新社会史的三个选择旨在构建本土化的中国社会史/中国历史叙述。以往我们习惯于以一个先验的结构来思考中国问题，把历史的主体纳入由生产力决定的社会关系中进行集团的、阶级的分析，习惯于用一个个裔出欧美的概念模式解释中国问题，新社会史要使被抽象化进而被纳入阶级与民族/国民的框架里的人重新返回到日常生活的世界里，对其历史进行地方性的具体考察，用夏蒂埃的话说就是通过形成社会的各种结合和对立关系等重新阅读社会。在这个意义上，费孝通的"差序格局"的概念堪称迄今为止最本土化、最有影响力的中国社会理论，值得新社会史学效法。

四、迈向新社会史的尝试

作为迈向新社会史的一步，我们创办了《新社会史》。

《新社会史》第一辑的一个主题是"政治·事件的阅读方法"。政治/事件史长期以来被排除在社会史研究之外，而实际上，政治/事件与社会史具有密切的关系，很难想象脱离社会孤立存在的事件和政治。这一专题共有五篇论文。前两篇集中在清末时期，一如法国年鉴学派钟情于中世纪历史之研究——因为"近代"（modern）只是从中世纪发展出来的许多可能性中的一个，中国的社会史学者不能忘怀于晚清历史。该专题头篇论文是王笛的《街头政治》。王笛指出，在以往的史学研究中，政治史与社会史一枝二叶，各不相干。他试图通过街头这一"场"，找到把政治史和社会史结合起来的点。文中指出近代市政机构出现之前，国家权力很少介入街头的日常活动，城市居民享有一定的自治权。但是，伴随20世纪初成都社会的转型，政治空间扩展了，下层民众日常生活的公共空间却相对缩小了。因此，对大多数下层民众来讲，他们失去了一个旧世界，但并没有得到一个新世界。王冠华《抵制美货与社会运动》从集体行动规律的角度探讨了1905—1906年的抵制美货运动。他发现参与抵货的各个社会群体缺乏比较明确的共同目标，抵货本身成了运动参加者所能达成的唯一的共识，爱国热情无法支撑一场持久的群众运动。中国革命是20世纪中国历史上最重要的事件，然而，从20世纪末开始，学界出现了"告别革命"和对革命"再阐释"的两个趋向。在社会史研究者看来，这两种观点均没有跳出以往的解释框架，即按照业已概念化、模式化的革命理论来思考中国革命的实践。[①] 韦思谛（Stephen Averill）《江西山区的地方精英与共产革命》以1930年5月毛泽东的《寻乌调查》文本为中心，考察了在中国革命早期阶段地方精

---

① 参见孙江：《土匪、革命与地域社会——井冈山的星星之火》，《二十一世纪》，2003年12月号。

英的作用，指出以往关于中国革命的研究对地方精英没有予以充分注意，人们总是把精英作为革命的对象来看待，而忽略了大多数共产党员出身于富裕家庭这一事实。该文在对赣南革命的考察中，发现精英对革命的态度呈现出多样性特点，其中下层精英对革命的态度最为复杂，他们的态度和行动对试图改变中国农村面貌的共产主义者来说是极其重要的。上田信《被展示的尸体》以1989 年夏《农民日报》刊载的河南民权县农民蔡发旺自杀及其家人将蔡的尸体抬放在乡政府门口进行抗议的连续报道为切口，把停尸抗议行为与历史上的"图赖"置于明清以来的历史语境里进行历史学和人类学的分析，探索了历史学和人类学的交汇点的问题。田海（Barend ter Haar）《重新思考中国文化中的"暴力"》研究"暴力"在中国文化中的位置问题，作者把暴力定义为"为求改变状态、境遇或事物而实际使用身体力量或以身体力量作威胁"，指出各种形式的暴力使用曾是精英阶层个性构建的组成部分。

本辑的第二个专题是"记忆·象征·认同"，由三篇短论组成。黄东兰的《岳飞庙：创造公共记忆的"场"》以记忆之"场"为核心概念，探讨了作为祭祀和纪念空间的"岳飞庙"所凝聚的公共记忆，揭示了在过去时态和现在时态里岳飞叙述是如何被表征（representation）出来的问题。麻国庆的《祖先的张力：流动的同姓集团与社会记忆》则考察了共同的祖先与共同的社会记忆对于同姓团体的意义，从联宗以及同姓团体可以看到，真实的乃至虚拟的祖先是汉族传统社会结构得以维持的重要基础。与麻国庆的视角不同，孙江《想象的血——异姓结拜与记忆共同体的创造》则从歃血结盟的角度，探讨了传统汉人社会里的模拟亲属结合，认为以秘密结社为典型的模拟亲属结合既是宗族社会里的"自我"，也是宗族社会里的"他者"，作为"他者"的秘密结社通过传统的创造构建了一套自身的历史记忆，并且以此作为政治反抗的思想资源。

杨念群的长文《北京地区"四大门"信仰与"地方感觉"》从华北民间宗教"四大门"的信仰体系和组织方式入手，辨析城乡现代制度变革所导致的地方感变化幅度与节奏的不同。在对以往人类学者关于民间信仰研究进行爬梳后，指出以往基本上是把民间信仰与上层意识形态的支配性相联系加以考察，或者把民间权威结构的形成集中于对社区精英人物及其支配作用的分析上，而没有把注意力投向百姓生活史中体现出的感性习俗对其宗教行为的影响。疾病、卫生与近代秩序是《新社会史》今后将持续关注的主题之一。本辑刊登的余新忠的《海峡两岸中国医疗社会史研究述论》一文，对20世纪80年代中期、特别是90年代以来海峡两岸关于疾病医疗社会史研究进行了概括，堪称有关这一主题的热身准备。近20年来，我们对欧美社会史研究的了解不断加深，对于日本社会史研究情况的了解则相对较少。在日本，研究明清社会经济史的代表性人物森正夫现身说法，他在《田野调查与中国历史研究》一文中强调历史研究与田野调查相结合的必要性，指出中国人从研究本国史的角度研究中国史和外国人研究中国史的出发点不同，田野调查是提高日本人的中国认识水平之必不可少的前提。山本幸司的《日本的社会史研究》在不长的篇幅里为我们勾画了日本社会史研究的历程。"社会史"一语于20世纪20年代在日本出现，但是，现在日本学界所说的社会史则是指20世纪70年代出现的新的研究领域，这个领域始终以关注被近代国家边缘化的部分为己任。作者发人深思地指出，社会史研究在解构了近代国家框架、否定了国家的人为性之后，却要面对民族主义的自然国家观。社会史和这种民族主义的动向如何划清界限，对历史研究者来说，是个必须正视的问题。

知识社会史的视线*

一、"翻译即背叛"？

1904 年，蒋维乔等编撰的《最新国文教科书》出版后，颇受欢迎，一版再版。[1]关于这套国文教科书的编纂宗旨，商务印书馆的一则推介广告词写道：

> 是书谨遵教育宗旨，以忠君、尊孔、尚公、尚武、尚实为主，而尤详于宪政，其表章国粹，矫正陋俗，亦三致意焉。至于爱国、合群、进化、自立等，亦言之至详，以期养成立宪国民之资格。此外，

———————————

* 本文系与黄东兰教授合著，原系《身体·心性·权力》（黄东兰主编，杭州，浙江人民出版社，2005 年）一书的引言。

[1] 该书初版于 1904 年，笔者所阅版本为预备立宪后之版本，即蒋维乔、庄愈编：《最新国文教科书》，上海，商务印书馆，1906 年。

　　如修身、历史、地理、博物、格致、卫生、农、工、商之实业，亦举其概要。读者既卒是书，于立身处世之道，以及世界古今之大势，与普通应有之智识，无不略具。不特可为学堂教科书，亦一般国民所不可不读者也。书中所附图画彩图，皆有关于学识，非徒为观美而已。①

　　从上引文字我们可以看到，文中一共出现了 20 余个或新或旧、亦新亦旧的近代性词语，这些本来属于少数精英的话语知识，在中国历史刚刚翻开 20 世纪新的一页时，即轻装便衣走进了新式学堂的教科书里，成为莘莘学子的必读之物。文以载道，亦能覆道。晚清政府在被迫推行教育制度改革之时，清楚地意识到承载近代知识的"各种名词"的泛滥所造成的"文以载政之用"②。意味深长的是，当黄龙旗易为五色旗、历史迈入共和时代，蒋维乔等将上述教科书略作修订，更名为《订正最新国文教科书》继续刊行。教科书里所包含的近代知识并没有因为改良与革命的分野、帝制与共和的交替而发生根本的变化。

　　近代意义的"知识"（knowledge）一词源于古希腊语

---

① 姚祖义：《最新中国历史教科书》（高等小学用）第 1 册，上海，商务印书馆，1904 年初版，1912 年第 14 版，封底二。

② 《奏定学务纲要》（1904 年 1 月 13 日），见璩鑫圭、唐良炎编：《中国近代教育史资料汇编·学制演变》，上海，上海教育出版社，1991 年，第 494 页。

episteme，原意指与人的主观意见（doxa）相对应的、具有客观性和普遍性的学问。亚里士多德在《形而上学》一书里把知识区分为"理论知识""实践知识"和"制作知识"三个层次，认为理论知识来自知性的"观照"（theoria），是人的最高层次的活动。[①] 由于在中世纪的欧洲，有关知识的讨论尽皆笼罩于基督神学的阴影之下，因此近代知识的发生和扩展是知识获得"自由"之身、从而摆脱从超自然角度解释和叙述自然界所发生的一切现象的过程。伯克（Peter Burke）认为，"欧洲近代初期的所谓的知识革命——文艺复兴、科学革命以及启蒙，都是先存在某种大众的或实用的知识，当其逐渐表显化后（尤其是被印刷后），经由某种学术机制（academic establishments）使之合法化"。[②]基于此，伯克所进行的知识社会史研究，乃是要挖掘欧洲近代知识由以依托的社会历史背景。

相比之下，中国对近代知识的翻译/生产及其社会化过程比较复杂，不仅有中西、中日的纠葛，还有古今雅俗的分野。面对翻译而来的近代知识，清政府担忧："日本各种名词，其古雅确当者固多，然其与中国文辞不相宜者亦复不少"，"倘中外文法，参用杂糅，久之，必渐将中国文法、字义尽行改变，恐中国之学

---

① 参见亚里士多德：《形而上学》，吴寿彭译，北京，商务印书馆，1959 年。

② Peter Burke, *A Social History of Knowledge*: *From Gutenberg to Diderot*, Cambridge, Polity Press, 2000, pp. 14-15.

术风教，亦将随之俱亡矣"。① 这种被翻译的知识是否是原汁原味的近代知识，堪称传播西学第一人的严复是有怀疑的："应知科学入手，第一层工夫便是正名。凡此等处，皆当谨别牢记，方有进境可图，并非烦赘。所恨中国文字，经词章家遣用败坏，多含混闪烁之词，此乃学问发达之大阻力。"②"翻译即背叛。"(tradurre è tradire)严复的不满道出了汉译名词在传递近代知识时的局限性。

其实，在"参用杂糅"和"含混闪烁"问题之外，中国语境化的近代知识的社会化问题也许更为重要。蒋维乔在批评严译名著缺乏"明白晓畅"时曾尖锐地指出了这一点。蒋在宣统元年(1909 年)闰月十三日的日记里写道："惟其所用术语必舍近今通行者而自造名词。(中略)必力求高古典雅，则其离实际益远，转使读者迷眩。岂著书牖世之本意乎？严氏喜自矜博洽，而其蔽则艰深，胥此类也。"③蒋维乔是教科书编审专家，供职于商务印书馆，他基于学校教育的看法说明在关于承载近代知识的新词语翻译上，不同立场的近代知识人的看法存在严重分歧：严复之言是就汉语近代知识之生产/翻译

---

① 《奏定学务纲要》(1904 年 1 月 13 日)，见璩鑫圭、唐良炎编：《中国近代教育史资料汇编·学制演变》，上海，上海教育出版社，1991 年，第 494 页。
② 严复：《政治讲义》，见王栻主编：《严复集》第 5 册，北京，中华书局，1986 年，第 1247 页。
③ 汪家熔选注：《蒋维乔日记》"宣统元年闰月十三日"，《出版史料》总 58 期，1992 年第 2 期。

能否准确传递近代知识而言，蒋维乔之语乃是指近代知识如何传播而语。在追寻中国近代性/现代性（modernity）问题时，这一龃龉无疑有着深刻的思想史和社会史的意义。

西学东渐下的 19—20 世纪的中国，在大量流入的近代知识中，最受中国人重视的是有关民族—国家的知识。在传统的空间表象的国家叙事里，"疆域"是标识自他关系的核心概念，当"领土"（territory）这一近代国家观念介入后，"领土"和"疆域"发生了交错紧张关系。黄东兰的论文《疆域·领土·国耻——清末民国地理教科书的空间表象》通过清末民国地理教科书的传播探讨了在疆域与领土重叠结构下的地理空间表象，特别突出了"国耻"话语在空间表述上之意义。这种传统/近代交错下的连续性和断裂性在历史、修身等教科书里也有清楚的展示。以教科书为媒介探讨中国语境化的近代知识是新社会史研究者试图勾连思想史和社会史的一个尝试。

二、记忆/忘却的空间

在由人的理性和感性建构的知识体系里，作为人的知性活动的记忆/忘却占有一席之地。历史存在于叙述和记录之中，所有表述化的历史都内涵了人对过去的记忆/忘却，因此，当记忆/忘却本身承载了作为"现在时"

的历史知识时，有关记忆的方法、形式和目的也成为一种知识性的存在。以研究记忆技巧的历史而闻名的英国学者叶兹（Frances Amelia Yates）在《记忆术》一书中专门探讨了古希腊以降的记忆技巧历史，指出它在文艺复兴时期达到了一个高峰。17—18 世纪学者的著述仍有很多关于记忆技巧的文字。但是，正如叶兹在书的结尾处所说的，在近代知识大量生产之过程中，记忆技巧从欧洲人的知识中边缘化了。[1]

叶兹《记忆术》初版于 20 世纪的 60 年代，80 年代研究历史记忆"热"兴起后才为学界广泛关注。同时，进入学者视野的还有哈布瓦赫（Maurice Halbwachs）的《论集体记忆》，哈布瓦赫否定将记忆视为个体的和主观的产物的看法，对理解集体记忆在近代国家建构中的意义非常重要。[2] 同时，不能忘记的还有一个人——尼采，他在《不合时宜的沉思》第二篇中对历史的批判有先驱之功。[3]

记忆进入历史学者视野的外在契机同关于战争的历

---

[1] Frances Yates, *The Art of Memory*, London, Routledge and Kegan Paul, 1966.

[2] Maurice Halbwachs, *On Collective Memory*, Chicago, University of Chicago Press, 1992. 中译本参见哈布瓦赫：《论集体记忆》，毕然、郭金华译，上海，上海人民出版社，2002 年。因中译本译自英译本，与原法语本在章节设置上有较大差异。法语本参阅 Maurice Halbwachs, *La Mémoire Collective*, Paris, Presses Universitaire de Paris, 1968.

[3] *Vom Nutzen und Nachteil der Historie für das Leben*, 1874. 尼采：《不合时宜的沉思》，李秋龄译，上海，华东师范大学出版社，2007 年，第二编"历史学对于生活的利与弊"。尼采：《历史的用途与滥用》，陈涛、周辉荣译，上海，上海人民出版社，2005 年。

史记录和历史记忆有关。在同历史修正主义(historical revisionism)展开的交锋中，一个个当事人的证词"现场直播"了个体记忆中的"战争"，致使日渐远去的战争的影像突然返照于现实生活上，人们发现作为历史的战争虽然过去了 50 年乃至 60 年，而记忆/忘却的"战争"并未停止，相反，记忆/忘却的再生产似乎还有加速之势。除此之外，历史学者关心历史记忆问题更为重要的原因在于，历史认识上的方法论的转向不仅击破了历史"经验主义"的自信，也给意欲充当历史学"救世主"的社会史研究当头一棒。对后现代主义持批判态度的艾文斯(Richard J. Evans)在《捍卫历史》一书中写道："尽管后现代主义者以各种各样的方式宣判社会史的穷途末路，然而它并没有日暮途穷。无可否认的事实是，它已经失去的，或正在放弃的，是它那种统摄性的宣言——宣称它是整个历史理解工作的锁钥。就此而言，来自后现代主义的批判不仅成功了，且具有解放性的作用。"①艾文斯既承认后现代主义对社会史的批判正中要害，何以又不无自信地宣布社会史仍具生命力呢？原来，社会史研究在回应后现代主义的批判时对自身进行了重新定位，在大众心理，记忆、纪念物、节日，权力/权威的文化

---

① Richard J. Evans, *In Defence of History*, London, Granta, 1997. 转见理查德·艾文斯:《历史学の擁護》，今关恒夫等译，京都，晃洋书房，1999 年，第 146 页。中译本参见理查德·艾文斯:《捍卫历史》，张仲民、潘玮琳、章可译，桂林，广西师范大学出版社，2009 年，第 183 页。

面，以及社会性别和日常生活中的微观政治上取得了很大的成果。换言之，后现代主义给社会史研究注入了关于语言、文化和思想的内涵。

讨论历史记忆和讨论民族主义问题一样存在相对主义和客观主义两条运思路径。客观主义者强调记忆的"历史性"，而相对主义者则重视记忆的"虚构性"。在这一对立中，"传统的创造"（invention of tradition）的观点具有调和作用。霍布斯鲍姆（E. Hobsbawm）认为许多"悠久"的传统，其历史其实很短，是近二三百年被发明/创造出来的①，这打破了对传统/历史的本质主义认识，但遗憾的是在当今讨论民族主义和历史认同问题时，它和安德森（Benedict Anderson）著名的"想象的共同体"（imagined community）②一样常常面临本质主义化的曲解——在揭示民族国家的非自然性时，论者有意识或无意识地营造了一种传统的创造或发明的"传统"，这在关于中国近代民族主义的讨论上，表现为在强调近代与过去的非连续性的同时，又把近代视为具有高度连续性

① Eric Hobsbawm & Ranger Terence ed., *The Invention of Tradition*, Cambridge, Cambridge University Press, 1983, "Introduction". 中译本参见霍布斯鲍姆、兰格编：《传统的发明》，顾杭、庞冠群译，南京，译林出版社，2004年。

② Benedict Anderson, *Imagined Communities: Reflection on the Origin and Spread of Nationalism*, Revised Edition, 1991. 日译本《增补想象の共同体》，NTT出版，1997年。中译本参见安德森：《想象的共同体：民族主义的起源与散布》，吴叡人译，上海，上海人民出版社，2005年。

的过程。孙江在《太阳的记忆——关于太阳三月十九日诞辰话语的知识考古》一文里指出建构公共记忆的行为同时也伴随着忘却，忘却构成了记忆的一部分。明清之际东南沿海士民为了纪念明朝皇帝崇祯之死，创造了太阳三月十九日诞辰神话，假以儒家和佛道祭祀仪式表达哀痛。明亡后，当士民将亡君亡国之痛的公共记忆附会为一个民间宗教节日后，三月十九日公共记忆开始了其忘却之旅，但是并不是直线的。乾嘉年间，一些不满清朝统治的民间教派把三月十九日写入自己的经典《太阳经》中，试图以"太阳出现满天红"所象征的"末劫"来临，鼓动忘却太阳诞辰公共记忆的汉族社会起来反清。20 世纪初，这一公共记忆的再生产迎来了一个崭新的阶段：革命者通过纪念崇祯之死，把三月十九日置于民族—国家语境之中，并赋予其近代意义。意味深长的是，在两岸对峙下，台湾地区一度出现对三月十九日历史记忆的复制倾向，这是在新的历史条件下的传统的创造。

如果说，孙江的论文是关于中国历史记忆与认同的自画像的话，潘光哲《华盛顿神话在晚清中国的创造与传衍》则是一幅想象和叙述他者的图像。明清以前，有众多的西方"圣人"进入儒道主流文化语境，如内化为中国文化"自我"的释迦牟尼，属于少数特定群体认同对象的耶稣等。总的来说，19 世纪中叶以前，在中国话语中，西方人物的形象以反面为多，19 世纪中叶之后才发生逆转，到20世纪初，欧美（甚至包括日本）历史上的"群星"大量出入于近代知识体系里，成为各种新式教科书的常客。美国历届总统中，为"独立"而战并且功成身退的华盛顿是一个（另一个是为"平等"而战的林肯）。这位美国国家的缔造者和民主政治的楷模，在民国的修身教科书中被描述为自幼"诚实"，勇于对父亲承认自己砍断了樱桃树："予虽触父之怒，不可不为真实语。"及长，为人"谦虚"："华盛顿苦战八年，击败英法兵，美国独立，厥功甚伟。一日，公民会议，华盛顿莅会。议长见之，盛赞其功。华盛顿面赤耳热，不发一言。"①这种华盛顿道德话语是如何传入中国并被不断再生产的？其中的生产再生产机制具有什么特征？潘光哲在对近代华盛顿话语进行详细考察后，认为华盛顿自为中国人知晓之始，就被纳入理想的政治制度中，被叙述为实践民主的典范。研究政治文化的亨特（Lynn Hunt）认为，"政治象征和仪式不是权力的隐喻（metaphor），而是权力的手段及其目的"②。华盛顿在近代中国的传衍似乎并不尽如亨特所说，亨特所说的作为权力的手段和目的的政治象征和仪式可以从王晓葵的《革命记忆与近代公共空间》

① 方钧：《新式修身教科书》（教育部审定，国民学校用）第7册，上海，中华书局，1915年2月初版，1923年5月53版。

② Lynn Hunt, *Politics, Culture, and Class in the French Revolution*, Berkeley, University of California Press, 1984. 中译本参见林·亨特：《法国大革命中的政治、文化和阶级》，汪珍珠译，上海，华东师范大学出版社，2011年。

和李恭忠的《中山陵：政治精神的表达与实践》中看出比较清晰的轮廓。

以往涉及建筑和石碑的研究，主要集中在地方性"史迹"上，关于表征近代的象征物之研究似乎还很少。[1] 王晓葵通过对黄花岗和广州革命烈士陵园的分析，试图揭示在近代公共空间形成过程中革命政党、政治权力、地域社会、个人等之间复杂的互动关系。黄花岗公园从 1911 年到 1935 年的建设过程中，由于有不同的个人和组织的参与，在纪念碑的形制、种类、空间构造等方面呈现出丰富多样的特点，透露出各种文化的、政治的信息。与此相对，"广州起义烈士陵园"的建设，由于是在共产党一元化领导下所建，主要体现了单一的意识形态所主导的历史认识。但是，两个不同的建筑群都意欲把历史记录通过"神圣时间"与"神圣空间"的结合，使之渗透到国民之中。李恭忠对于中山陵的研究视角与王晓葵略有不同。作者认为，学界以往对中山陵的研究多着眼建筑群本身，对于背后的政治内涵少有深入研究，以致至今人们对中山陵的认识没有脱去国民党人当年的宣传话语，即把中山陵的政治文化内涵简单地理解为"警钟长鸣""唤起民众"。该文以"开放的纪念性"为切入口，认为与中国传统陵墓

---

[1] Rana Mitter, "Behind the Scenes at the Museum: Nationalism, History and Memory in the Beijing War of Resistance Museum, 1987-1997", *The China Quarterly*, 2000, Vol. 161, pp. 279-293. Chang-tai Huang, "Revolutionary History in Stone: The Making of a Chinese National Monument", *The China Quarterly*, 2001, Vol. 166, pp. 457-473.

相比，中山陵具有平民气质，建筑风格体现了中西结合的特征；但是，另一方面，这个超越个人记忆的空间，同时却具有鲜明的"党化"色彩。近十年来，在欧美和日本，关于纪念碑、铜像等近代建筑物的研究十分兴盛，在各种研究中，诺拉（Pierre Nora）所组织的"记忆之场"的研究最为重要，这项由120位学者参加的巨大的学术工程，分"共和国"（La République）、"国民"（La Nation）和法国内部的多样性（Les France）三大主题，编为七卷本出版。①中国学者关于该主题的研究刚刚起步，可以进一步探讨的问题还很多。

三、身体话语

"身体话语与权力"是本书探讨的第二个专题。

海青的《自杀时代》直接涉及了人所面对的永恒主题：死。出生、疾病、寿命、死亡及对待死亡的态度等问题一直是社会史研究的重要领域。日本学者吉泽诚一郎曾研究中国近代政治运动中的死及对死的追悼问题，认为清末的各种死与明清交替之际表达政治忠诚的死不同，除去谭嗣同略带为光绪牺牲的意味外，几乎都是在

---

① Pierre Nora, *Les Lieux de Mémoire*, Paris, Éditions Gallimard, 1984, 1986, 1992. 这套书共有7卷，英文版节译部分内容，编为3卷，题名为 *Realms of Memory*（1996）。中译本节选为皮埃尔·诺拉主编：《记忆之场：法国国民意识的文化社会史》，黄艳红等译，南京，南京大学出版社，2015年。

反清中表达为国而死的意愿；而对死者的追悼在赋予死以政治意义的同时，均不可避免地带有政治利用的一面。[①] 那么，海青研究的特点如何呢？作者以细腻的笔触爬梳了"五四"前后知识群体中的自杀现象，指出"牺牲者"的角色从一开始就被预定，并在其后的街头演讲、与军警对抗、被捕等活动中得到强化。学生们力图传达出的信息并不单纯为了在社会上引起反响，他们更是自己所排演的戏剧的第一观众。从表面上看，五四运动似乎因统摄在爱国话语的强力下而呈现出单一性的特点，其实，"当我们把剧班的规模缩小，并对每一场演出发生的场景分别考察的话，就会发现，人们的预期以及所达到的心理满足在性质和内容上都是大异其趣的"（作者话）。不难看到，海青与吉泽的别异之处不仅在考察的对象上，更在于方法上，海青切入死者内面世界的分析使得在近代历史叙述下被视为为政治而死的话语在历史的语境中"复杂化"了。

在中世纪的法国和英国，民间广泛流行着一种"迷信"，据说瘰疬（scrofula）——患者经国王触摸（touche）后即可痊愈。对于这种唯有国王才有的巫术般权威，马克·布洛赫（Marc Bloch）从其实际运用和意欲使之产生效果的动机之间的关系上专门予以考察，并探讨

---

① 吉泽诚一郎：《愛国主義の創成——ナショナリズムから近代中国をみる》，东京，岩波书店，2003 年，第 200～201 页。

了基督教教义与这种超自然能力的关系。① 早已不依赖
巫术维系皇权的中国皇帝居于深宫大院中，他们没有
巫术般的权威，和普通人一样面对生老病死的缠绕。
19世纪末，生活在北京的法国传教士根据西太后深居
简出和被招入宫内的医生的神秘行迹，曾揣测寡居的
西太后有了身孕并秘密堕胎！这个话题虽然有趣，但
无从证实。张哲嘉《为龙体把脉》研究名医力均进宫给
光绪诊病的记录和回忆，君臣二人的医病的对话，不
仅凸显了中西医观念的差异，也可让人窥知宫廷这个
私人/公共空间里的政治力学关系。人们发现原来"老
佛爷"（慈禧）也怕因果报应，嘱咐手下体恤小民；壮
志未酬、身体羸弱的光绪帝，原来无师自通，堪称中
医高手。

　　传统医学发生在特定的"私人空间"，在建设畛域
分明的近代秩序过程中，医疗行为被置于"公共空间"
下，成为近代国家秩序建构的有机组成部分。阿部安
成的《传染病话语与近代秩序》为我们展示了近代日本
是如何建设卫生秩序的。饶有兴味的是，在宣传预防
传染病知识时，明治政府将被国家排斥在近代秩序之
外的民间佛教和神道动员起来，使之担当起宣播近代
卫生知识的作用。这种动员传统资源推进近代化的方

---

① Marc Bloch, *Les Rois Thaumaturges*: *Étude sur le caractère surnaturel attribué à la puissance royale particulièrement en France et en Angleterre*, Paris, Armand Colin, 1961.

式，和中国近代把宗教特别是民间宗教视为"迷信"而一味加以排斥的做法截然相反。"卫生"一词在古代汉语里的意思与"养生"相同，源于《庄子》和《黄帝内经》；现代汉语里的卫生一词和日本干系甚大，作者在文中指出将卫生对译 sanitary 的是卫生局长长与专斋。关于长与专斋，说来还有一个小插曲，长与曾将自己选择的卫生一词询之清朝出使日本的公使黄遵宪，得到了黄之肯定。

所谓传染病预防就是国家对国民的一种规训。福柯对精神病和监狱的研究展示了国家/权力是如何规训国民的。但是，国家/权力并不能均质性地轻易笼罩社会的每个角落，福柯的规训话语亦非普遍适用的分析工具。苏成捷（Matthew H. Sommer）对于 17 世纪中国存在的婚姻状态的分析，揭示了儒教有关身体的社会规训话语的限度。虽然官府记录的当事人的供词未必尽可相信，但是论文举证的各种罕为人知的"一妻多夫"的案例，使我们看到了国家—社会规训话语与日常世界之间的紧张关系。需要缀上一笔的是，"一妻多夫"并不意味着女性在家庭和社会地位的提高，恰恰反证了妇女身体的从属性特质。

四、挣脱羁绊的社会史

在对上述论文进行一番概观后，我们可以看到，传统/近代知识具有非常显明的非自明性特征，当将一个个体系化和概念化的历史知识还原于特定的历史语境时，历史学原来始终处在岸本美绪所说的"不安"状态。

20 世纪最后二三十年，欧美、日本和中国等历史学界相继出现了所谓"社会史热"的研究趋向。在回顾社会史兴起的早期历史的时候，法国年鉴学派的创始人费弗尔在《为历史而战》中曾经说过，他和马克·布洛赫之所以选择所指宽泛、意思暧昧的"社会"一词，"是按照历史之神冥冥之中的指引"，"在自由的批判和主导精神"下，不是把历史研究的对象局限于某个特定的领域，而是"让过去人群浮出地表，在可能的社会框架下，按照时序研究其多种多样的活动和创造"。为此，既要"撤除藩篱，进入邻居的庭院"，与其他学科进行对话，又要将个案研究置于社会全体的历史语境中，不断地为探讨下一个问题敞开门户。[①] 20 世纪 80 年代社会史学者通过多学科的研究方法和对日常生活世界的描述把结构化、概念化叙述模式里的"历史"营救出来的努力，可以说是社会史重新回到费弗尔所说的原点的返祖现象。但是，这种社会史热如一贴"镇静剂"，只能暂时缓解历史学的"不安"，不久人们即发现社会史对历史的细分化的努

① 参见リュシアン・フェーウル：《歴史のための闘い》，长谷川辉夫译，东京，平凡社，1995 年。

力，根本没有消解历史学的"不安"，因为"不安"的源头来自对历史学本身的质疑：在"语言学的转向"的挑战下，史家必须思考历史记录和叙述行为所依托的知识和思想背景，历史是怎样被表象化的，这种表象化多大程度上记录/屏蔽了历史等问题。一言以蔽之，历史是怎样被叙述出来的，在实证主义和科学主义的历史学那里一直是不证自明、无须深究的问题。

这样，当我们把这些问题放在本文一开始所论述的知识社会学层次上来考虑，便可清晰地看到，我们生活在一个"知识社会"（knowledge society）或"情报社会"（information society）的空间里，正如伯克概括一位经济学家席勒（Schiller）的主张时说的，"知识业已成为一个重大的政治问题，必须回答情报应该是公共的，还是私人的，以及应该将其视为商品呢，还是应该视为社会财产"①。可见，当历史学被制度化并成为属于特殊群体的独占物之时，不要说对历史整体的揭示，就是历史书写本身也是某种知识/权力的产物。在历经"语言学的转向"后，学者们试图打破这种监视下的历史书写——对国家—社会分析框架的相对化即如此。岸本美绪和杨念群分别以各自的方式触及了该问题。

岸本在《场、常识与秩序》强调历史研究者用自己的

① Peter Burke, *A Social History of Knowledge: From Gutenberg to Diderot*, Cambridge, Polity Press, 2000, p. 1.

感觉直接接触研究对象的重要性，"由此而获得的知识，对于我来说只要是有效的就足矣"。这句话让人联想到德国史家兰克所提倡的"直觉"，但是，旨趣却根本不同。按照我们的理解，作者以温文尔雅的方式批评了各种理论化和结构化的中国历史认识，倡导要从日常经验的意义上理解中国社会。"地域社会论"是日本在20世纪80年代初兴起的一个研究趋向，关注由特定的社会关系网络形成的地方空间，试图理解历史的行动者是怎样和为何采取行动的。但是，正如作者所指出的，如要认真界定"地域社会论"是什么，则会发现由于其自身的"不稳定性"，很难给其下一个完整的定义。对我们来说，更重要的问题是，当地域社会被置于历史叙述的中心时，地域社会论必须回答不同或类似地域社会之间的关联性、地域社会与国家权力究竟呈现出怎样的复杂关系，以及这种复杂关系内部是否具有整合性等问题。这些也许属于"后地域社会论"所讨论的问题，在杨念群的《医疗史、"地方性"与空间政治想象》一文中有所论及。在文中，杨念群首先对欧美中国学中存在的三个研究模式——"冲击—回应说""中国中心观"和"殖民化过程"——做了简要的回顾，指出前二者如一枚硬币的两面，在运用过程中，分别招致了强调中国历史的近代断裂性和否认中国历史具有现代性的两个极端，而近年出现的对西方帝国主义殖民扩张历程的重新省思，试图从去疆界化与再疆界化（deterritorialization and reterritorialization)的角度回避上述模式的不足。本文是杨念群即将完成的专著《再造"病人"——中西医冲突下的空间政治（1832—1985）》的结论部分，从现代"帝国"的殖民品格、"地方性"的重构与"现代传统"的作用三个方面诠释了"医疗"行为与"政治"变化的关系，体现了挣脱羁绊后社会史的新尝试。

语言学转向之后的中国新史学[*]

一、历史就是叙事

历史就是叙事,是某人将某事表述给某人。某人是某事的观察者或参与者,某事指特定时空里发生的事情,表述(representation)是再现某事之行为,而听/看某事者按照自己的理解建构的故事是再表述(re-representation)。历史就是如此被不断演绎出来的。

曾经听说过一则故事。

话说一艘在海上游弋的豪华游艇将要沉没时,为了延缓下沉时间而等待救援,船长需要说服一些乘客舍身跳入海中。对于不同国籍的乘客,船长分别使用了如下说辞:

───────────

[*] 本文为《新史学》第 2 卷《概念·文本·方法》(孙江主编,北京,中华书局,2008 年)序言。原载《中国图书评论》,2008 年第 3 期。

"跳吧，你将成为英雄！"——对美国乘客。

"跳吧，你是真正的绅士！"——对英国乘客。

"跳下去，这是船上的规矩！"——对德国乘客。

"跳下去，女人会喜欢你的！"——对意大利乘客。

"别人能跳，你不能！"——对法国乘客。

"大家一起跳吧！"——对日本乘客。

这则故事首先把人按照国籍区分为不同类型，其次规定了不同类型的人所拥有的特质，在这种特质的作用下，不同类型的人必然会做出符合该特质的行为。这是本质主义（essentialism）的论点。本质主义者相信，基于认同法则的"同一性规律"，事物的背后存在着绝对真理。美国人崇尚英雄，英国人羡慕绅士，德国人重视纪律，意大利人咏唱爱情，法国人热爱自由，日本人依赖集团，这些都是由不同的特质所制约的。但是，如果换一个角度，从反本质主义（anti-essentialism）的立场看，在真理、意义以及自我认同等背后并不存在如如不动的本质性的东西，上述认识的方法未必有效。不必说一个人的行为不能代表一个群体，即使一个群体的最大公约数也不可能反映每个成员的心声。

这个例子表明，对于同一则叙事存在两种不同的解释：本质主义和非本质主义的、结构主义与后结构主义的。在经历"语言学的转向"（linguistic turn）后，非本质主义者和后结构主义者批评把范畴自然化、本质化、统一化以及二元对立的形而上学，关注文本内部的紧张，力图消解语言等级化的倾向。① 实践这一主张的历史叙事被称为后结构主义的历史叙事。

长期以来，在中国和东亚研究中，杜赞奇（Prasenjit Duara）是实践后结构主义历史学的代表性人物。在收入本卷的《本真的王国：超时间、性别以及现代中国的国族叙述》一文中，他首先讨论了线性的历史叙述的特征。他认为近代历史叙述存在着一个自我分裂的难题：一方面试图掌握进化的、进步的未来，另一方面则固守过去的不变的本质；在线性的历史时间中一切都是变化的，但其中有着一个不变的内核。这种分裂是线性历史叙事（尤以民族历史叙事为代表）中特有的一个结构性问题。许多论者在民族国家的时间当中观察到了这种分裂，但很少有人把它视为植根于线性时间现象学中的一个问题，因而他们的理解都失之片面。作者进而指出，中国的民族主义者和文化本质主义者倾向于把女性描述为拥有自我牺牲和忠贞等永恒的文化美德，并把她们提升为民族的榜样，而实际上中国的女性从自身利益出发，对这一角色的阐释具有极大的颠覆性效果；她们在自我型塑以维持本真性秩序（regime of authenticity）的过程中，也充分利用了本真性所规定的代码。

---

① Robert F. Berkhofer, *Beyond the Great Story*: *History as Text and Discourse*, Cambridge, Harvard University Press, 1995.

吴重庆的论文《"后革命时代"的人、鬼、神》讨论的问题和研究方法乍看起来与杜赞奇的论文颇为不同，其实涉及的主题却惊人地相似：即历史的非线性和非本质特征。吴文考察了闽东南莆田沿海地区孙村的案例。他发现，孙村的青壮年常年在外"打金"（从事金银首饰加工），如候鸟般年关归巢、元宵节后远赴他乡。意味深长的是，乡村主体青壮年的"缺席"带动了鬼、神的"入场"——随着孙村人口趋向高龄化、女性化，村里人应对日常变故的能力日趋下降，人们偏向于以"往时"作为把握"现时"的参照。在村里人看来，鬼、神分别作为"过去时"和"超现时"的社区成员，与现时的人一起共时态地参与社区事务。就此作者指出，民间宗教在"后革命时代"的社区架构中具有对传统加以再创造的实践意义。

从前近代到近代，从革命时代到后革命时代，时间不断向"前"展开，而人们对于时间的概念却依然如故："前一年"指过去的一年，"后一年"指未来的一年；"前一日"指过去的一日，"后一日"指未来的一日。原来，时间向前的本义乃如河水倒淌，永远指向来路。[①] 那么，反过来看历史——从后革命时代到革命时代，从近代到前近代，叙事又该从何处说起？又该怎样讲述呢？

"国破山河在"，这句人皆尽知的名句表达了唐人杜

---

① 月本昭男：《歴史と時間》，见上村忠男等编：《歴史と時間》（《歴史を問う》第2卷），东京，岩波书店，2002年，第3~5页。

甫的当下感受。据说日本战败后，杜甫的这一名句曾给许多日本人以"向前看"的勇气——虽然国破家败，但山河美丽依旧。不过，细细琢磨起来，日本人理解的"国破山河在"似乎并非杜甫的本意，亦非一般中国人所理解的意思。原来，"山河"是"国破"的见证，"国破"之后，"山河"焉能保全？杨念群的《"残山剩水"之喻与清初士人的"出处"选择》为我们提供了一个实例。作者通过明清之际诗文书画中的"残山剩水"的意象进入晚明士人的身体和心性中，娓娓道出"残山剩水"所寄予的对明朝覆亡的哀恸。在明末清初的一些士人眼里，原来引以为傲的江南明山秀水，在满人铁骑的蹂躏下变得面目全非。跟着作者的叙事，读者不知不觉地接受了如下的结论："残山剩水"不仅是一种遗民思绪的表达，其"南宋—晚明"交相渗透的叙述结构更是士人群体在鼎革之际重建对明末历史反思构架的一种尝试。由此，读者仿佛重新又被带回到了《新史学》第 1 卷的空间之中。在《新史学》第 1 卷里，杨念群呼吁中国历史学需要琵琶别抱，重续与文学之旧缘——中国历史学需要一种感觉主义。原来，杨念群的"残山剩水"话语里暗藏着叙事的法门。

二、概念史的叙事策略

故事既然存在于方法之中，那么，由方法建构的故事是如何成为知识的呢？在这个信息和知识大爆炸的时代，关于"近代知识"（modern knowledge）的来历问题开始受到越来越多的学者的关注。

何谓"近代知识"？

"近代"（modern）一词的本义为将与当下/现在相勾连的同质的时间从过去切割出来，使之成为与"过去"相区别的"现在"。它的古典用法既见诸儒家传统以"三代"批判现时的话语中，也呈现于古罗马帝国末期以"过去"（antiquus）来否定"现在"（modernus）的话语里。这种"美好的过去"与"黑暗的现在"的二分法在中世纪后期发生了逆转，而使这种逆转成为无法再逆转的动力则来自 17 世纪以后的知识革命。

一般所谓的中国近代知识是通过对裔出欧美的"近代知识"的移植——翻译——而建构起来的。翻译并非机械性的复制，通常译者会在语言的、文化的和政治的制约下对翻译对象进行再创造，这种现象或谓为"跨语际的实践"①，或称为"翻译主义"②。重要的是，近代知识的移植不会仅仅停留在语言层次上，只有具有社会、政治意义的词语才能成为概念（concept），而概念的

---

① Lydia H. Liu, *Translingual Practice：Literature，National Culture，and Translated Modernity-China，1900-1937*，Stanford，Stanford University Press，1995. 中译本为刘禾：《跨语际实践：文学，民族文化与被译介的现代性（中国，1900—1937）》，宋伟杰等译，北京，生活·读书·新知三联书店，2002 年。
② 加藤周一、丸山真男校注：《翻訳の思想》（日本近代思想大系），东京，岩波书店，1991 年。丸山真男、加藤周一：《翻訳と近代》，东京，岩波书店，1998 年。

社会政治意义一般总是附着于一定的文本(text)和制度(institution)之上的。因此,反过来说,透过词语如何变成概念,可以看清叙事——文本的建构问题。

"概念史"(Begriffsgeschichte)一语最早见于黑格尔的《历史哲学》,指基于普遍观念撰述历史的方式。在德语世界里,该词主要被用于语言学和历史辞典的编纂上。在当代德国学者的努力下,概念史研究业已发展为一个关于哲学方法论的研究领域。现在,常常有人将概念史与观念史混为一谈,其实,二者并非一回事。德国著名学者科塞雷克(Reinhart Koselleck)认为,观念史将观念视为"常数",虽然一个观念可以被表达为不同的历史形象,但是,观念本身没有发生实质变化;而概念史虽然最初只是文献批评的方法,但它注意到词语与社会、政治因素的动态关系。① 另一方面,科塞雷克指出,概念史研究方法在讨论文本时非常关注"词语"。概念来自词语,词语的含义可能是清晰的,而概念则是含混的;当词语凝聚了社会的、政治的经验和意义时,它就变成了概念。"概念史方法打破了从语词到物和从物到词语的简单循环,概念和实际之间存在着紧张关系。"②

这种关注文本的语言和由此构成的概念史研究方法

---

① Reinhart Koselleck, *The Practice of Conceptual History*:*Timing History*, *Spacing Concepts*, Stanford, Stanford University Press, 2002, p. 22.

② Reinhart Koselleck, *Futures Past*:*On the Semantics of Historical Time*, trans. Keith Tribe, New York, Columbia University Press, 1985.

是否可以运用于中国近代历史问题的讨论上呢？回答是肯定的。在本卷"概念的空间"栏目里，有四位作者从各自关心的角度讨论了近代概念。孙江的《"东洋"的变迁——近代中国语境里的"东洋"概念》和黄东兰的《"亚洲"的诞生——近代中国语境里的"亚洲"概念》涉及东亚/中国近代知识中两个重要的地理的和心性的概念。孙江在以往学者研究的基础上，通过将东西洋话语的碎片还原于历史语境之中，探讨了东西洋知识的传统/近代层面及其相互勾连，指出中国传统的东西洋知识固然起始于南北坐标轴，但是东西洋知识的建构有赖于中国与南海（东西洋）地域之间的互动，东西洋知识乃是在内含了有关南海的地理知识和航海知识之后所建构的自我/他者知识。同样，浮槎东来的东西坐标轴上的西方地理学知识在裹上东西洋的外装后，很长一个时期都无法摆脱四海知识的掣肘，从而呈现出自我/他者纠缠不清的混杂性特质。如果说"东洋"在近代可谓一个死产的地理概念的话，"亚洲"则是一个被创造和不断被再生产的概念。黄东兰论文首先从语词/翻译语上探究了一个由欧洲传教士催生的"他者"——亚洲的概念被生产的过程，以及这个"他者"如何被接受并进而变成"自我"概念的过程，指出当"亚洲"成为"自称"之后，该概念内部即出现差异化。在清末民国时期的教科书文本中，"亚洲"既作为一个地理概念被使用，同时也被赋予了政治、文化、人种的含义。

"教科书塑造了日本人。"①同样，教科书也塑造了中国人。在研究近代知识的社会化和普及化问题时，教科书的意义是其他文本所无法比拟的。章清的《"自由"的界限——"自由"作为学科术语在清末民初教科书中的"呈现"》可谓一个范本。作者指出：当中国被纳入"普遍历史"架构来叙述后，在西方历史演进的脉络中得到肯定的"自由"价值也被中国社会所接纳。晚清不同层面的教科书对"自由"的阐述颇有区别：在政治学架构中，"自由"是作为政治演进的核心观念被肯定的；在历史教科书中，"自由"则作为西方社会历史发展的重要遗产而被肯定；而国文、修身课本对"自由"的阐述，主要是基于社会上"个人"及人与人的关系而展开的，所凸显的是"恕道""容忍"。因此，在初级教育的"自由"论述中，"权利"与"义务"是两个关键概念。"自由"在中国语境里的表述的复杂性让人想起了另一个概念"民主"——德先生。日本学者川尻文彦《"民主"与 democracy——中国·日本之间的概念关联与中国近代思想》一文比较了中日两国语境下"民主"概念不同的复杂的含义。在晚清中国，当"民主"从传统的"民之主"脱胎为近代概念时，"民主"被赋予了由古希腊的"直接民主政治"而来的"多人乱管"色彩。另一方面，自明治日本 1874 年用汉字"民主"对译 democracy 始，该概念即难以在近代日本落

① 唐泽富太郎：《教科書の歴史——教科書と日本人の形成》，东京，创文社，1956 年，第 1 页。

地生根，而"文明开化"的鼓吹者之一加藤弘之等启蒙思想家对"民主"更是避忌有加，这与梁启超拒斥"民主"的"开明专制"说一脉相通。民主在晚清获得合法身份乃与废除君主制的"排满"革命有关，在此意义上，"民主"常常与带有政治体制含义的"共和"相同。

可见，概念史的叙述策略是研究故事构成/历史叙事的一个重要方法，正因为如此，"超史学"（meta-history）的倡导者怀特（Hayden White）在积极将德语世界中的概念史研究介绍到英语世界时，认为概念史研究涉及四个方面的内容："历史轮廓"（figures of history）、"历史观念"（idea of history）、"历史理论"（theory of history）和"历史哲学"（philosophy of history），将概念史上升为一个历史方法论的专门学科。①

三、社会史的叙事策略

概念史的主要工作是对文本的构成和语言进行诠释；社会史/新社会史的叙事策略则主要将文本作为一种分析手段，用以考察其背后的情境。

本卷"文本的政治学"栏收录了四篇论文。王明珂《王崧的方志世界——明清时期云南方志的本文与情

---

① Hayden White, "Foreword", Reinhart Koselleck, *The Practice of Conceptual History: Timing History, Spacing Concepts*, Stanford, Stanford University Press, 2002.

境》，是作者一系列关于中国民族问题研究的一个片段。作为一位优秀的人类学家，王明珂从明末进士王崧所编撰的地方志《道光云南志钞》研究了"方志"与"英雄徙边"历史记忆之间的关系，指出王崧偏离文类结构的方志书写，既表征了他在本土情怀下对种种"结构"的叛离，又强化了云南作为整体帝国的一部分的意义。从大的历史洪流与社会情境方面来说，他的文本与行为表征可能只是小小的"叛道离经"，在典范观点下容易被人们忽略。然而或许就是许多这样的异例，在新的社会情境（民族主义与中国民族国家）下被人们发掘、强化，从而逐渐让明清时期大理附近的"汉人"及其后裔成为今日中国的白族。

龚隽《译经中的政治——李提摩太与〈大乘起信论〉》探讨了《大乘起信论》的英译问题。在 20 世纪初，《大乘起信论》作为东亚大乘佛教的标志性经典被传译到了西方，根据不同底本有铃木大拙 1900 年出版的英译本和 1907 年来华传教士李提摩太（Timothy Richard）的英译本。作者认为，铃木大拙推崇禅学，将《大乘起信论》译介到西方，意在于 19 世纪西方以印度佛学为中心的氛围下，为包括日本在内的东亚大乘佛教争得一席之地。李提摩太英译本《大乘起信论》一向因其"充满基督教而非佛教的语气"为教、学两界所诟病。但是，如果我们把李提摩太翻译《大乘起信论》理解为晚清宗教思想交流史上一次重要的"思想史事件"，并对他的译经活动进行具体而微的知识考古的话，那么不难发现，在他这种看似不忠实的翻译活动背后，其实存在着一种值得玩味的政治修辞：李提摩太已经把《大乘起信论》的翻译作为一种"话语事件"，力图从中再生出新的佛教与基督教的历史关联。尤其值得注意的是，他在翻译《大乘起信论》时，非常有策略地建立起了自己的一套译经原则。李提摩太主张透过不同文化处境中各自熟悉的那些语词去翻译外来概念。他在翻译东亚佛典时，就大量使用了西方传统耳熟能详的那些"语词"，去建立他对佛教的理解。

潘光哲《"革命理由"的"理论旅行"——美国〈独立宣言〉在晚清中国》和陈力卫《让语言更革命——由〈共产党宣言〉汉语翻译版本的变迁看译词的尖锐化》，分别讨论了欧美文本的汉译问题。潘光哲收集了出现于晚清的 10 种《独立宣言》汉译本，通过对不同文本的翻译/创造之比较，从一个侧面探讨近代中国政治文化（political culture）的样态。作者指出，《独立宣言》的部分内容最早在 1838 年经由传教士介绍传入汉语世界后，得到了魏源等晚清开明知识人的关注，但他们主要是将《独立宣言》置于中国抗虐反暴的历史经验中来阐释的。继 1861 年《大美联邦志略》出版后，《自为主治之示》译本的问世表明，译者在汉语世界里终于找到了能比较准确地表达英语中相关理念的词汇。最后，清末革命党人通过《美国独立檄文》和《美利坚宣告独立文》这两个不同译本，赋予《独立宣言》以"排满"革命的意义。作者认为，《美利坚宣告独立文》强调"生命""财产"与"幸福"是"人人皆有自有之权利"，这些内容未必符合《独立宣言》的原意，却展示了译者对"权利"的独到见解，是《独立宣言》在晚清中国传布过程中的最高成就。

陈力卫在比较《共产党宣言》汉译本后指出，最早的中文版《共产党宣言》（1920年）直接由日文版转译过来，而日文版又是根据英文版翻译的。日本从1870年加藤弘之《真政大意》的音译算起，在历经"共同党""贫富平均党""通有党""共产论"之后，于1881年始出现"共产党"一词。该文通过调查《共产党宣言》由日文转向中文这一个案，特别是比较日文版和中文版的不同，一方面梳理出中日文语词和概念的异同关系，另一方面探讨了汉译本译词的尖锐化和阶级意识的培养、暴力革命的展开之间的关系。作者从语言学角度探讨语言如何成为一种物质的力量，同时也告诉我们概念史的叙事方法通常和社会史的叙事方法互相纠缠，难以区别彼此。

"法非法非非法。"（《金刚经》语）

方法建构故事，方法也在局限故事。正如法国的新史学实践者格外关注中世纪末期的欧洲历史一样——那里蕴含了欧洲近代的不同的可能性，中国新史学的拥护者们对中国近代早期的历史——中西接触后的历史——情有独钟，因为恰如"翻译即背叛"这句意大利格言所揭示的，翻译/误译的近代性里包含了种种可能性——本卷的叙事说明近代知识并非自明的、本质性的存在。在讨论中国近代知识时需要首先区分何谓"知识",何谓"信息"。伯克认为信息(information)是原始素材,是特殊的存在之物;而知识(knowledge)则是经过加工的素材,是经由思维处理和体系化了的东西。[①] 但是,另一方面,在欧洲称之为"知识"的东西,在中国可能还只是"信息"。正如对于吃过日本菜的人来说,生鱼是"素材"、生鱼片是"料理",而对一个从来没有吃过日本菜的人来说,生鱼和生鱼片之间的同可能远远大于异。

布尔迪厄(Pierre Bourdieu)有道:一本书在出版之后,便仿佛是一个被抛在大海中的瓶子,它会飘到哪儿呢?这不是作者所能预知的。继《新史学》第 1 卷之后,《新史学》第 2 卷也很快将会成为被掷入书海中的瓶子。俯身入海拾起这只瓶子的人——无论你是美国人、英国人、德国人、意大利人、法国人、日本人,还是中国人;也无论你是崇尚英雄、羡慕绅士、重视纪律、咏唱爱情、热爱自由、依赖集团,还是兼而有之,打开瓶塞,都会有所收获。

---

① Peter Burke, *A Social History of Knowledge: From Gutenberg to Diderot*, Cambridge, Polity Press, 2000.

明清教派书写与反教派书写[*]

　　民间信仰在中国有相当悠久的历史，其概念之内涵也甚为广泛。中国学术界多认为民间信仰是属于无组织地散播于广大民众之中的宗教信仰，或是认为即使有其组织，也只是与地缘组织或社会其他组织相结合，不以宗教组织为载体。这些看法似可商榷。从中国历史的社会文化特点看，民间信仰同宗教性组织之间存在着相当复杂的互动关系，致使在西方，很早就有人称中国民间存在的各种名目的信仰结合体（以下称"教门"）为 secret sect ^①。19 世纪末，以济南为中心进行传教活动的詹姆士（F. H. James）在上海召开的新教传教士大会上报告说，山东地区存在一百种以上的 secret sect。^②本文专就 sect 或 secret sect 谈些看法。

　　sect 一词源于拉丁语 secta，本义为学派、党派、说

---

*　本文原载《文史哲》，2006 年第 1 期。
① 　参阅"Secret Association"，*The Chinese Repository*，Vol. 1，1833，p. 207.

教等，有"切断"之意，在基督教语境里，指从教会（church）分离出来的团体。宗教社会学家威尔逊（B. Wilson）曾给 sect 下过一个定义："严格意义上的教派是指这样一类团体，即，广义上这种团体产生于既有的宗教内，但是至少在宗教实践以及更广泛的社会生活里，将自我和他者区别开来。"[1]

那么，在中国语境里，sect 所指为何呢？secret sect 译成汉语为"秘密教派"。"秘密"作为形容词表示教门所处的"地方性"状态，而教门之所以是秘密的、非公开的，根本原因在于这种"地方性"教门的内容和形式受到了官方话语的排斥。詹姆士承袭了以往传教士的基督教本位的看法，将他所认知的一百多种民间教门尽皆纳入 sect 这个模糊差异性（difference）的话语装置里。sect 一语至今仍被广泛使用，被作为自明的概念运用于中国语境，形成了可以谓之为"教派书写"（writing sect）的欧美中国民间教门研究的传统。

但是，当我们试图将 sect 还原于民间教门所处的历史语境时，则不难发现作为理念的、抽象的 sect 和作为实体的、个体的 sect 之间存在着一条不可逾越的鸿沟，被贴上 sect 标志的教门，在"教派书写"的历史叙述里已经被送上一条无法自我还原的不归之路。欧大年（Daniel Overmyer）的《民间佛教——晚期传统中国的异端教派》

---

[1] Bryan Wilson, *Religious Sects: A Sociological Study*, New York, McGraw-Hill, 1970.

是"教派书写"中的名著，作者将 sect 界定为"以个人拯救为目的而自发成立的结社（association），是与较大的、既有的宗教体系（religious system）相对应而出现的结社"①。从这个定义中我们不难看到威尔逊的教派定义的影子。那么，欧大年所说的 sect 对应于怎样的宗教体系呢？正如作者英文书名所表示的，sect 具体指的是"民间佛教教派"。众所周知，民间教门存在多神崇拜，教义中糅合了儒释道等诸多因素，所以，很难将欧大年所说的 sect 归入单一的"宗教体系"里。作者似乎意识到了这个问题，他将该书的中文版定名为"民间宗教教派"。② 这一来回避了裔出基督教的 sect 所带来的难题。但是，什么是"民间宗教"呢？在没有对"民间宗教"做出界定之前，模糊地使用"民间宗教教派"一语，似乎仍然没有解决问题。

其实，民间教门是否从儒释道抑或"民间宗教"中离析出来，这需要根据具体情形来下判断。中国学者和日本学者在这方面做过很多辨析。另一方面，许多教门是民间根据自身的精神需求所进行的能动创造的产物，只是在创造过程中动员了若干儒释道等资源而已。这些教门既未必是通过切断与儒释道的关系而形

---

① Daniel Overmyer, *Folk Buddhist Religion*, *Dissenting Sects in Late Traditional China*, Cambridge, Harvard University Press, 1976, p. 62.
② 作者改动的理由参见中文版序言，欧大年：《中国民间宗教教派研究》，上海，上海古籍出版社，1993 年，第 3 页。

成的独立教派，也未必是通过切断与"民间宗教"的联系而形成的独立教派，有些可谓儒释道或者三者混合体的民间形态。笔者曾研究过嘉庆十九年山东武城县发生的一个教门案，档案中都称该案为"如意门"（或曰"一炷香"）教案。但是，仔细阅读供词后会发现所谓如意门徒有虚名①，与其说这里的如意门是从某一教派传承下来的，不如说是由核心人物根据如意门偈颂的片言只语再创造而成的小规模的信仰聚会。因此，面对中国 sect 内部存在的诸如此类的差异性，面对 sect 所包含的基督教的投影，有必要对"教派书写"的历史叙述进行反省。

首开"教派书写"先河的是迪德鲁特（De Groot）的《中国的教派和宗教迫害》。这部两卷本的著作反映了19 世纪传教士对中国民间教门的认识水平，它是研究民间信仰/教门的重要著作。但是，从今天的立场看，该书既有真知灼见，也有不少偏见和误解，其中最大的问题在于作者是从 sect/sectarianism 的角度来观察民间教门的。由于 sect 带有"切断"之意，作者很自然地承袭了帝国权力对民间教门＝邪教的诠释，把教门的历史纳入一个由叛乱和被迫害相互交织的、绵延不断的政治叙述

---

① 《录副奏折》，嘉庆十九年四月初五日山东巡抚同兴奏、附单，第一历史档案馆藏。

里。① 意味深长的是，传教士对佛教和道教的 sect 的民间教门的关注，背后有着传播基督教的动机。艾约瑟（Joseph Edkins）就误以为反对偶像崇拜的无为教（Wu-wei kiao）信徒可以改信基督教。② 殊不知，带有禅宗特点的无为教既然反对偶像崇拜，基督教的上帝崇拜自然也不在例外。明恩溥（Arthur Smith）讲述过一个名为中央门的民间教门改信基督教的故事。中央门教派活动在山东德州附近的乡村。同治五年春，该教派作为"邪教"遭到清政府的严厉弹压，核心成员或被捕入狱而死，或被流放。据说该教派核心人物（Old Man）目睹基督教的传播和反教风潮兴起，在被捕时曾嘱咐信徒说："如果中央教义失败了，而外国人的教义行得通的话（foreign doctrine was accessible），就加入后者。"③结果，大批中央门信徒依言加入了基督教会。明恩溥强调这是基督教教义（doctrine）的力量。但从整个事件看，一群身处危险状况的民间教门信徒，在领导人被逮捕、面临政府的弹压的情况下加入基督教，未必就有那么纯粹的宗教动机。所谓"外国人的教义行得通"，与其说是指基督教在教义

---

① J. J. M. De Groot, *Sectarianism and Religious Persecution in China*, Vol. 2, Amsterdam, 1903-1904.

② Joseph Edkins, *Religion in China*: *Containing a brief account of the three Religions of the Chinese*, London, Routledge, 1878, p. 184. J. J. M. De Groot, p. 195.

③ Arthur H. Smith, "Sketches of A Country Parish", *Chinese Recorder and Missionary Journal*, Vol. 12, No. 4, July-August, 1881, pp. 248-249.

上具有优越性，毋宁说基督教这一"异端"由于有条约这一护符的保护，比之传统的"异端"具有社会政治优势。[1] 在此不难看到，关于中国民间教门的"教派书写"所存在的问题。

纳义（Nye）从人类学对文化概念的解构——反文化书写（writing against culture）中得到启发，提出"反宗教书写"（writing against religion）的概念。他认为，在约定俗成的前提下，废除宗教概念不是可行之法，但是，可以通过对宗教的解构和使之动词化，摆脱它所凝聚的压抑性、均质性的内容。[2] 关于 religion/宗教在中国语境里的问题，这里暂且不谈。基于和纳义同样的理由，笔者认为在研究民间信仰/教门时，我们需要一种"反教派书写"（writing against sect）。所谓反教派书写，首先要揭示 sect 的非自明特质，消解与其相关的诸如秘密宗教、民间宗教以及邪教、异端等概念所带来的本质主义的历史叙述，把教门还原到具体的历史情境之中。[3] 其次，在

[1] 孙江：《"洋教"という他者》，《历史学研究》总 808 期，2005 年 11 月号。

[2] Malony Nye, "Religion, Post-Religionism, and Religionizing: Religious Studies and Contemporary Cultural Debate", *Method and Theory in the Study of Religion*, 2000, 12, pp. 447-476. 转见深泽英隆：《宗教の生誕——近代宗教概念の生成と呪縛》，《宗教とはなにか》（岩波讲座·宗教）第 1 卷，东京，岩波书店，2003 年，第 50 页。

[3] 孙江：《话语之旅：关于中国叙述中秘密结社话语的考察》，见刘东主编：《中国学术》总第 18 辑，北京，商务印书馆，2005 年。

此基础上，不仅要关注教门的历史"连续性"，更要关注教门在具体历史情境下发生的"断裂性"问题。以往关于教门的研究在前者着力甚大，成果最丰，而对后者的关注似乎不足。在笔者看来，这种反教派书写的努力可以为将来书写中国民间教门的真正历史（authentic history）奠立一块坚实的基石。

清末秘密会党与辛亥革命[*]

一、问题所在

在有关辛亥革命的历史叙述里，会党/秘密结社与革命之关系每每为论者提及，乃至形成了一个共识：会党与辛亥革命关系密不可分，会党有功于革命。果真如此吗？

1919 年 1 月 14 日，壮志难酬的孙中山在给蔡元培、张相臣的回信中，对于二人着手编纂的中华民国成立之前的革命历史表达了如下意见："至尊函主《国史前编》上溯清世秘密诸会党，文于此意犹有异同。以清世秘密诸会党，皆缘起于明末遗民，其主旨在覆清扶明。故民族主义虽甚溥及，而内部组织仍为专制，阶级甚严，于共和原理、民权主义，皆概乎未有所闻。其于共和革命

---

[*]　本文原载日本孙文研究会编：《グローバルヒストリーの中の辛亥革命》，东京，汲古书院，2013 年。

关系实践［浅］，似宜另编为秘密会党史，而不以杂厕民国史中，庶界划井然不紊，此亦希注意及之也。"①孙认为，《国史前编》不应收录有关秘密会党的内容，原因是会党"组织仍为专制，阶级甚严"——首领专权，上下等级分明，这与崇尚共和、民主与民权的革命主旨背道而驰。其实一年前，孙中山就在《建国方略》中回顾其革命经历时写道："内地之人，其闻革命排满之言而不以为怪者，只有会党中人耳。然彼众皆知识薄弱，团体散漫，凭借全无，只能望之为响应，而不能用为原动力也。"②

然而，回顾孙中山与会党之关系，孙中山的上述言辞并不能反映实际情形。在1895年"广州起义"后亡命海外期间，孙中山不仅参加了海外华人会党组织致公堂（通称洪门），还与国内秘密会党建立了密切关系，多次策动反清武装起义。1905年，基于会党内"反清复明"传说，孙将包括海外致公堂在内的秘密会党称为"爱国保种、兴汉复仇"的民族主义团体。③同年，孙中山在对比利时中国留学生谈话时也强调："会党的宗旨原为反清复明，然近时则不复存在。吾等应明其宗旨，恢复其

---

① 孙中山：《复蔡元培、张相文函》（1919年1月14日），见《孙中山全集》第5卷，北京，中华书局，1985年，第8页。
② 孙中山：《建国方略》（1917—1919年），见《孙中山全集》第6卷，北京，中华书局，1985年，第233页。
③ 孙中山：《致公堂重订新章要义》（1905年2月4日），见《孙中山全集》第1卷，北京，中华书局，1981年，第259页。

本质。进而汝等学生诸君参加之，以便改良其会规与组织。"①可以说，学界关于会党与辛亥革命关系的认知和孙中山的言行有密切关系。

上述孙中山关于会党言论所内含的矛盾提醒论者，在讨论会党与辛亥革命关系时，需要面对历史学的基本问题：事实与叙述的关系。事实层面的问题关涉秘密会党是否参加革命以及在多大程度上参与革命等问题，而要把捉会党与革命关系之事实则需仰赖时人关于会党革命的叙述。以下，本文首先具体分析作为表述的会党革命的问题，继而探讨会党对于革命到底意味着什么，最后稍稍涉及会党研究方法论之问题。②

二、作为表述的会党革命

以 1911 年 10 月 10 日武昌起义为契机，在短短两个月内，有 14 个省先后宣布从清朝独立。对于这段历史，几乎所有先行研究都强调会党在其中的作用。但是，爬梳相关叙述，真正涉及会党的只有湖南、陕西、贵州和四川四省，在这四个省中，会党的作用各不相同。

---

① 孙中山：《与旅比中国留学生的谈话》(1905 年 2 月)，见《孙中山全集》第 1 卷，北京，中华书局，1981 年，第 271 页。

② 本文部分内容参考孙江：《近代中国の革命と秘密結社——中国革命の社会史的研究(一八九五——一九五五年)》，东京，汲古书院，2007 年，第三章。

先看湖南省。湖南省毗邻湖北省，武昌起义消息传来后，新军内人心思变。10 月 22 日，焦达峰、陈作新等率少数步炮队士兵攻进长沙城，巡抚余诚格逃匿。湖南省宣布独立后，焦达峰出任都督，陈作新副之，原谘议局局长谭延闿为民政部长（不久为临时参议院议长）。十天后，原第五十标第二营管带（第五师师长）梅馨发动兵变，计杀焦、陈，迎谭延闿为都督。焦达峰死后，对于其为时仅十天的政权毁谤有加，谣言者，称焦是已死洪江会姜守旦（1906 年萍浏醴起义首领）的变名，所持"四正"印乃梁山泊"天罡"之谓①；误解者，言焦就任都督后，不少哥老会中人前来要求安置，新编军队中吸纳了不少长沙附近的哥老会武装②；夸张者，谓衡阳以南一带哥老会有人声称："金曰焦大哥作都督，今日吾洪家天下矣。"③"焦大哥作了都督，今天是我们洪门的天下了。"④其实，焦虽曾为某哥老会"龙头大哥"，但哥老会与湖南独立既没有关系，独立

① 阎幼甫：《关于焦达峰二三事》，见中国人民政治协商会议全国委员会文史资料研究委员会编：《辛亥革命回忆录》第 2 集，北京，文史资料出版社，1962 年，第 211～212 页。

② 阎幼甫：《关于焦达峰二三事》，见中国人民政治协商会议全国委员会文史资料研究委员会编：《辛亥革命回忆录》第 2 集，北京，文史资料出版社，1962 年，第 213 页。

③ 子虚子：《湘事记》（节录），见中国史学会编：《中国近代史资料丛刊·辛亥革命》第 6 册，上海，上海人民出版社，1957 年，第 155 页。

④ 陈浴新：《湖南会党与辛亥革命》，见中国人民政治协商会议全国委员会文史资料研究委员会编：《文史资料选辑》第三十四辑（合订本第 11 册），北京，中国文史出版社，1989 年，第 134 页。

后的湖南省亦非哥老政权，所谓"洪家天下"的说法，乃是政治敌手的污言秽语。

次看陕西省。陕西省和湖南省同日响应武昌起义。在陕西省独立过程中，新军中哥老会首领起到了重要作用。陕西新军混成协三千士兵是 1910 年编成的，计有步兵两标（一协）、山炮三队、骑兵一营、工程与辎重各一连。新军各级中下级军官（排长以上）多为军校毕业生①，同盟会会员有朱叙五、钱鼎、张钫等②，加上秘密会员张凤翙（毕业于日本士官学校），至少有十位革命党人。军官以下，俨如哥老会山堂，老行伍出身的多为会党中人，张云山、万炳南势力最大。陕西宣布独立后，原有新军、巡防营编制被打散，士兵自动拥聚在各哥老会首领麾下，形成不同山堂首领各拥重兵局面。③ 张钫回忆说："洪门几个舵把子识见浅陋，虽然参加了革命并不明了革命的真正意义，往往打着革命旗号，抢劫玉

---

① 张钫：《忆陕西辛亥革命》，见《风雨漫漫四十年》，北京，中国文史出版社，1986 年，第 1～3 页。朱叙五、党自新：《陕西辛亥革命回忆》，见中国人民政治协商会议全国委员会文史资料研究委员会编：《辛亥革命回忆录》第 5 集，北京，中华书局，1963 年，第 1～2 页。

② 朱叙五、党自新：《陕西辛亥革命回忆》，见中国人民政治协商会议全国委员会文史资料研究委员会编：《辛亥革命回忆录》第 5 集，北京，中华书局，1963 年。

③ 《陕西辛亥革命中的哥老会》，见中国人民政治协商会议陕西省委员会文史资料研究委员会编：《陕西辛亥革命回忆录》，西安，陕西人民出版社，1982 年，第 263～264 页。另见中国人民政治协商会议全国委员会文史资料研究委员会编：《辛亥革命回忆录》第 5 集，北京，中华书局，1963 年，第 108～109 页。

帛，掳掠子女，争夺名位。"①在军政府内充任秘书长之职的同盟会员郭希仁亦感叹独立后的陕西变成了"会党世界"②。著名同盟会员、最早联络哥老会的井勿幕甚至称"革命失败了"③。1912 年春夏之交，当张凤翙铁血镇压哥老会首领后，所谓"会党世界"便不复存在。④

再看贵州省。1902 年前后，自称奉孙中山兴中会派遣的黄士诚携会党文书《海底》到贵州，组织同济公，宣扬"反清复明"。"同济公"曾试图响应"云南河口起义"（1905 年）。⑤ 后来，同济公加入张白麟组织的立宪团体自治学社。⑥ 在贵州立宪政治团体里，时人谓"宪政多贵绅、自治多寒士"⑦。自治学社成立后，向社会下层发展成员，据胡寿山回忆称，自治学社各分社里"包括了极

① 张钫：《钱鼎、万炳南两副大统领之死》，见《风雨漫漫四十年》，北京，中国文史出版社，1986 年，第 57 页。

② 郭希仁：《从戎叙略》，见中国史学会编：《中国近代史资料丛刊·辛亥革命》第 6 册，上海，上海人民出版社，1957 年，第 155 页。

③ 张奚若：《回忆辛亥革命》，见中国人民政治协商会议全国委员会文史资料研究委员会编：《辛亥革命回忆录》第 1 集，北京，文史资料出版社，1961 年，第 155 页。

④ 张钫：《张凤翙事略》，见《风雨漫漫四十年》，北京，中国文史出版社，1986 年，第 103 页。

⑤ 胡寿山：《自治学社与哥老会》，见中国人民政治协商会议全国委员会文史资料研究委员会编：《辛亥革命回忆录》第 3 集，北京，文史资料出版社，1962 年，第 470~471 页。

⑥ 胡寿山：《自治学社与哥老会》，见中国人民政治协商会议全国委员会文史资料研究委员会编：《辛亥革命回忆录》第 3 集，北京，文史资料出版社，1962 年，第 473 页。

⑦ 《赵德全致黎元洪电》（1912 年 1 月 24 日），见贵州省社会科学院历史研究所编：《贵州辛亥革命资料选编》，贵阳，贵州人民出版社，1981 年，第 74 页。

大数目的哥老会成员",其中至少有 19 个分社里有哥老会成员参加,除劳动者和游民外,还有举人、秀才、留学生和谘议员等。[①] 自治学社吸收哥老会成员加入,说明哥老会并非一般所说的反体制的社会组织。同样情形在军队里也存在。贵州新军有两标,一标在保路同志军起义后被调往四川,另一标中只有第二营驻守贵阳,所谓新军起义指的是第二营。阎崇阶等回忆说:新军头目(班长)和士兵,百分之九十以上属于"袍哥阶级"。[②] 陆军小学学生阎崇阶、刘革园和席正铭等在校内秘密结拜为兄弟,传递、讨论"排满"思想,结成"历史研究会"。其时,陆军小学和新军之间存有嫌隙,曾发生群斗,为了缓和关系,建立共识,席正铭、阎崇阶、刘革园等于 1908 年春建立皇汉公,利用"拜把子、结金兰"方式互相串连,使得皇汉公(1909 年春改名为汇英公)在军校、新军乃至社会上有了一定力量。[③] 11 月 4 日,当贵阳陆军小学和新军第一标第二营率先发难时,谘议局里的两

---

① 胡寿山:《自治学社与哥老会》,见中国人民政治协商会议全国委员会文史资料研究委员会编:《辛亥革命回忆录》第 3 集,北京,文史资料出版社,1962 年,第 472 ~ 473 页。

② 阎崇阶:《贵州陆军小学辛亥革命活动回忆》,见贵州省社会科学院历史研究所编:《贵州辛亥革命资料选编》,贵阳,贵州人民出版社,1981 年,第 420 页。

③ 阎崇阶:《贵州陆军小学辛亥革命活动回忆》,见贵州省社会科学院历史研究所编:《贵州辛亥革命资料选编》,贵阳,贵州人民出版社,1981 年,第 420 ~ 423 页。胡寿山:《自治学社与哥老会》,见中国人民政治协商会议全国委员会文史资料研究委员会编:《辛亥革命回忆录》第 3 集,北京,文史资料出版社,1962 年,第 483 ~ 486 页。

个主要政治派别"自治学社"和"宪政预备会"乘机联手逼迫巡抚沈瑜庆交权,贵州宣布独立。①

最后看四川省。武昌起义和四川保路运动关系密切。武昌起义后,御史赵熙上奏要求杀四川总督赵尔丰:"鄂事踵川事而起,天下应之,是川乱者鄂乱之本。"②1911年5月,清廷颁布铁路国有政策,激发了南方诸省的保路运动,四川保路运动"从收回利权阶段发展为波及全川的群众性保路风潮"③。6月中旬,四川谘议局正副议长蒲殿俊、罗纶策划成立保路同志会,继而由四川铁路公司宣布该会的成立,各州县同志会纷纷出现。同志会是得到四川护理总督王人文批准的合法组织,哥老会成员在其中十分活跃,据记载:"川省向有哥老会匪,党羽甚众,历经大吏惩治,近年多已敛迹。乃因此各州县协会一开,一般会匪死灰复燃,争赴协会书名。"④"每次开会,旁听居十之八九,而哥老会与余蛮子余党亦均窜入,大乱在此。"⑤余蛮子即四川大足反

① 刘毅翔:《略论贵州自治学社与宪政预备会》,见中华书局编辑部编:《辛亥革命与近代中国——纪念辛亥革命八十周年国际学术讨论会文集》上册,北京,中华书局,1994年,第661~675页。

② 戴执礼编:《四川保路运动史料》,北京,科学出版社,1959年,第475页。

③ 隗瀛涛:《四川保路运动史》,成都,四川人民出版社,1981年,第191页。

④ 陈旭麓、顾廷龙、汪熙主编:《辛亥革命前后:盛宣怀档案资料选辑之一》,上海,上海人民出版社,1979年,第123页。

⑤ 陈旭麓、顾廷龙、汪熙主编:《辛亥革命前后:盛宣怀档案资料选辑之一》,上海,上海人民出版社,1979年,第133页。

基督事件首领余栋臣。这是清朝方面对同志会的观察。而从四川地方志看，同志会俨如哥老会："同志会，哥老也。哥老也，而何以曰同志会？因起而应保路同志会也。"① 9 月 5 日，出自同盟会会员之手的《川人自保商榷书》将中央与地方、官与民紧张关系推向极致。② 9 月 7 日，川督赵尔丰借口立宪派"始则抗粮、抗捐，继则刊散四川自保传单，俨然共和政府之势"，逮捕蒲殿俊、罗纶等，镇压赴总督府请愿民众，酿成"成都血案"。③这激起同志会/哥老会的抗争，以同志军为名目的民间武装纷纷出现，四川社会陷入更大乱境。11 月 27 日，赵被迫释放蒲、罗等，发布《宣示四川地方自治文》，及至"大汉四川军政府成立"，四川总督权力迅速崩溃。需要强调的是，同志军起义推动了四川省的独立，但同志军自身未必有革命的政治意图。从 9 月 8 日到 11 月 21 日，在哥老会同志军与清军对战之地，几乎没有一处宣布独立。有人称同志军"以为保路之举，所仇者赵尔丰，所救者蒲、罗诸人，而反对排满，逐杀官吏，以此龃龉"④。即凝聚同志军的共识在保路和仇恨赵尔丰，而非

---

① 《彭山县志》卷二，附论二。参见隗瀛涛：《四川保路运动史》，成都，四川人民出版社，1981 年，第 272 页。

② 戴执礼编：《四川保路运动史料》，北京，科学出版社，1959 年，第 304～308 页。

③ 戴执礼编：《四川保路运动史料》，北京，科学出版社，1959 年，第 315～316 页。

④ 隗瀛涛、赵清主编：《四川辛亥革命史料》上册，成都，四川人民出版社，1981 年，第 451 页。

驱杀官吏，这不无道理。

从以上四省会党在辛亥革命中的活动可以得出如下判断：在湖南省独立期间，会党没有发挥任何作用。在陕西省，虽然哥老会首领的赞同有助于新军起义，但哥老会的影响与其说在独立前，不如说在独立后。在第三个贵州省的个案中，立宪团体自治学社借助哥老会的人际关系网扩大力量，这种哥老会关系网在军队里也普遍存在，作为组织的哥老会与贵州省的独立没有直接关系。在第四个著名的保路运动个案中，四川省保路同志军无疑借助了哥老会的聚合方式，在四川走向独立的过程中，可以说哥老会起到了间接作用。

三、作为象征的会党革命

虽然从组织上看不到会党在辛亥革命中的作用，但是，会党对于革命的意义是实际存在的：会党内"反清复明"传说和异姓结拜方式作为文化象征符号而为革命者使用。本文开头所提到的辛亥革命前孙中山的会党话语，可谓对这种资源的运用。在革命方针上，与孙中山对立的陶成章在其著名的《教会源流考》里写过一段非常著名的话："（明亡后）志士仁人，不忍中原涂炭，又结秘密团体，以求光复祖国，而洪门之会设也。"①暂且不论这句话是否符合历史事实，它表明意欲动员会党推翻清朝统治的革命者在尝试把"反清复明"话语转化为"排满"革命的动力。

1902年，欧榘甲《新广东》一文提出了以广东省自立为第一步，进而谋求整个中国自立的构想。欧榘甲认为，会党是一种相对于"公会"的"私会"。广东自立的前提是对各个秘密会党的统合。欧意欲把种族/民族同一性的原理扩大为"中国全土都是汉人的土地，汉人来源于同种"，通过省与省的联合组成"联邦"或"独立国"，最后实现中国全体的自立。②《新广东》问世后，1903年湖南省留学生杨守仁模仿《新广东》作《新湖南》，提出湖南从清朝独立出去的主张。不同的是，杨认为可以基于"侠"的原理再造会党，以会党作为湖南自立的基础。

此外，"素志中央革命"③的陶成章，企图在"汉—满对立"的构架下，以光复汉族为旗帜，把浙江与他省的革命者联合起来。杜赞奇(Prasenjit Duara)在其关于会党和革命关系的论文中曾将陶成章《龙华会章程》和《教会源流考》做比较，指出二者分别包含着儒家传统要素

---

① 陶成章：《教会源流考》，广州，国立中山大学语言历史学研究所，1928年5月，第3页。
② 张枬、王忍之：《辛亥革命前十年时论选集》第1卷，北京，生活·读书·新知三联书店，1960年，第309~310页。
③ 汤志钧编：《陶成章集》，北京，中华书局，1986年，第339页。

和西方进化论要素。① 就前者而言，1908 年前后，陶成章设立"革命协会"，组建了革命化的秘密结社———一统龙华山，名为汉族同登普渡堂。②《龙华会章程》第一条是驱逐清朝皇帝，夺回大明疆土；第二条是将土地化为公有，不允许富豪独占而使四亿同胞再次产生贫富阶级分化，要建立人人不愁生存的安定社会。③ 陶把革命与一般民众的实际利益结合起来了。

其实，会党与革命的关系主要不在"反清复明"话语上，而是体现在会党的结拜原理为革命者运用上。秘密会党的组织架构、入会仪式和交往方法深深地影响了革命团体的形成。这是本文开头孙中山会党话语中所忽略的内容。

1894 年 11 月，孙在檀香山创设兴中会，这个组织有着洪门/会党的色彩，具体表现在：入党必须当众宣誓，必须有"先进"（老会员）介绍，模仿洪门联络手势和秘密暗号，使用洪门"天运"年号，等等。④ 这种模仿会党结成革命团体的方法大概带有"落后"色彩，因而很少为辛亥革命后形成的革命文献载录。尽管如此，

① Prasenjit Duara, *Rescuing History from the Nation*：*Questioning Narratives of Modem China*, Chicago, University of Chicago Press, 1995, pp. 125-133. 中译本参见杜赞奇：《从民族国家拯救历史：民族主义话语与中国现代史研究》，王宪明等译，南京，江苏人民出版社，2008 年。

② 汤志钧编：《陶成章集》，北京，中华书局，1986 年，第 339 页。

③ 汤志钧编：《陶成章集》，北京，中华书局，1986 年，第 135 页。

④ 庄正：《国父革命与洪门会党》，台北，正中书局，1980 年，第 85～93 页。

从当事人关于革命的点滴回忆中，还是可以捕捉到具体细节的。1899 年，孙中山等革命者召集三合会、哥老会首领在香港成立兴汉会，会上举行了歃血结盟仪式。宫崎滔天在记述当时情景时激动地写道："实为空前快事，唯恨余未能言其详也。"①1904 年秋，留日革命者在横滨一家广东人所开商店内举行的仪式为我们提供了一个更为详细的实例，参加这个仪式的有冯自由、秋瑾、刘道一、龚宝铨、王时泽等 11 人。当事人王时泽回忆道：

> 首先由冯自由向我们交代宣誓的问答语，叫我们在宣誓时依样回答。交代完毕，即由梁慕光主持宣誓仪式。他手执钢刀一把，架在宣誓人颈上，由个人依次宣誓。刘道一是第一个宣誓的。轮到我宣誓时，梁问：你来做什么？我照冯自由嘱咐的话回答：我来当兵吃粮。问：你忠心不忠心？答：忠心。问：如果不忠心，怎么办？答：上山逢虎咬，出外遇强人。全体宣誓毕，梁与冯自由横牵一幅六七尺长的白布，上书斗大的"翻清复明"四字，命各人俯身鱼贯从布下穿过，以示忠于主义。又在室内烧一堆火，命各人从火上跳过去，表示赴汤蹈火，在所不辞。然后分别刺血，杀了一只大雄鸡，共饮

---

① 宫崎滔天：《三十三年之梦》，见《宫崎滔天全集》第 1 卷，东京，平凡社，1971 年，第 154～155 页。

雄鸡血酒。冯、梁两人当场宣布这个团体叫做"三合会"（取合天、合地、合人之意），向我们交代了一些规矩，如见面手势如何摆，如何问话答语，进门要用右脚向前跨，握手时要捏紧对方的无名指，等等，并交了一本书给刘道一，叫我们互相传抄。我粗略地翻了一下，里面写了一些会规，还画了许多旗帜的样式。最后，每人交纳入会费十元日金，就算了事。①

这个革命团体的入会仪式是典型的天地会入会仪式，唯一不同的是，天地会是男性兄弟结拜，而参加该仪式的却有巾帼不让须眉的女革命家秋瑾，她还被封为白扇。

革命团体成立后，革命党人在联络会党时也经常使用会党结拜方式。秋瑾所属的光复会和浙江地区秘密会党共同建立了革命组织"龙华会"，即前文陶成章所说"一统龙华山"，这个以浙江为中心的秘密革命组织的入会仪式在继袭会党仪式的同时，还吸收了浙江地方历史资源——岳飞。在仪式里，岳飞超越了天地会传说中的"反清复明"人士，也超越了各种神明，位居革命谱系的最高位。众人在岳飞牌位前饮用臂上血，在岳飞神明的见证下宣读祭文，歌颂岳飞抗金事迹。最后，取出一只

---

① 王时泽：《回忆秋瑾》，遗稿，见中国人民政治协商会议全国委员会文史资料研究委员会编：《辛亥革命回忆录》第4集，北京，文史资料出版社，1963年，第470~471页。

雄鸡，众人一齐发誓：诚心入会，保守秘密，祭旗起义，"兄弟同心，如同手足"，等等。随着宰鸡取血、饮血酒，仪式达到高潮：一个以"反满"为旨归的政治共同体诞生了。①

田海（Barend ter Haar）认为，中国历史上的歃血结盟不同于欧洲，是一种"空洞的仪式"（empty ritual forms），旨在强化结拜时语言和文字的力量，而欧洲的歃血结盟则以创造兄弟血缘关系为目的。② 在结盟中，"血"虽然没有产生实际作用，但结拜仪式本身产生了"结骨"＝成为异姓兄弟的结果。

在一个社团还不发达的时代，类似于上述用秘密会党方式进行结盟的团体还很多，例如，1907 年在东京成立的"共进会"，首任会长张伯祥和第二任会长邓文翚皆为哥老会首领，该会在成立时使用的是兄弟结盟仪式，并且按照典型的洪门规矩，设立了"中华山""光复堂""兴汉水"和"报国香"③。

由上可见，会党"反清复明"话语、结社方式及其关系网在革命中被广泛运用，所谓会党革命主要体现在这些方面。

---

① 汤志钧编：《陶成章集》，北京，中华书局，1986 年，第 141 页。

② Barend J. ter Haar, "Ritual and Mythology of the Chinese Triads：Creating an Identity", *Sinica Leidencia*, Vol. 43, Leiden, Brill, 1998, p. 151, p. 158.

③ 邓文辉：《共进会的原起及其若干制度》，《近代史资料》，1956 年第 3 期。

四、作为差异装置的会党

在结束上述考察后，反观本文开头引用的孙中山的两段话，可以说，孙中山要求蔡元培另编会党史，"不以杂厕民国史"，是符合历史实际的。但是，应该指出的是，孙有意忽略了会党对于革命的真实意义，正是从孙中山开始，革命党人给会党赋予了革命的意义，并将其带入近代政治之中。

意味深长的是，至今人们谈论辛亥革命时，仍乐谈会党/秘密结社参与革命，而将会党定位为反体制、反社会的秘密结社。笔者曾指出：所谓秘密结社，其实是对作为历史的秘密结社"表述化"（representation）的产物，构成今日常识化的秘密结社是叙述的秘密结社的历史，不一定反映其"真实的"历史。① 会党/结社是汉语词汇，相当于欧美历史上的 association。托克维尔在《论美国的民主》中，将结社/association 分为两类：一类是政治性结社，另一类是市民结社，他发现正是各种结社构成了美国民主的基础。② 对于这种影响至深的观点，霍夫曼（Hoffmann）指出，多年来人们对欧美的结社存在很多

---

① 参见孙江：《近代中国の革命と秘密結社——中国革命の社会史的研究（一八九五——九五五年）》，东京，汲古书院，2007 年，第 63 ~ 64 页。

② Alexis de Tocqueville, *Democracy in America*, translated by Arthur Goldhammer, New York , Library of America, 2004.

误解，即以英美结社为理想模式，在中产阶级、自由主义和市民结社的关系链上考虑"结社"，从而将市民结社的理念和实践视为特定阶级（中产阶级）及其利害关系的所有物。而事实上，在英美以外，从启蒙时代到 1914 年第一次世界大战为止，在法国、德国以及中欧和东欧广大地区存在许多自发结社，它们与托克维尔所揭示的两种类型的结社之间并无多大区别。①

霍夫曼的研究和笔者的思考有不谋而合之处，我在拙著《近代中国的革命与秘密结社》中批判了将中国民间结社"秘密化""政治化"的倾向，提出根据结社自身的特点和存在状态，将秘密结社概念"中立化"，并将其界定为中国社会普遍存在的人际关系网络上的一个"纽结"，通过具体的案例来观察结社是如何政治化的问题——革命的或反革命的。如果与欧美市民结社作单纯比较的话，可以说，以兄弟结义为纽带、以互助为宗旨的帮会结社（如青帮、红帮）具有"共济会"特征；以慈善和修行为特征的宗教结社（如在理教），如果除去其宗教成分的话，其实非常像欧美以俱乐部、协会为形式、以德智向上为目的的结社。遗憾的是，学者们在讨论中国有没有市民结社时，一般皆将目光置于 19 世纪末 20 世纪初出现的中产阶级商业团体，以及体现中产阶级利益的政治团体上，而不关注其他民间结社。非但如此，

---

① Stefan-Ludwig Hoffmann, *Civil Society*, *1750 -1914*, *Studies in European History*, Basingstoke, Palgrave Macmillan, 2006.

还将众多的民间结社置于"秘密结社"这一差异装置中来阐述。虽然，不可否认各个时代都存在具有反叛行为的结社，但是，这些结社的反叛性并非与生俱来的，亦不存在没有断裂的一以贯之的反叛结社，结社的反叛行为大都是由特定的社会政治环境所致，一些情况下则是后人赋予的。

记
忆

历史学找回想象力 *

历史学需要感觉主义？

以表述历史为职业者闻之必摇头再三。的确，自打19 世纪后半叶与文学分道扬镳后，近代历史学就琵琶别抱、投身于科学门下。历史学被视为基于科学的方法追求事物客观性的学科。

不过，近代历史学的一厢情愿并不能抹去其自身的历史。历史学作为一种表述行为，毫无疑问带有修辞的文学成分。正如人类学家列维·斯特劳斯（Claude Lévi-Strauss）在《野性的思维》中所指出的，本质上，决定历史叙述的不是史实本身，而是历史学家对史实的解释。20 世纪 80 年代后半叶"语言学的转向"摇撼了一味追求科学性的历史学，一些学者蓦然发现，近代历史学数典忘祖，在科学的刀劈斧削下，历史被规训得支离破碎、

---

* 本文原载《中华读书报》，2007 年 5 月 16 日。

血色失调。历史学需要找回曾经属于自己的东西——想象力。

本来,文史一家,自古而然,不论东西。被誉为"史家之绝唱,无韵之离骚"的《史记》,亦文亦史,介于文史之间。在19世纪中叶以前的欧洲,历史书写就是修辞性的文学行为,无论是希罗多德(Herodotus)的《历史》,还是伏尔泰(Voltaire)的《路易十四时代》,既是历史著作,也是文学作品。如果撇开历史"真实"与文学"虚构"之间的不同,确如美国历史学家海登·怀特(Hayden White)所揭示的,历史学和文学在运思结构(plot)、议论格式(mode)以及意识形态指向上并没有本质差异。

但是,从诞生之日起,近代史学即着力于在历史学与文学之间设立藩篱,它声称历史学关注的是以"史料"形式存在的"事实",而文学艺术所建构的"事实"是虚构的,故而不能成为历史学研究的对象。为保证历史研究的"科学性",兰克主义史学甚至将历史学圈定为基于可靠的官方档案的政治史。这种历史科学化的结果,使得近代史学失去了想象的活力。

对于兰克式的历史叙述,近代史学内部一直涌动着突破桎梏的冲动,"新史学"便是一个象征符号。早在19世纪90年代就有人使用了"新史学"一词,1929年法国年鉴派出现后,"新史学"逐渐扬名世界,衍生出多重含义,从早期强调与社会科学对话、建构整体历史，到近来反对历史学社会科学化和用理论、概念来随意切割历史，主张把历史置于日常生活之中加以考察。"新史学"这种不断突破自我/历史学的局限性的努力，表明它不是自我限定的概念，而是反对任何僵化的武器。在法语里，"新史学"有一个很好听的名字，叫"活着的历史"（l'histoire vivante）。顾名思义，活着的历史就是要将历史栩栩如生地再现出来。这是一个高远的目标。

在20世纪30年代的《年鉴》杂志上，曾出现过"物与词"的标题，但是，在"新史学"的圣坛上，没有文学的一席之地。直到近半个世纪后接受"语言学的转向"的冲击，"文学"才现身于历史学者的视野。

"语言学的转向"要求人们以语言为中心重新思考"文化"。"文本之外一无所有。"（德里达，Jacques Derrida）历史学应该关注语言，语言构成了人的意识，人的意识赋予表象意义。"语言学的转向"让文学为之欢呼，令历史学震惊不已。1994年，英国的《过去与现在》杂志专门组织了一场文学与史学的激烈讨论。虽然，文学和史学并没有就此破镜重圆，但是，朴素实证主义史学从此失去了在历史学昂首独步的话语霸权。不管是否愿意，历史学者必须承认历史文本的修辞性，承认修辞和事实之间存在紧张关系；必须承认历史证据或记忆里包含着客观性和主观性之间的矛盾。在历史认识问题日渐政治化的今天，正视这两个问题不仅是历史学超越自身局限、扬弃朴素实证主义的认识论问题，还是回击否定侵略战争史实的修正主义历史学的现实问题。现代修正主义史学和朴素实证主义史学一样都重视"证据"，证据的修辞性和主观性往往成为其用部分来否定整体的根据。在围绕历史问题的争论上，朴素实证主义史学常常落入修正主义史学设置的"证据"的陷阱之中。因此，强调历史学的想象力并非鼓励对历史的相对主义解释，历史学的伦理判断——政治正确，依然十分重要。

长期以来，我们对表述对象给予了极大的关注，对表述行为本身存在的问题则缺乏足够重视；对各种社会科学理论和方法津津乐道，对自身的历史感觉和想象力的培养则十分漠视。我们的历史表述大多形同八股，甚至是对自我/他者的不断"克隆"。作为具有特殊技能的工匠，我们的知识生产行为不过是一个惯性的连续，很少有创造性的自觉。科林伍德（Robin George Collingwood）在《历史的观念》里谈到历史的想象力时，举例说：

> 当我们眺望大海时，看到一艘船。五分钟之后，当我们再次眺望时，船已经移动到不同的位置。因此，我们必须想象，当我们没有眺望的时候，船在一点一点占据着两处的中间地带。这是历史思维的一个案例。同样，当我们被告知恺撒在不同的日子里分别待在罗马和高卢的话，我们得想象恺撒在两地之间旅行的情景。

科林伍德认为历史解释是通过批判方法和建构方法来实现的。所谓批判方法，就是对历史表述（史料）进行批判性的解释，以此确定再表述的对象，然后通过演绎的方法建构历史事实。因此，对一个历史学者来说，需要的与其说是作为工匠的技巧，不如说是建构历史的想象力。

没有想象力的历史学是不可想象的。历史学需要感觉主义，这是历史学者自我省思的契机。唯有当感觉被注入了历史性的内容的时候，感觉才能成为历史表述中不可或缺的一部分了。

在记忆与忘却之间*

"Et tu，Brute——还有你？布鲁图斯！"

这是莎士比亚《恺撒》(*The Tragedy of Julius Caesar*)第3幕第1节主人公遇刺前说的一句话。莎士比亚在英文叙事里突然插入一句拉丁文，意在再现公元前44年一代霸主恺撒被刺的场景。其时，罗马政治正在倾向"帝制"，为阻止恺撒称帝，"共和"的捍卫者们策划了此次暗杀。时隔1600年，莎士比亚何以知道恺撒临终之言？对于莎翁戏剧的读者/观众来说，这个疑问无关紧要，甚至还略显迂腐。不是吗？恺撒对布鲁图斯宠爱有加，视若己出，当看到布鲁图斯竟然挥刀相向，吃惊地脱口道："还有你？布鲁图斯！"这不符合常理吗？

然而，历史学者的思考不能就此止步，莎翁这句话

---

* 本文系《新史学》第8卷《历史与记忆》(孙江主编，北京，中华书局，2014年)序言。

是有所本的，出自古罗马历史学家、政治家苏维托尼乌斯（Gaius Suetonius Tranquillus）的《罗马皇帝传》（*De Vita Caesarum*）第 1 卷第 82 节。此书大约作于公元 120 年，距事件发生已有 160 余年。吊诡的是，在苏维托尼乌斯的拉丁文本中，恺撒口中冒出的不是拉丁语，而是一句希腊语：καὶ σὺ τέκνον（音 kai su teknon。还有你？孩子！）中世纪的历史学家将苏维托尼乌斯书中的希腊文译为拉丁文，辗转因袭，于是有了莎翁《恺撒》剧中的那句话。

　　作为过去曾经发生过的事情，历史虽然"不在"，但具有实在性（reality）。恺撒生前到底说了什么？殊难断言。恺撒遇刺身死，则是如如不动的事实。德国记忆研究大家阿莱达·阿斯曼（Aleida Assmann）在阐述其所著《记忆中的历史》（*Geschichte im Gedächtnis*）一书宗旨时写道：不在的过去还有多少存留于今天？过去多大程度上呈现在意识或无意识之中？业已消失而无法诉诸感觉的东西在哪种形式上还可以用感觉来把握？过去和现在、遥远的事物和近前的事物、隔绝的事物和当下的话题之间是怎样交叉的？① 细究起来，阿斯曼要讨论的问题竟然尽在唐代诗人贺知章《回乡偶成》绝句中：少小离家老

① Aleida Assmann, *Geschichte im Gedächtnis：Von der individuellen Erfahrung zur öffentlichen Inszenierung*, München, C. H. Beck, 2007. 中译本参见阿莱达·阿斯曼：《记忆中的历史：从个人经历到公共演示》，袁斯乔译，南京，南京大学出版社，2017 年。

大回，乡音无改鬓毛衰。儿童相见不相识，笑问客从何处来。可怜中国父母心！哪个刚识字断句的蒙童没有跟这位八旬老翁追忆过似水年华？不谈。且看，在流逝的时间里，由少小而变为老大的主人公回到故里；鬓毛已衰的主人公之所以还是原来的我，是因为留有未改之乡音；岁月沧桑，在主人公与儿童遭遇的刹那间，欲从儿童的音容揣测其出自谁家的主人公反被诘问，现在（儿童）和过去（主人公的童年）发生交叉。儿童的"笑问"含蓄着对贺老先生的狐疑：这位从未谋面的老者何以说着自己熟悉的话？对此，贺老先生该如何回答呢？"去，问你爷爷去！"

可见，历史是在人的共同性层次上把捉的事件，是人与人的记忆相互接触和往来的场所。历史是过去发生的事实，记忆是对过去事实的唤起和再现。在古希腊，记忆是保存文化的重要方式，人们从中发展出一种谓为"记忆术"的学问。所谓记忆术是借助"形象"（imagines）和"场所"（loci），通过"唤起"而再现过去。叶兹（Frances A. Yates）在《记忆术》（*The Art of Memory*）中讲述过一则古希腊传说。话说色萨利（Thessaly）的贵族斯克帕斯（Scopas）举行家宴，请来凯奥斯岛（Ceos）著名的抒情诗人西摩尼得斯（Simonides）为其唱赞美诗，答应事毕后付给丰厚的报酬。西摩尼得斯在席间赞美主人时，不经意捎带了自己敬仰的卡斯特洛（Castor）和婆琉得乌克斯（Polux）——两位勇敢的双胞胎神。主人为此很不高兴，声言只能付给一半报酬，于是双方发生争执。正当相持不下之时，有人说门外来了两个陌生人要见西摩尼得斯。西摩尼得斯出门探视，没有看到要找他的人，这时身后的大厅轰然坍塌，参加宴会的人尽皆丧生。原来，两个双胞胎神预知灾难即将来临，特地赶来解救西摩尼得斯——补上了另一半报酬。惨祸发生后，死者尸体受损严重，面目全非。西摩尼得斯凭借记忆术，回忆在场人的席次，最后辨认出每一位死者的身份。①

16 世纪末，这位西摩尼得斯漂洋过海来到中国，被耶稣会士利玛窦（Matteo Ricci）译作"西末泥德"。② 自称西洋和尚的利玛窦为博得中国士人向耶之心，把西摩尼得斯的记忆术传给科举士子，不知是中土士子食洋不化，还是西洋和尚授之无方，记忆术无助于《四书五经》的暗记。

记忆储藏了关于过去的信息。法国史学家诺拉（Pierre Nora）动员 120 位作者，历时八年（1984—1992 年），出版了 7 卷本《记忆之场》（*Les lieux de mémoire*）。诺拉声言记忆研究不是要复原或建构历史，也不是回忆过去的历史，而是关于过去的现在记忆；他认为记忆在消失，

---

① Frances A. Yates, *The Art of Memory*, London, Routledge and Kegan Paul, 1966, p. 1.
② 利玛窦：《西国记法》，见朱维铮主编：《利玛窦中文著译集》，上海，复旦大学出版社，2012 年，第 144、146 页。

与过去发生勾连的感情只残存于一些"场"中。[1] 诺拉的研究产生了广泛的学术影响，但他对记忆的"物化"和本质化遭致哲学家利科（Paul Ricœur）的尖锐批评。在《记忆、历史、忘却》（*La mémoire，l'histoire，l'oubli*）一书中，利科认为历史是连接记忆两端的媒介。首先记忆是历史学的母体，从希罗多德、修昔底德开始，历史（学）就面对着比自己更为古老的记忆，而所谓历史正是从切断与记忆的纠结开始的。其次记忆要成为历史学研究的对象，必须经过历史资料、说明/理解和文学书写阶段。对于记忆的回想/唤起作用，利科认为回想有"现在""不在""既在"三种特征，分别对应于三个不同的本质体："现在"就是形象本身的存在，是留有痕迹的"不在"，不能重现；"不在"也许是虚构的、幻想的，因此需要导入动词的时态副词——"从前""之前"等，以此区分记忆力与想象力、回想与虚构之不同。[2]

"我们知道的只是我们所记住的。"（Id tantum scimus quod memoria tenemus）这句拉丁谚语说的是记忆之在。辛弃疾《青玉案·元夕》有道：众里寻他千百度。蓦然回首，那人却在，灯火阑珊处。主人公上穷碧落下黄泉般

---

[1] Pierre Nora, "Entre mémoire et histoire", *Les Lieux de mémoire*, Tome 1, *La République*, Paris, Gallimard, 1984, p. xix, 1997, p. 25. 中译本参见皮埃尔·诺拉：《记忆与历史之间：场所问题》，见《记忆之场：法国国民意识的文化社会史》，黄艳红等译，南京，南京大学出版社，2015 年，第 3~28 页。

[2] Paul Ricœur, *Memory, History, Forgetting*, Chicago and London, Chicago University Press, 2004.

地"寻"——唤起记忆之所系，寻得的不完全是外在的"那人"，而是内化于记忆中的"那人"。有能唤起的过去，也有唤不起的过去。李商隐晦涩难解的《锦瑟》道出了令人沮丧的忘却之在：此情可待成追忆，只是当时已惘然。过去若隐若现，求之而不可得。记忆不单是思念逝去的往昔，还是对自身主体的确认，主体的自我同一性要求在相当大程度上左右了记忆的形式——怎样记忆？怎样忘却？记忆从一个个体传递给另一个个体，如此不断扩散和互动，使记忆的主语由"个体"变成"集体"。在此意义上，哈布瓦赫(Maurice Halbwachs)称个人记忆就是集体记忆①，虽有忽略忘却机制和记忆差异性之处，似不无道理。

本卷有四个主题："唤醒的空间""记忆之殇""记忆中的历史""殖民·后殖民记忆"，共收录了11篇论文，选择的主题不同，切入的方法亦异，均面对着一个具有实在性的"不在"——历史是如何被表象之问题。

第一组"唤醒的空间"收录了四篇女性作者的论文。细心的《新史学》读者也许会发现，第四卷《再生产的近代知识》编作者皆为女性，身为七尺男儿的本卷主编特

---

① Maurice Halbwachs, *On Collective Memory*, Chicago, University Of Chicago Press, 1992, p. 53. 中译本参见哈布瓦赫：《论集体记忆》，毕然、郭金华译，上海，上海人民出版社，2002年，第94页。因中译本翻译自英译本，与原法语本在章节设置上有较大差异。法语本参阅 Maurice Halbwachs, *La Mémoire collective*, Paris, Presses Universitaire de Paris, 1968.

意辟出此栏，不是要营造一个阴阳对决的场面——这是一个巾帼不让须眉的时代，任何想入非非都会沾上政治不正确，而是鉴于性别学（gender）大家斯科特（J. Scott）批判在以男性为中心的历史叙事中女性之边缘化①，希望唤起读者关注女性学者写史的问题。傅安宁（Annetta Fotopoulos）要言不烦地梳理了围绕圆明园遗址重建的争论，指出不应把圆明园当作一个场所，"而应该把圆明园作为与场所辩证相关的、不断发展的集体记忆"。她触及了"场所"在集体记忆研究中的理论定位问题：是把"场所"作为记忆的宾语，还是记忆的主语；是"场所被记忆"，还是"场所在记忆"，这在诺拉的《记忆之场》中并未得到认真解决。王楠辨析了一位革命家的身后事，指出被性别学夸大了的作为"女性"的秋瑾叙事，她以历史学手法切入文本，展示了围绕秋瑾的"私人记忆""公共记忆"和"记忆之场"的博弈。陈蕴茜和海青分别关注漫画的"画外之音"，一个翻出说鬼图，展示蒋介石国民党魑魅魍魉的世界，一个"潜伏"孤岛，掀出"大侠"古龙出道前仰为大哥的牛哥老底——"反共"漫画中的芸芸众生。

第二组名为"记忆之觞"。利科在谈及记忆研究目的时说："记忆能告诉历史学家什么？记忆的目的与历史学的目的并不相同。记忆所面对的是狡猾的忘却战略，

① Joan Wallach Scott, *Gender and the Politics of History*, New York, Columbia University Press, 1999.

记忆的义务就是不能忘却的义务。面对重大犯罪，历史学的研究手法不但有可能无视受害者所提出的认识要求，甚至还可能阻碍之。这是记忆对历史学的挑战，历史学者必须接受由此而引发的争论的正当性。"①当有与无、真与假、是与非难以决绝时，庄子的那只蝴蝶便会翩然而至。李商隐"庄生晓梦迷蝴蝶"（《锦瑟》）寄寓了作者的迷茫。在"南京大屠杀"期间，为埋尸体以抚慰屠杀创伤、开粥厂以救济劫后余生而被迫与敌人合作的陶保晋凄楚地写道："庄生蝴蝶归何处，惆怅寒风侵体时。"2011 年 3 月，孙江在希伯来大学讲述这"记忆不能承受之重"后，全场一片寂静。这是一个中国式的罪与罚、名与节、善与恶的故事。"我不是想不起来，而是忘不掉。"（电影《唐山大地震》台词）1976 年 7 月 28 日，毗邻北京的河北省唐山市发生了毁灭性的里氏 7.8 级大地震，造成数十万人伤亡。灾难后 8 年间，中国社会的沉默令人窒息。但是，灾难记忆以其特有的逻辑形式在呈现：政治图式、民间传承图式和大众传媒图式。王晓葵的研究揭示了个体记忆与集体记忆、当事人记忆和他者记忆之间的龃龉。

第三组名为"记忆中的历史"。19 世纪以来形成的最大的集体记忆即民族—国家记忆。"我们在我们的同

---

① Paul Ricœur, *Memory*, *History*, *Forgetting*, Chicago and London, Chicago University Press, 2004.

一性中想象自己。"①安德森(Benedict Anderson)《想象的共同体》(*Imagined Communities*)在"冷战"结束后普遍质疑民族—国家正当性的背景下曾风靡一时,而以史密斯(Anthony D. Smith)《民族的族群起源》(*The Ethnic Origins of Nations*)等为代表的强调民族意识本源于历史的观点黯然失色②,其实,无论是"想象说",还是"本源说",都可以从中世纪至近代的欧洲历史中找到根据。霍尔(Stuart Hall)在《种族主义与文化认同》(*Rassismus und kulturelle Identität*)中曾将以往关于民族认同的研究概括为5点:民族—国家叙事、本真性(authenticity)追求、传统的发明、创始神话和同一性想象。③ 韩子奇(Hon Tze-ki)对晚清和民国时期流传的中国文明"西来说"进行爬梳后,注意到后现代文化讨论中所涉及的民族认同由"时间差序"向"空间差序"转变的过程。其实,一如科塞雷克(Reinhart Koselleck)在《概念史的实践》(*The Practice of Conceptual History*)中所说,"人们形成时间的直觉是与空间意义(spatial indications)联系在一起的,历史时

---

① Benedict Anderson, *Imagined Communities: Reflections on the Origin and Spread of Nationalism*, London, Verso, 1983, 2006. 中译本参见安德森:《想象的共同体:民族主义的起源与散布》,吴叡人译,上海,上海人民出版社,2005年。

② Anthony D. Smith, *The Ethnic Origins of Nations*, Oxford, Basil Blackwell, 1986. Anthony D. Smith, *National Identity*, Penguin, 1991.

③ Stuart Hall, *Rassismus und kulturelle Identität—Ausgewählte Schriften 2*, Hamburg, Argument-Verlag, 1994. 参见方维规:《近代思想史上的"民族"及相关核心概念通考》,见孙江、陈力卫主编:《亚洲概念史研究》第1辑,北京,生活·读书·新知三联书店,2014年。

间的可视性体现在空间上"①。李恭忠咀嚼康熙盘桓于明孝陵不去的故事，揭示了时间作为权力工具、智慧源泉和价值尺度的奥秘。胡艺泽则徜徉于比邻的国民革命军阵亡将士公墓与灵谷寺，思索纪念的意义，让人猛醒到：在满是纪念之场的空间里，缺少的恰是具有生命跃动感的记忆。这是一个化学系本科生的习作。在历史成为快餐般的消费品的今天，一个理科高才生毅然弃理从文，转入历史系攻读研究生，让我们这些抱残守缺者颇感欣慰：吾道不孤。

第四组题为"殖民·后殖民记忆"。19 世纪以来，中国饱受欧美列强和日本殖民统治侵略之苦。在实证史学层次上揭露、批判殖民统治一直是中国历史学的主旋律。与国外同行相比，国内学界在历史叙述和历史记忆层面上的研究尚有待进一步展开。德国汉学家王马克(Marc André Matten)讲述了一个被日本化的中国英雄故事。在中国语境里，郑成功至少有三个形象可以追溯：民族英雄(国家)、江湖志士(天地会)、民间神祇(台湾)。在日本语境中，从江户时代开始，这位"国姓爷"因其母亲的日本身份(按：笔者对此说存疑)而被塑造成一个日本英雄；甲午战争后日本割据台湾，出于殖民统治的需要，郑成功被供入神社，成为殖民统治的守护神。郑成功"外传"让我们再次重温了福柯(Michel Foucault)"文化即权力"的说

---

① Reinhart Koselleck, *The Practice of Conceptual History*: *Timing History*, *Spacing Concepts*, Stanford, Stanford University Press, 2002, pp. 100-114.

教。时至今日，远去的战争仍是横亘在中日关系上的一块顽石。说来，20世纪80年代讴歌中日复交的电影《一盘没有下完的棋》俨如谶语：战争责任没有解决，战后责任有待追究。即使在日本国内，问题同样存在。身为日本残留孤儿后代的南诚讲述了一则日本"弃民"的故事，这些被动员／诱骗到"满洲"的殖民者，过了几年好日子便在帝国败降后被弃之不问，数十年后当他们出现在日本荧屏上时，曾催下万千观众的热泪。但是，作者通过分析NHK纪录片规避责任的政治修辞后质疑道：那些声音真的是残留孤儿的声音吗？战后，日本思想家丸山真男在比较远东军事法庭上东条英机和松井石根的供词时发现一个很相似的现象，即战犯们推卸责任显得"有理有据"，这让丸山想起了神道中的"お神輿"（omikoshi）。在迎神赛会上，"神舆"先由若干青壮男子肩扛手抬，这些人筋疲力尽时，便将"神舆"交给不知从哪儿冒出来的另一些人，后者接过"神舆"继续前行。当"神舆"被抬到某个地点，不想再抬下去的人便将其扔到谷底。若问："何以扔到谷底？"最初的人会说："我只管扛到这个地点，至于要去哪儿，与我无关。"接下来的人也会重复同样的话。最后，当诘问将"神舆"扔到谷底的人时，则会得到如下回答："到了这里，不扔到谷底，还能扔到哪儿呢？"①丸山从这一现象出发，把战时日本视为政出多门、责任暧昧的"没有责任的

① 丸山真男：《統補遺（日本支配層の戦争責任）》，见松沢弘阳、植手通有编：《丸山真男集（別卷）》，东京，岩波书店，1997年，第8页。

体制"。回顾战时和战后、昨天和今天、对内和对外，丸山关于"没有责任的体制"的断语发人深省。

历史和记忆，既相关又根本不同，在没有接受"认识论的转向"洗礼之前，历史学者不可能摇身一变成为记忆研究者。于考据、义理和词章之外，正如利科所警示的，历史学者最需要做的是直面当下的发问，套用佛经起首的一句话：如是我闻。

皮埃尔·诺拉及其"记忆之场"[*]

Accélération de l'histoire。^①（历史在加速）

法国历史学家皮埃尔·诺拉（Pierre Nora）在其主编的《记忆之场——法国国民意识的文化社会史》导言中劈头如是说。基于这种当下的紧张感，从 20 世纪 80 年代中叶开始，诺拉动员 120 位作者，穷十年之功，编纂出版了由 135 篇论文组成的 3 部 7 卷、超过 5600 页的皇皇巨著。与以往强调对过去发生之事进行考索的历史研究不同，与法国"年鉴学派"所倡导的"心性史"研究亦径庭有别，这部巨著乃是要在文化—社会史语境中回溯

---

* 本文原载《学海》，2015 年第 5 期。系中译本《记忆之场》（皮埃尔·诺拉主编，黄艳红等译，南京，南京大学出版社，2015 年）序。

① Pierre Nora, "Entre Mémoire et Histoire", *Les Lieux de Mémoire*, Tome 1, *La République*, Paris, Gallimard, 1984, p. xix, 1997, p. 25. 中译本参见皮埃尔·诺拉：《记忆与历史之间：场所问题》，见《记忆之场：法国国民意识的文化社会史》，黄艳红等译，南京，南京大学出版社，2015 年，第 3~28 页。

历史，探讨形塑法国"国民意识"的记忆之场。①

一

1931 年 11 月 17 日，诺拉出生于巴黎一个外科医生的家庭，在第二次世界大战的血雨腥风下，作为犹太裔法国人，诺拉家族经历了抵抗运动的惊险。战后，诺拉进入路易勒格朗中学（Lycée Louis-le-Grand）读书，最后在索邦大学（La Sorbonne）取得大学学位。1958 年，诺拉赴法属殖民地阿尔及利亚 Lycée Lamoricière 学校任教，1960 年返回法国，翌年出版《阿尔及利亚的法国人》一书，批判作为"殖民者"的法国人与作为"内地人"（Métropole）的法国人之不同②，该书经常被作为学术著作引用，其实它只是诺拉个人的观察记录，算不上严格意义的历史学著作③。

1965—1977 年，诺拉先后在巴黎政治学院（Institut d'Études Politiques de Paris）和社会科学高等研究院（École des hautes études en sciences sociales）谋得教职。这期间的诺拉，与其说是教授，不如说是编辑；与其

① 国内学者对诺拉记忆研究的评介，参见沈坚：《记忆与历史的博弈：法国记忆史的建构》（《中国社会科学》，2010 年第 3 期），但在对"记忆之场"研究的内容和背景理解上，本文与该文有很大不同。

② Pierre Nora, *Les Francais d'Algérie*, Paris, Julliard, 1961.

③ Todd Shepard, *The Invention of Decolonization：The Algerian War and the Remaking of France*, Ithaca and London, Cornell University Press, 2006, p. 196.

说是学者，毋宁说是记者。1964 年，他在 Julliard 出版社创办"档案丛书"。1965 年成为伽利玛（Gallimard）出版社编辑，先后创办"人文科学丛书""证言丛书""历史学丛书"等。1980 年，又与哲学家戈谢（Marcel Gauchet）创办《论争》（Le Débat）杂志，引领法国知识界的前沿话题。在诺拉主编的丛书中，收录了"年鉴学派"第三代代表人物勒高夫（Jacques Le Goff）、拉杜里（Emmanuel Le Roy Ladurie）等人的著作。1974 年，热衷于讨论历史研究方法的诺拉与勒高夫合作主编三卷本《创作历史》（Faire de l'histoire）。① 上述学术组织活动为其日后延揽 120 名作者进行"记忆之场"研究构筑了必不可少的人脉关系。

转机来临。1978 年诺拉在堪称"年鉴学派"大本营的法国社会科学高等研究院开设讨论课。其时，法国历史学界正经历回归政治史研究、重新评价叙事史的新趋势。2002 年，诺拉在芝加哥大学出版社出版的由其主编的《重新思考法国》第一卷导言中，直言 20 世纪 60—70 年代"年鉴学派"布罗代尔（Fernand Braudel）史学是对"事件史的十字军"②，而 20 世纪 70 年代兴起的"心性史"（histoire des mentalités）不过是那种"科学

① Jacques Le Goff et Pierre Nora, *Faire de l'histoire*, Paris, Gallimard, 1974.
② Pierre Nora, *Rethinking France: Les Lieux de Mémoire*, Ⅰ, *The State*, Chicago, University of Chicago Press, 1999.

的"数量统计方法的延伸，量的统计未必反映质的变化。诺拉呼吁关注被历史学者忘却的当下的"历史"——记忆之场。

"记忆之场"——lieux de mémoire 是诺拉生造的词汇，由场所(lieux)和记忆(mémoire)两个词构成。叶兹在《记忆术》一书中曾谈及拉丁语中的 loci memoriae。[1] loci 是 locus 的复数，有场所、位置及身份等意思。显然，诺拉的"记忆之场"要比该词的原始意义宽泛得多。1984 年《记忆之场》第一部《共和国》(*la république*)一卷出版，该卷从第三共和国开始，分象征、纪念物、教育、纪念仪式和对抗的记忆五个主题，选择的都是人们所熟悉的场所和事例。1986 年第二部《民族》(*la nation*)三卷出版。[2] 第一卷"遗产、历史叙述、风景"(héritage, historiographie, paysages)偏重于"非物质性"内容；第二卷着力于物质层面——"领土、国家、文化遗产"(le territoire, l'état, le patrimoine)，既有国境、六角形象征，也有凡尔赛宫等记忆装置，还有历史遗产及其保护运动等；第三卷"光荣、言语"(la gloire, les mots)与理念有关，分别考察了军事上的荣耀和市民荣誉、言语与文学以及与政治权力密切相关的事物。1992 年第三部《复数的法兰西》(*les France*)三卷出版。在第三部，"记忆之

---

① Frances A. Yates, *The Art of Memory*, London, Routledge & Kegan Paul, 1966, p. 2.

② Nation 一般被译作"民族"，其实还有另一层含义，即"国民"。

场”概念有所扩大。第一卷“对立与分有”（conflits et partages），围绕政治独立、宗教少数群体、空间和时间的分割（海岸线、巴黎与地方、中央与周边等）而展开；第二卷“传统”（traditions）包括反映“法国传统”的钟楼、宫廷、官僚、职业和《法语史》等，还有地方性文化、法兰西个性等；第三卷“从古文书到象征”（de l'archive à l'emblème），涉及书写、名胜和认同等。

《记忆之场》是关于记忆叙事的百货店，既有旁征博引的长篇论文，也有寥寥数页的随笔；既有中国读者所熟悉的勒高夫、拉杜里、夏蒂埃（Roger Chartier）等名家，也有许多不知名的作者。1996—1998 年，在诺拉本人的参与下，美国哥伦比亚大学出版社从原著中精选 44 篇，编为 3 大册，以英译名 *Realms of Memory* 出版。[①] 2002 年，日本岩波书店选取其中 31 篇，编译为三册出版。[②] 其间，德国、奥地利、意大利等也先后出版了不同节译，而仿照《记忆之场》的各种研究更是不断出现。

在历史学发达、名家林立的法国，尚未出版过一本

① Pierre Nora, *Rethinking the French Past*：*Realms of Memory*，trans. Arthur Goldhammer，New York，Columbia University Press，1996.

② ピエール・ノラ编：《記憶の場：フランス国民意識の文化＝社会史》，谷川稔监译，东京，岩波书店，2003 年。

专著的诺拉一跃而为众目所瞩。[1] 1993 年,《记忆之场》获得法国最高国家学术奖,同年《罗贝尔法语大辞典》(*Le Grand dictionnaire Robert de la langue francaise*)收入 Lieux de mémoire。2001 年 6 月 7 日,诺拉被选为仅有 40 名定员的法国 Académie francaise 会员(列第 27 位)。《记忆之场》一书成为诺拉本人的"记忆之场"。

2009 年,我在南京大学人文社会科学高级研究院主持跨学科研究计划"南京:现代中国记忆之场"时,即已着手《记忆之场》的翻译。一如美国和日本的译本各取所需,我们根据自身的研究需要,选取了其中 29 篇论文和版权方伽利玛出版社交涉,很快得到善意的回复。诺拉本人也很高兴《记忆之场》在欧亚大陆的另一端引起的关注。翻译是件苦差事,"所有的翻译,在与原作的意义层面的关系都是片断"[2]。我决定一边交涉版权,一边组织译者分头翻译。半年后,伽利玛出版社突然来函,先是质疑译者水平,继而又质疑我们计划的可行性,结果我们只得到 11 篇论文的授权,其间的故事和曲折,业已成为我个人不堪回首的"记忆之场"。不谈。

---

[1] 近年诺拉相继出版了若干本著作。分别是自传体《公共历史学家》(*Historien Public*, Paris, Gallimard, 2011),讨论历史认识论的《现在、国民、记忆》(*Présent*, *Nation*, *Mémoire*, Paris, Gallimard, 2011),研究 1789 年以来法国的记忆和认同问题——"国民""共和国""革命"——的《法国研究》(*Recherches de la France*, Paris, Gallimard, 2013)等。

[2] Paul de Man, *The Resistance to Theory*, Minneapolis, University of Minnesota Press, 1986.

我们将本书收录的 11 篇论文分为三组："记忆与纪念""记忆与象征"和"记忆与叙事"。如此划分完全出于阅读之便。"记忆与象征"收录《七月十四日》《马赛曲》《埃菲尔铁塔》和《环法自行车赛》;"记忆与叙事"收录《自由·平等·博爱》《贞德》《拉维斯〈法国史〉》和《马塞尔·普鲁斯特对逝去时光的追寻》;"记忆与纪念"收录主编诺拉所写的导言或结语,《在记忆与历史之间》(1984 年)系第一部导言,《如何书写法兰西史》(1992 年)为第三部第一卷导言,《纪念的时代》(1992 年)附于第三部第三卷末,相当于全书的结语。鉴于在第二部的三卷中,诺拉只留下一篇简短的《民族与记忆》的结语性文字①,这三篇文章应该是理解编者意图的最重要的文字。

二

今日无事。

1789 年 7 月 14 日,法国国王路易十六在日记里写下这句话。这天夜里巴士底狱发生的暴动以及由此引发的革命最终将其送上了断头台。"伟大的日子唤起伟大的记忆。对某些时刻而言,光辉的记忆理所当然。"(Victor Hugo)1880 年,7 月 14 日被确立为法国国庆日。

---

① Pierre Nora, "La nation-mémoire", *Les Lieux de Mémoire*, Tome 2, *La Nation*, Paris, Gallimard, 1986, pp. 647-658.

吊诡的是，巴士底狱并非被攻陷，狱中关押的仅七名犯人亦未受到一般意义上的虐待。在《七月十四日》一文中，克里斯蒂安·阿马尔维（Christian Amalyi）爬梳了 7 月 14 日如何从右派眼中的"狂暴之日"到全法国人的"庆典之日"的过程，恰如作者指出的，"法国大革命已不再被视为决定性、关键性的记忆，我们今天经历的国庆节已经没有了历史和政治内涵"。

1792 年 4 月 20 日，革命的法国向波希米亚和匈牙利王国宣战，4 月 25—26 日，工兵上尉约瑟夫·卢日·德里尔（Rouget de Lisle）在斯特拉斯堡谱写了一曲激励战士的《莱茵军团战歌》，这就是 1879 年 2 月 14 日被定为法国国歌的《马赛曲》。和 7 月 14 日一样，关于马赛曲的争议亦从未停止，米歇尔·伏维尔（Michel Vovell）《马赛曲》考察了围绕马赛曲的政治博弈史，最后他发问道："今天谁还记得、谁还能唱起过去在学校里学会的那三段歌词中的第一段？——且不要说全部三段了。"

围绕 7 月 14 日和马赛曲的政治博弈和政治和解似乎应验了尼采（Friedrich Wilhelm Nietzsche）对"纪念历史"的断语："纪念的历史永不能拥有完全的真理，它将总是把不和谐的东西放到一起，并使之统一和谐，它将总是削弱动机和时机的差异。其目的就是不讲原因，只讲结果——即，作为效仿的榜样，'纪念的历史'尽量远离原因。"①相比之下，埃菲尔铁塔和环法自行车赛就没有那么多的历史纠结。1889 年，正当法国大革命一百周年之际，巴黎竖起了为迎接博览会而建的高达 300 米的埃菲尔铁塔。这座让附近的巴黎圣母院钟楼黯然失色的铁塔，在虔敬的教权主义者眼中是"渎神"的象征，而共和主义者则赋予铁塔复仇的意蕴，念念不忘"普法战争"败北屈辱的德莱扬（A. Delayen）有诗道："屈服吧，德国佬，看看这举世无双的奇迹。"铁塔建成 20 年后，承包人埃菲尔收回经济效益，将铁塔所有权交付给巴黎市政府，但他的名字和铁塔一起成为巴黎的标志。亨利·卢瓦雷特（Henri Loyrette）的《埃菲尔铁塔》让读者认识了埃菲尔铁塔作为历史见证人的角色。

1903 年 7 月的一个晚上，《汽车报》（L'Auto）主编德格朗热（Desgrange）为了与其他体育报一争高下，扩大报纸的发行量，想出了举办环法自行车赛——"一个完全裹着法国的环"。这项普通的体育运动后来演变为法国人生活中的重要节日，成为"国家的财产"和"民族遗产"。乔治·维伽雷罗（Georges Vigarello）的《环法自行车赛》以百年为经，探讨了环法记忆如何变成一种国家制度，并最后成为每个时代法国人的记忆之场的。了解法国史的读者知道，宣称"朕即国家"的路易十四很少居住在巴黎，而是经年累月地巡行于各地，宣示统治的有

---

① 尼采：《历史的用途与滥用》，陈涛、周辉荣译，上海，上海人民出版社，2005 年，第 16 页。

效性。让路易十四黯然的是，德格朗热创造的环法自行车赛仅用"游戏"即整合了国家，把国土空间（espace-na-tion）搬上舞台，把领土当作布景，展示了从一个乡土的法兰西到旅游胜地的法兰西，从意志主义教育到消费主义教育的转化。

上述记忆之场均源于一个偶发事件，事后被分别赋予了社会政治意义。对历史客观性持怀疑态度的保罗·德曼（Paul de Man）在《康德与席勒》（*Kant and Schiller*）一文中写道，历史没有所谓进步与倒退之分，应该将历史视为一个事件（event）、一次出现（occurrence），"只有当权力（power）和战斗（battle）等词语出现时才会有历史。在那个瞬间，因为发生（happen）各种事情，于是有了出现，有了事件。因此，历史不是时间的概念，与时间毫无关系，仅仅是从认识言语中突然出现的权力语言"①。如果把这里的认识语言置换为米歇尔·德塞图（Michel de Certeau）所说的社会政治事件的"痕迹"的话，似乎可以有保留地加以接受。不是吗？虽然事件不是人们所看到的、所知晓的东西，从事件的因果链中无法说明事件的本质，但通过对事件留下的"痕迹"的爬梳依然可以辨析其语义学（semantik）价值。② 拉维斯的《法国史》和普鲁斯特的《追忆似水年华》分别搜集事件"痕

① Paul de Man, *Aesthetic Ideology*, Minneapolis and London, University of Minnesota Press, 1996, p. 133.

② Michel de Certeau, *L'Ecriture de l'Histoire*, Paris, Gallimard, 1975.

迹"，建构起历史学家和文学家心目中的法兰西的
"历史"。

法国大革命的疾风暴雨催生了欧洲大陆近代民族—
国家（nation-state）的形成，而民族—国家的诞生又催生
了以"民族史学"为旨归的近代历史学的诞生。19 世纪
中叶德国兴起的兰克（Leopold Von Ranke）"实证史学"为
民族史学提供了有力的"科学"工具。德国和法国，是两
个既互相敌视，又相互学习的邻邦。19 世纪 60 年代，
后来成为法国史学泰斗的拉维斯（Ernest Lavisse）和莫诺
（Gabriel Monod）都曾留学德国。可以说，如果没有兰克
史学，很难想象会有拉维斯的《法国史》。《记忆之场》
主编诺拉亲自执笔写作《拉维斯的〈法国史〉：对祖国的
敬爱》，表面上似乎要解构拉维斯所建构的法国民族史，
而从其将米什莱（Jules Michele）、拉维斯和布罗代尔法
国史学三巨匠置于史学史谱系上加以比较可知，他意欲
以"记忆之场"建构一个新法国史。因此，诺拉关心的不
是拉维斯写了什么，而是他为什么这么写。拉维斯与其
前辈米什莱关注民族国家的时间等级——法兰西起
源——不同，关心的是具有现代性的民族国家的空间等
级——路易十四以来的法兰西轮廓，诺拉认为在卷帙浩
繁的 27 卷《法国史》中只有《法兰西地理图景》和拉维斯
执笔的两卷《路易十四》"代表了民族认同最强烈的时
刻"。"拉维斯的 27 卷《法国史》之所以能够区别于其他
源源不断出现的法国史书，并成为记忆的场所，是因为

其将历史研究的实证性和对祖国的崇敬与热爱结合在了一起。这 27 卷《法国史》就像一个大熔炉，其中两个真理短暂地交融在了一起。这两个真理在今天看来似乎毫无关联，然而在当时却是互相补充、不可分割的，那便是档案的普遍真理性以及民族的特殊真理性。"拉维斯"确立了法兰西鲜明的形象，并最终悬起一面明镜，在这面镜子中，法国不断地重新认识着自己"。

如果将普鲁斯特（Marcel Proust）的长篇小说《追忆似水年华》和拉维斯的《法国史》做比较，看似唐突，但并非没有道理。亚里士多德在《诗学》中写道："历史家与诗人的差别不在于一用散文，一用韵文；希罗多德的著作可以改写为韵文，但仍是一种历史，有没有韵律都是一样；两者的差别在于一叙述已发生的事，一描述可能发生的事。因此，写诗这种活动比历史更富于哲学意味，更被严肃的对待；因为诗所描述的事带有普遍性，历史则叙述个别的事。"①确实，拉维斯以严谨的科学方法撰述法兰西民族历史，普鲁斯特以冷静的笔触刻画一个个法兰西人——上流休闲社会的历史，拉维斯的《法国史》作为一个时代的标记业已定格在过去的时空中，而普罗斯特的《追忆似水年华》仍然活在当代法国人乃至其他国家读者的心中。在法国，上至共和国总统，下到

---

① 亚里士多德：《诗学》，罗念生译，北京，人民文学出版社，1962 年，第 28~29 页。（亚里士多德与亚里士多德为同一人，译法不同。——编者注）

一般国民，"在《追忆似水年华》中人人读到的都是自己的故事，只要有人想要写作，小说就有幸成为指引我们的北极星，或是使我们迷失的捕鸟镜"。现在，关于普鲁斯特的书籍已超过了 2000 本，普鲁斯特是如此有名，书可以不通读——很少有人能通读——安托万·孔帕尼翁（Antoine Compagnon）所写的《马塞尔·普鲁斯特对逝去时光的追寻》不妨一读，跟着作者优美的笔触，读者可以追寻法国历史上的似水年华。

过去不在，过去留下的痕迹却无处不在。"自由""平等""博爱"三字箴言作为法国大革命和法兰西共和国的代名词至今仍然影响着世界。然而，正如莫娜·奥祖芙（Mona Ozouf）在《自由·平等·博爱》一文所指出的，"我们更注重其象征意义而非其内涵的价值"，在法国大革命的一百多年后，"只有通过对这三个疲乏术语的单调的诵唱，这句箴言才有机会在我们的记忆中生存下来"。在大革命中，"自由""平等""博爱"是依次出现的，其中"博爱"出现最晚，1789 年《人权宣言》没有，1791 年宪法只隐晦提及。"自由"关乎人的价值，"平等"涉及社会规则，那么，"博爱"是什么呢？网球场的宣誓和爱国教会所宣称的"博爱"不是一回事，前者源于共济会的兄弟之爱，后者强调来自上帝的馈赠。细究起来，在中文约定俗成的翻译里，"博爱"是个大误译。与汉语"博爱"相对应的英文 philanthropy、法语 philan-thropie 源于希腊语 φιλάνθρωπος，这个词由两个部分组成，一个是 φιλος——爱，另一个是 άνθρωπος——人类，合起来即"人类爱"；而被翻译为汉语"博爱"的法文原文是 fraternité，即英语 fraternity，意为"友爱""兄弟爱"，其词根即拉丁文 frater——兄弟。

博爱难，友爱也不易。在鲁昂遭受火刑的巫女（sorciére）贞德折射了法国内部的分裂与和解。这个目不识丁的农民女儿在完成从奥尔良的城墙下到兰斯大教堂的旅程后，成为"祖国的圣女"——天主教法国与共和主义法国的和解。米歇尔·维诺克（Michel Winock）的《贞德》剖析了时空上的漫长和解旅程。贞德曾是时代的象征，在经历了被遗忘或被忽视的 16 世纪、17 世纪和 18 世纪后，有关她的记忆在 19—20 世纪重新活跃起来；贞德曾是地域差异化的象征，15 世纪有关她的记忆仅止于地域、家族，虽然 1429 年法国国王加封贞德家族为贵族，赐姓杜里斯（du Lys）——象征法国王室的百合花。贞德曾是党派博弈的符号，在整个 19 世纪，有三种贞德记忆：天主教圣徒、爱国者和排他民族主义者。20 世纪的政治家和各党派出于法国人的团结以及作为团结之对立面的党派主张之目的利用贞德。

三

上述论文是《记忆之场》135 篇论文中的 9 个片断，要了解主编诺拉是如何统摄这些片断的，读读他写的长篇导言和结语无疑是有益的。

导言《在记忆与历史之间》不好读，诺拉使用了很多带有感情色彩的修辞，将其关于记忆之场的思考包藏其中。如在第一段末尾，"人们之所以这么多地谈论记忆，是因为记忆已经不存在"（On ne parle tant de mémoire que parce qu'il n'y en a plus）[1]，诺拉到底要表达什么呢？通读整篇文章可知，诺拉如是说乃是与其对历史与记忆关系的看法有关的。诺拉强调，在历史加速度消失的当下，记忆与历史之间的距离拉大，二者浑然一体的时代业已终结。对于记忆与历史的关系，诺拉有多种表述："这里所说的记忆，是所谓原始而古旧的社会记忆，它表现为一种模式并带有秘密性质，历史则是我们这类社会从过去之中创造出来的，而我们的社会注定要走向遗忘，因为它们处于变迁之中。"Histoire 在法语中意为经验过的历史和让这种历史变得可以理解的思想活动，诺拉用一组排比区分记忆和历史的关系：（1）记忆是鲜活的，由现实的群体承载；历史是对过去事物不完整的、成问题的重构。（2）记忆是当下的现象，是经验到的与现在的联系；历史则是对过去的再现。（3）记忆带有情感色彩，排斥与其自身不容之物；历史是世俗化的思想

---

[1] Pierre Nora, "Entre Mémoire et Histoire", *Les Lieux de Mémoire*, Tome 1, *La République*, Paris, Gallimard, 1984, p. xix, 1997, p. 25. 中译本参见皮埃尔·诺拉：《记忆与历史之间：场所问题》，见《记忆之场：法国国民意识的文化社会史》，黄艳红等译，南京，南京大学出版社，2015 年，第 3 页。

活动，采用分析方法和批判性话语。(4)记忆把回忆置于神圣的殿堂中；历史则把回忆驱除出去，让一切去神圣化。(5)记忆与集体相连，既是集体的、多元的，又是个体的；历史属于所有人，具有普世理想。(6)记忆积淀在空间、行为、形象和器物等具象中，历史关注时间的连续性和事物间相互关系。(7)记忆是绝对的，历史只承认相对性。

诺拉把记忆视作当下的、具象的、活着的、情感的现象，而历史是对过去的理性的、批判性的重构，二者是一种不可交合的对立关系。但是，他又自相矛盾地说："我们今天所称的记忆，都不是记忆，已经成为历史。我们所称的记忆之焰，业已消融在历史的炉灶中。记忆的需要就是历史的需要。"为了证实上述分辨，诺拉认为在法国出现了两种历史运动，一种是史学史的兴盛，这是历史学者在通过对自身的反省驱逐记忆的纠缠，"历史"成为他所谓的上述历史。把记忆从历史中剔除出去，这为"记忆之场"留下了讨论的空间："另一场运动本质而言是历史运动，即记忆传统的终结。"伴随记忆传统的终结，记忆之场成为记忆残留物的场域，档案、三色旗、图书馆、辞书、博物馆，还有纪念仪式、节日、先贤祠、凯旋门以及《拉鲁斯辞典》和巴黎公社墙，均成为人们从历史中寻找记忆的切入点。

诺拉认为，记忆为历史所缠绕(la mémoire saisie par l'histoire)，由此而出现作为记录的记忆、作为义务的记忆以及作为距离的记忆。在欧洲，档案有三大来源：大贵族世家、教会和国家，作为一种被记录的记忆，档案的价值曾为历史学家所追捧，虽然其重要性已大不如前，但人们依旧热衷之，一个典型的例子是口述调查的兴盛。在法国，有三百多个调查队致力于搜集"过去传达给我们的声音"。诺拉认为这听起来很不错，但转念想想，口述资料到底有多大利用价值？口述资料代表了谁的记忆意向？是受访者的还是采访者的？它是一种"第二记忆"——制作出来的记忆。结果，和从档案中寻找记忆一样，人们将这种来自外部的记忆内在化了。

对每个群体来说，向历史寻找记忆涉及自我身份认同，"记忆的责任来自每个历史学家自身"。历史学家已经放弃了朴素实证主义的文献学历史，专注于以往忽视的问题：历史—记忆一体化的终结催生了各种个体化的记忆，每个个体化的记忆都要求有自己的历史。诺拉认为，这种来自记忆责任的需求催生了记忆从历史学向心理学、从社会向个人、从传承性向主体性、从重复向回想的转移。这是一种新的记忆方式。从此记忆成为私人事务，它让每个人都感到有责任去回忆，从归属感中找回身份认同的源头和秘密。

除去作为记录的记忆和作为义务的记忆外，还有第三种变形的作为距离的记忆，这体现在历史学家的写作中。诺拉指出，在与记忆一体化的历史那里，历史学家认为通过回想可以复活过去，对于现在和过去之间的裂痕，可以表述为"从前"和"以后"，这反映在历史解释中进步和衰退两大主题上。正是因为与历史的距离感，产生出祛除距离的要求，"历史学家就是防止历史仅仅成为历史的人"；正是这种距离感，在感知方式的转变下，历史学家开始关注被其放弃的民族记忆中的常见之物——记忆之场。

那么，何谓记忆之场呢？诺拉认为它"既简单又含糊，既是自然的又是人为的，既是最易感知的直接经验中的对象，又是最为抽象的创作"。记忆之场的"场"一词有三种特征：实在的、象征的和功能的。例如，档案馆是实在的场，被赋予了一定的象征意义。教科书、遗嘱、老兵协会因成为某种仪式中的对象也进入了记忆之场。一分钟的沉默堪称象征的极端例证。世代观念是抽象的记忆之场，其实在性存在于人口学中，功能性在于承载形塑和传承记忆的职能，象征性在于某个事件或经验只有某些人才有的标志性特征。在这三个层次上，记忆和历史交互影响，彼此决定。与历史存在所指对象不同，记忆之场在现实中没有所指对象，它只是个指向自身的符号，纯粹的符号。

本来，记忆有历史的和文学的之分，现在彼此边界模糊，伴随历史传奇的复兴，个性化文献的复兴，文学中历史剧的兴起，还有诺拉并不看好的口述史的成功，他宣称历史是失去深刻性时代的深邃所在，"记忆被置于历史的中心，这是文学之殇"。

　　《记忆之场》第一部问世后两年，1986 年第二部的三卷顺利出版。第二部接续第一部所预设的目标，因此，在结语处诺拉仅附上一篇短文《民族与记忆》。第三部的三卷于 1992 年出版，距第二部的出版晚了 6 年，这固然有写作和编辑上的问题，更主要的是发生了令诺拉不得不深思的两个事件：一个是长期对垒的东西"冷战"格局瓦解后，民族—国家模式遭遇了新的挑战；另一个是长期拒绝国家/民族叙事的法国史学内部发生了变化，出现了一系列名为"法国史"的著作，著名的"年鉴学派"领袖布罗代尔在 1986 年出版了三卷本《法兰西的特性》[①]。"记忆之场开始于与这些研究不同的前提，反映了一种不同的激进观点。"[②]诺拉所追求的记忆之场既然是另一种历史——当下的与过去保持连续的并由现实的集体所传承的历史，而不是对不在之事重构的历史，那么区分与后者的关系便是其意欲达成的目标。但是，在第一部和第二部出版后，诺拉发现他所生造的"记忆之场"的暧昧性有碍区分二者之间的关系。在第三部导言《如何书写法兰西史》中，诺拉再次谈到"记忆之场"的内涵，认为这个概念是狭隘的、限定的概念，集中于从纪念碑到博物馆、从档案到口号再到纪念仪式等纪念

---

① 中译本参见布罗代尔：《法兰西的特性》，顾良、张泽乾译，北京，商务印书馆，1995 年。

② Pierre Nora, *Rethinking the French Past: Realms of Memory*, Translated by Arthur Goldhammer, New York, Columbia University Press, 1996, p. xvii.

物，与现实具有可触可感的交叉关系。此外，"记忆之场"还具有比较宽泛的含义，承载着象征化的历史现实。本来，"记忆之场"旨在剥去民族/国民象征和神话的表皮，将其条分缕析，但与编者这种主观意图相反，伴随前两部出版后的成功，"记忆之场"被人们广泛使用，内涵缩小为仅仅指称物质性的纪念场所。诺拉无奈地说："记忆之场试图无所不包，结果变得一无所指。"

与这种困境相较，《记忆之场》面临的更为深刻的困境是，本欲批判和解构以往的法兰西历史叙述，无意中却重构了一个整体的法兰西史。在法国，关于法国史的叙述均建立在一个假设上，即法兰西的整体性，这一整体性或属于历史范畴(日期、人物、事件)，或属于地理范畴，或属于政治范畴，或属于经济和社会范畴，或属于物质和制度范畴，或属于精神和意识形态范畴，史家据此建立了多层次的决定论，用实际发生的过去来解释现在，勾连其历史脉络不断的连续性，这体现为三大历史叙述：浪漫主义、实证主义及年鉴学派，分别由米什莱、拉维斯和布罗代尔所代表。米什莱把物质和精神统一为一体，是第一个把法国视作"灵魂和人"的人；拉维斯用科学方法爬梳所有民族的传统；布罗代尔试图建构物质地理学、人口地理学和经济地理学的整体世界。以批判这种传统历史学为出发点的"记忆之场"，蓦然回首，发现自身不知不觉地也构筑了一个基于当下情感的法兰西整体的历史——本来想写一部"反纪念"的历史书，最后却成为一部关于纪念的里程碑似的大作。在第三部最后一卷结尾《纪念的时代》一文中，诺拉称之为"纪念变形"所致。

1983 年，也即《记忆之场》第一部出版的前一年，法国人早早开始筹备 6 年后的法国大革命 200 周年纪念。人们发现，不要说历史学家和普通公民，即使是法兰西的总统们对于革命意义的理解也不尽一致，"能否纪念法国大革命"成为一个大问题。革命不再。纪念活动既无法也无需唤起人们对革命记忆的激情，结果，"庆祝大革命这一事实本身比我们所庆祝的大革命更为重要"。在此，诺拉注意到纪念活动所内含的其他意义，"在大革命两百周年纪念中，最受期待的，听众最多的，不是大革命的吹捧者，而是大革命的受害者"。这说明不是过去在多大程度上影响当下，而是当下如何看待历史。更意味深长的是纪念内容的"空洞化"，用诺拉的话，"那些无纪念对象的纪念是最成功的，那些从政治和历史角度看最空洞的纪念从记忆价值角度看却是最具深意的"，如卡佩王朝建立一千周年纪念、戴高乐年以及城堡旅游等。

纪念的变形表明纪念的目的正从对民族历史的弘扬转为对历史遗产的强调。1981 年 1 月 19 日《费加罗报》（Le Figaro）刊载的一份调查显示，1979 年 12 月，只有12% 的法国人知道"遗产"指民族艺术财富，而到 1980年 12 月，这一比例达到了 36%。法国社会由下而上，由外省到巴黎，逐渐对遗产发生兴趣。诺拉认为，"法国从单一的民族意识过渡到了某种遗产性的自我意识"。遗产是与认同、记忆相互关联的近义词。认同意味着一种自我选择，自我承担，自我辨认；记忆意味着回忆、传统、风俗、习惯、习俗和风尚，以及从有意识到半无意识的场域；遗产则直接从继承所获财产转向构筑自身的财产。"正是在这个意义上，历史和记忆不过是同一种东西，历史就是被验证了的记忆。"试图解构拉维斯《法国史》的诺拉，不自觉地成为一百年后的拉维斯，他似乎意识到这种悖论，最后为这部大著写下了如下一段话："纪念的时代终将拉上帷幕。记忆的暴政只会持续一个时代——但恰好是我们的时代。"

四

"记忆之场"是历史学寻求自身变革的产物。回顾20 世纪 80 年代国际历史学的动向可知，"语言学的转向"（linguistic turn）对史料至上的实证主义史学提出了挑战，作为对过去进行表象（représentation）和再表象（re-représentation）的历史学，其在追求历史的真实性时，必须回答文本（文字、图像、声音等）是如何被建构起来的问题。在导言《在记忆与历史之间》中，诺拉虽然没有言及"语言学的转向"，但明确指出历史学面临着"认识论"的大问题，需要确认自身在"当下"的位置。而"记忆之场"的实践告诉读者，在诸如档案等第一手史料之

外，日记、回忆录、小说、歌曲、图片、建筑物等均可
成为话语分析的工具。

诺拉的《记忆之场》唤起了人们重新关注哈布瓦赫
（Maurice Halbwachs）的集体记忆。诺拉继承了哈布瓦赫
关于历史与记忆二元对立的观点并将其推向极致①，所
不同的是，对于个体记忆与集体记忆之关系，诺拉持有
不同看法，尽管他无奈地承认《记忆之场》重构了法兰西
民族史叙事的框架，但在理论上自觉到个体记忆的存在
及其作用。此外，恰如德国文化记忆大家阿斯曼（Aleida
Assman）所说，诺拉把哈布瓦赫视为时空上存在的结合
体——集体——改为由超越时空的象征媒介来自我界定
的抽象的共同体。②

当人们讨论《记忆之场》给历史学和记忆研究带来了
什么的时候，哲学家利科（Paul Ricœur）也加入了讨论，
不过他是反其道而行之。利科在《记忆·历史·忘却》
中，将诺拉的导言概括为三点：记忆与历史发生断裂，
与记忆一体化的历史的丧失，出现了新的被历史纠缠的
记忆形态。利科认为这些主观看法是"奇怪的（inso-
lites），令人感到不安（inquiétante）"③。稍后，利科发表

① Maurice Halbwachs, *On Collective Memory*, Chicago, University of Chicago Press, 1992, p. 53.
② Aleida Assman, *Erinnerungsräume: Formen und Wandlungen des kulturellen Gedächtnisses*, München, C. H. Beck, 1999, s. 132-133.
③ Paul Ricœur, *La mémoire, l'histoire, l'oubli*, Paris, Éditions du Seuil, 2000, pp. 522-523.

德文论文《在记忆与历史之间》——与诺拉导言同名，指出"记忆"和"历史"虽然存在显见的不同，但记忆是构成历史的母体，历史是从切断与记忆的关系开始的，因而，记忆得以成为历史研究的对象。[①] 利科导入的问题涉及与哈布瓦赫截然相反的另一种关于历史和记忆关系的看法，在那里，二者关系不是表述为历史与记忆，而是历史即记忆。

① Paul Ricœur, "Zwischen Gedächtnis und Deschichte", *Transit* 22, Winter, 2001/2002, s. 3-17.

不可回避的过去

——阿莱达·阿斯曼及其《记忆中的历史》*

2011 年 3 月初，耶路撒冷，阴冷寒湿。

我应邀参加希伯来大学举办的"记忆研究与日常实践"国际研讨会。飞机迟至深夜抵达，次日一早来不及倒时差，匆匆赶往会场。穿过由荷枪实弹士兵把守的希伯来大学正门旁的小门，刚进入校园，便被告知立刻上车。原来，天气预报说沙尘暴将临，主办方决定将会后参观改为会前。小面包车载着一行颠簸到一处被黄沙包围的旷野——马萨达(Masada)。公元 66 年，犹太人发动反抗罗马军队的起义，奋锐党人夺回由希律王建造的马萨达要塞。公元 70 年，罗马军队攻占耶路撒冷，奋锐党残余逃到马萨达，凭险继续抵抗。3 年后，罗马军

---

* 本文原载《中华读书报》，2016 年 12 月 14 日。系中译本《记忆中的历史》(阿莱达·阿斯曼著，袁斯乔译，南京，南京大学出版社，2017年)序文。

队终于攻破要塞，看到的是一座尸横遍野的死城。不愿为奴的犹太人尽皆自杀。马萨达要塞遗址高出地面至少30米，登高望远，黄尘无际，沧海桑田，令人有一种悲凉感。盘桓中，转眼到了午饭时间，一行三三两两，边聊边吞咽汉堡，这时一位女士亲切地向笔者搭话，就此聊起了记忆与历史，一天后方知该女士竟是大名鼎鼎的文化记忆理论的发明者阿莱达·阿斯曼（Aleida Assmann）。

一

阿莱达·阿斯曼出生于书香门第，父亲巩特尔·鲍恩康（Günther Bornkamm）是著名的《新约》学者。1966—1972年，阿斯曼先后就读于海德堡大学和图宾根大学，研究英国文学与埃及学。1977年，她以"虚构的合理性"为题撰写了博士论文。1992年，阿斯曼在海德堡大学获得特许任教资格。一年后，成为康斯坦茨大学英语和文学教授。阿斯曼早期研究英语文学和文字交流史，90年代后转为研究文化人类学，尤其着眼于文化记忆与交流记忆——这是她和丈夫海德堡大学著名埃及学学者扬·阿斯曼（Jan Assmann）共同创造的术语。

所谓文化记忆（kulturelles Gedächtnis），是一种文本的、仪式的和意象的系统，阿斯曼夫妇将其分为"功能记忆"（Funktionsgedächtnis）和"储存记忆"

（Speichergedächtnis），分别在各自的研究领域里阐幽发
微。① "功能记忆"亦称"定居记忆"（bewohnte
Gedächtnis），在《回忆空间》（*Erinnerungsräume*）一书中，
阿莱达·阿斯曼指出，功能记忆与集体、个人等载体相
关联，贯穿过去、现在和未来，具有选择性，把个人的
记忆和经验勾连成一个整体，作为"生"的自我的形象，
给予行为以方向性。因此，主体可以通过功能记忆取舍
过去，在时间性中再构事件，赋予人生以价值标准。具
体而言，功能记忆的作用体现在合法化（Legitimation）、
非合法化（Delegitimation）以及区分（Distinction）等方面。
"合法化"是将公共的或政治的记忆作为优先关心的事
项，统治者独占过去，也攫取未来；"非合法化"指官方
记忆所生产的非正式的、批判性的和颠覆性的记忆，历
史由胜者所写，也被胜者忘却；"区分"则是通过诸如纪
念等活动赋予集体以自我认同的轮廓。与功能记忆相对
应的是"储存记忆"，储存记忆亦被称为"未定居记忆"
（unbewohnte Gedächtnis），它与特定的载体切断联系，
割裂过去、现在和未来的关联，价值没有高下之分，因
为追求真实，储存记忆保存了价值和规范。这种记忆是
一种"没有定型的汇聚"。储存记忆的功用在于更新文化

---

① 中译本参见扬·阿斯曼：《文化记忆：早期高级文化中的文字、回忆
和政治身份》，金寿富、黄晓晨译，北京，北京大学出版社，2015
年。阿莱达·阿斯曼：《回忆空间：文化记忆的形式和变迁》，潘璐
译，北京，北京大学出版社，2016 年。

知识的基本资源。在储存记忆与功能记忆之间，必须有高度的穿透性，但是，如何使之成为可能并得到保证，需要检验。在象征化和选择等所谓言语化过程中，不断修正其历史理性。在深化这一考察后，还必须回到证言者的话语中：没有利害关系的证言者的记忆故事能否经得起检验，需要反复省察，最后交由伦理裁断。储存记忆与功能记忆并非二元对立关系，有些储存记忆作为功能记忆的背景停留在无意识的状态，这是人类的"记忆"，准确地说是"记录"。①

　　阿斯曼夫妇创造的另一个概念是"交流记忆"（kommunikatives Gedächtnis）。在《文化记忆》（*Das kulturelle Gedächtnis*）一书中，扬·阿斯曼指出，交流记忆以个人记忆为基础，是通过日常生活中的交流而自然形成的，为同时代具有同样生活经验的人所共有。因此，随着记忆主体的变化，其内容也会发生变化，如世代记忆。"文化记忆"依托外在的媒介装置和文化实践，交流记忆是"短时段的记忆"，伴随共同体的变化而变化；"文化记忆"是基于不动的绝对的过去而来的"长时段的记忆"。②

　　一般认为，阿斯曼夫妇的文化记忆理论有两个源

① Aleida Assman, *Erinnerungsräume: Formen und Wandlungen des kulturellen Gedächtnisses*, München, C. H. Beck, 1999.
② Jan Assman, *Das kulturelle Gedächtnis: Schrift Erinnerung und Politische Identität in frühen Hochkulturen*, München, C. H. Beck, 1992.

头：法国社会学家莫里斯·哈布瓦赫（Maurice Halb wachs）和德国艺术史学家阿拜·瓦尔堡（Aby Warburg）。二人将心理学和生物学领域中的"记忆"导入社会学、文化学研究中。① 如果说，瓦尔堡对扬·阿斯曼的古代研究有启发意义的话，就阿莱达·阿斯曼的研究而言，笔者更倾向于在哈布瓦赫的名字之后加上尼采（Friedrich Wilhelm Nietzsche）。

哈布瓦赫的"集体记忆"概念奠定了今日记忆研究的框架。哈布瓦赫将记忆从历史中剥离出来，二者径庭有别。记忆是"活着的记忆"（mémorie vécue），而历史—记录、传统—传承是使记忆固定化的两种形式。哈布瓦赫用集体记忆概念讨论人群如何整合为一个集体，认为集体记忆保证了集体的特性和连续性，而历史学的记忆不具有确保认同的效用；集体记忆与其所属的集体一样，总是以复数的形式存在，而整合不同历史框架的历史学的记忆则以单数形式存在。集体记忆隐瞒大变化，而历史学的记忆则专门探讨变化。阿斯曼夫妇认为，集体中无疑有记忆，但记忆不可能从集体中创出，因为集体记忆中不存在有机的地盘。集体记忆背后存在的不是集体精神或客观精神，而是社会所使用的符号和象征等。因此，如果简单类比的话，哈布瓦赫"活着的记忆"相当于"交流记忆"，"传统"则

---

① 国内关于阿斯曼夫妇文化记忆理论的最早介绍，参见闵心蕙：《断裂与延续——读"文化记忆"理论》，《中国图书评论》，2015 年第 10 期。

近乎"文化记忆"。

"我生，故我思"（Vivo，ergo cogito），尼采驳笛卡儿的命题"我思，故我在"（Cogito，ergo sum），强调思考应以"生"（das Leben）为起点和中心。在其唯一一部以历史为题材的著作《历史学对于生活的利与弊》（*Vom Nutzen und Nachteil der Historie für das Leben*，1874）中，尼采讨论了历史与"生"的关系，海德格尔（Martin Heidegger）曾为此花费半年时间在大学讨论课上学习，其奥妙在何处呢？简言之，尼采揭示了历史与"生"的辩证法关系，其正面意义是历史对生的掣肘，反面意义为生对历史的滥用。尼采在此书开篇谈到一个隐喻——牲口。牲口没有昨天与今日，它们吃草和反刍，或走或停，从早到晚，日复一日，忙于眼前的小小的爱憎和恩惠，既没有忧郁，也不感到厌烦，让目睹此景的人不无羡慕。因为现代人在自己身体内装进了一大堆无法消化的嘎嘎作响的知识石块，由于过量的历史，生活残损而退化，历史也紧随其后退化。① 应该选择记忆（现在/生），还是选择历史（过去/死）的问题，这是尼采提出的强制性的二者择一。在阿斯曼看来，历史与记忆犹如磁石的两极，历史是抽象的立足于超越个体的研究过程，执着于

---

① 尼采：《不合时宜的沉思》，李秋龄译，上海，华东师范大学出版社，2007年，第二编"历史学对于生活的利与弊"。另一译本为尼采：《历史的用途与滥用》，陈涛、周辉荣译，上海，上海人民出版社，2005年。

主观的记忆是饱含情感的活生生的个体回想，围绕二者的张力关系有待跨学科的综合研究，而文化记忆理论所关注的领域是回忆的缘起，能成为主观经验和科学的客观化的历史的媒介。可以说，《记忆中的历史》（*Geschichte im Gedächtnis*）正是阿斯曼实践其文化记忆理论的众多个案中的一个典型。

<h1 style="text-align:center">二</h1>

在《记忆中的历史》导言里，阿斯曼开宗明义地发问道：不在的过去还有多少存留于今天？过去多大程度上呈现在意识或无意识之中？业已消失而无法诉诸感觉的东西在哪种形式上还可以用感觉来把握？过去和现在、遥远的事物和近前的事物、隔绝的事物和当下的话题之间是怎样交叉的？为此，她选择了四个角度加以探讨。

第一个角度是"代际"。代际是阿斯曼解读不同时代德国人历史感觉的一个重要概念，在《回忆空间》中她曾专门加以讨论。她认为，代际既是一个自然概念，也是一个社会概念，从人类生物属性划分的"世代"，一如家庭中的一代代人不难区分，但历史的代际演变并不完全依从时间的自然变化，常常受到重大历史事件的影响，个体的出生无法更改，但特定的历史赋予了个体不同的含义，因而具有相似生活经历和社会经历的人形成了

"代"。阿斯曼形象地将一代人的存在比喻为"水砖"（Wasserbackstein），即人的自然出生犹如水砖的形成，嵌入日常生活和社会话语的代际身份构成了水砖的形状，这种形状的具象便是某种想象。

历史体现在不同代际的传承与断裂之中。阿斯曼笔下的三三年代、四五年代与六八年代是在德国 20 世纪留下浓墨重彩的三代人。四五年代（生于 1926—1929 年魏玛共和国时期）青年时期受到国家社会主义的教育，第二次世界大战后期走向战场，战争的失败让他们在战后必须重新界定自己的身份，于是一条历史的裂缝得以呈现，成为我们观察这一代人的视角。四五年代是"怀疑的一代"，是对上一代"政治青年"形象的逆转和颠覆，"去政治化""去意识形态化"成为其主要特征。

紧随其后的六八年代迥然不同，这是被政治化的一代，自主青年期的经历使他们无法融入成年人的状态。战后国家社会主义虽然从公共场域消失了，但沉淀在个体和家庭之中，原本沉默的交往记忆被触发，转化为六八年代的反抗话语。四五年代的"宽容"激发了六八年代的"愤怒"，后者自小培养出的革命习性使其坚决地与父辈决裂。

六八年代自然属性上的父辈其实是三三年代，作为战争的一代，三三年代承受了"德国式的根源缺陷"，对其生平经历尽可能地保持沉默，但随着记忆主体的离世，一代人的最后告别常常会引起公众们的关注。奥地利前总统瓦尔德海姆（Kurt Waldheim）与德国巴符州州长费尔秉格（Hans Filbinger）的辞世为人们上了两堂公众历史课。前者通过"迟来的和解"，指出在历史—政治的框架下，个体回忆让步于国家利益，对历史的罪行所进行的个体回忆不被允许；后者则因其对纳粹时代行为的辩解，出人意料地得到世人的接受和粉饰，根据当下需求形塑历史的行为被内在化了。

超越时代存在的话语在六八年代的谢幕中扮演了重要的角色。六八年代其自身就标志着历史的转折，这是由一场运动推进的剧变，"历史"成为收容被"当下"抛弃之物的垃圾堆，而"现在"被打入天牢，并被彻底遗忘。历史与当下，经验空间与期待地平线的断裂戏剧性地改塑了文化记忆，回忆与遗忘的对象被重新置换。然而，六八年代对国家社会主义罪行的批判以及对犹太人大屠杀的纪念在 2000 年以后受到质疑，波赫尔（Karl Heinz Bohrer）谴责这一代人对罪责的狂热恰恰是对国家的遗忘。代际的同时存在形成了"非共时性的共时性"，代际之间的演替与叠加不仅是个体生平经历的体现，更是历史被展现的方式。

阿斯曼第二个观察角度是"锁链"，用以讨论家庭记忆中的历史问题。席勒（Schiller）认为个体转瞬即逝，但留下了一条世界历史的锁链。作为代际、性别、民族和文化间的相互联系，这条锁链是对之前世代所欠人情债的补偿。19世纪，随着进步概念的出现，现代化理论应运而生，它不断拉扯着这条锁链，以期清除过去的传统，创造一块全新的白板。六八年代是现代主义的典范，他们像是跌跌撞撞从母胎中爬出来的婴孩，难以启齿的往事使他们极度缺乏安全感与信任感。

六八年代与过去的决裂同样反映在联邦德国流行的文学作品——父亲文学中，这类作品的中心思想是个性化与决裂，它常以背离血亲父亲和找寻精神父亲为主题。20世纪90年代之后，家庭小说取而代之，它打破了虚构文学和纪实文学间的绝对界限，更加关注融入家庭与历史中的"我"，承认三者间的交互关系。与之同时发生变化的还有代际关系，以断裂作为切入点的父亲文学无法避免代与代之间的紧张关系，紧随其后的家庭小说则建立在多代人的延续性上，具体表现为长期的纠葛、传承与交替。

《战争之后》与《看不见的国度》是阿斯曼重点解析的家庭小说。前者以父亲和女儿的关系作为切入点，重构了"二战"一代的经历。1945年之后，仍踯躅于战争年代的父亲的专制、任性、愤怒、焦虑的形象与女儿的谦卑顺从、唯唯诺诺形成了对照。然而，父亲的战争叙述并未引起女儿的共鸣，在父亲去世后，女儿着手整理父亲的遗物和档案，对其个人经历与心理进行分析，再现了父亲不幸的、充满"仇恨"的生平。无论战前、战后，父亲始终将自己定义为受害者，这也解释了为何国家社会主义能迅速地渗入其内心，像一剂止痛药抚平了他的伤口。女儿并未评价父亲的行为，只是借此强调历史的去个人化和自然化，历史绝非个人或集体行为的简单相加，它总是根据自身的法则而不断变化。在《看不见的国度》中，孙辈与祖辈的对立直到祖辈去世30年后才得以化解。在记忆的锁链中，孙子以祖父的身份直面过去的历史，在想象与重建中跟随祖父再次走过20世纪前半叶，在这一刻，成为祖父灵魂窥视者的孙辈真正感受到历史的情感，祖孙二人的平行经历使历时性的时间维度得以存在于共时性维度中。书名《看不见的国度》既是祖父生活过的战争年代，也是孙子所经历的被政治化的世界，人们不曾看见的历史以幽灵的身份回归到这部小说中。两部小说都描述了德国人的家庭记忆，家庭历史在很大程度上被低估了，它们打开了我们通往世界历史的新道路，因为历史的锁链总以不同的方式被继续言说。

走出家庭，历史呈现在公共建筑上，这是阿斯曼讨论的第三个视角。一座建筑的价值不在于它的年岁，而在于它是否见证了人类的历史。这一专题是关于作为记忆承载者的建筑保护及其翻新问题。波恩是德国战后城市重建的历史缩影，虽然政府机构大楼与其他建筑相比并没有什么特别之处，但它是联邦德国民主政治50年成长期独一无二的见证者，后来迁都柏林使这座看似毫无历史感的城市重新获致历史意义。谈到柏林时，几经变迁的城市形象跃然纸上。城市如一张立体的、写满文字的羊皮纸，历史的变迁、沉淀就像羊皮纸上新旧交叠的文字，这张羊皮纸体现了"非共时的共时性"，建于不同年代的建筑同时留存于当下的维度中。与此同时，城市还像一座记忆宫殿，柏林曾是德国历史上8个政权的首都，城市内的街道名、广场名见证了过往的历史每一次政权更迭都会带来街道的重新命名，街道易名是统治者对既往历史的改写，也是统治者炫耀胜利的一种方式。

20世纪90年代还都柏林后，围绕这座城市新中心的争夺战正式打响，柏林城市宫的重建是这场战争最显著的标志。柏林城市宫是历史层累的见证者，它的历史几乎就是这座城市的历史，作为阿尔卑斯山以北最大的巴洛克式建筑，它不仅是德国的象征，也延续了普鲁士时代的文化传统。如今关于它复建的争论是一段对过往历史之未来的争夺，德国希望以此改变过去好战、屠杀犹太人的负面形象，重建自己作为大国的文化形象。

然而，如今关于柏林的城市记忆刻意忽略了曾经作为死亡地带的柏林墙的历史。因此，阿斯曼认为建筑作为记忆的承载者，应当保存参差不齐的城市面貌，唯有如此，矛盾的历史场景方能被保留下来。摈弃东德断裂的历史以让位于辉煌悠久的普鲁士文化是对历史真实性和历史意识的损害。阿斯曼对当下德国大兴土木，试图寻找"失落的中心"的行为表达了担忧，因为柏林曾作为民主德国首都的历史在现代国家形象塑造的热情与浪潮中终会被掩埋葬送。柏林能否继续成为一座"非共时性的"城市呢？

阿斯曼选择的第四视角将读者带进被展演的历史——博物馆和媒体。1977 年，斯图加特老王宫的斯陶芬展览聚焦于博物馆内"可移动的历史"。斯陶芬展览的成功被视为德国博物馆展览的一次重要转折，原本在战后作为禁忌话题的"帝国"重新登上舞台，引发了德国民众对宏大叙事、英雄事迹的向往，民众对历史的内心需求得到了满足，这与 70 年代历史学的乏味冷漠形成对照。

30 年后的柏林展览同样引人瞩目。与 2006 年"德意志民族神圣罗马帝国"展同时举行的还有"胁迫之路"展和"逃亡·驱逐·融合"展，后者以"驱逐"为主题，再现了 20 世纪生活在集权暴政下的平民，参观者能亲身感受到这些苦难与创伤。在"驱逐"展中，居于中心位置的是德国人，他们既是战争的加害者，也是战争的受害者，历史阐释的视角在此转换。以展览为例，德意志民族已经将世纪罪行作为自身认同的一部分：民族主义的危机不会重现。

历史是被物化的过去。在数字化时代，对于展品信息的电子化呈现使得展品的物质实体与象征意义被剥离，而博物馆、档案馆是对抗共时性侵入历时性最有力的武器。历史没有全部呈现在博物馆的展览中，它可能没有固定展示的空间，七零八落地分布在我们身边。跳蚤市场上，过去的历史以各种形式被售卖，废旧物品新的市场价值很快替代了它们的历史价值。被杂乱摆放的物品提醒人们：现在被视为文明的古董曾经可能是暴力的掠夺品，对暴力行径的回顾唤起了人们内心的认同。作为电影、电视的媒体图像是历史展演的组成部分，阿斯曼通过分析好莱坞电影中的德国历史指出，历史电影是为了找到回忆一般性的、尚存留于社会中的表现形式和潜在意义。此外，人们通过在博物馆等空间中模拟历史的日常场景，能够感受活着的历史，历史舞台赋予了人们亲历历史的机会。但是，被展演的历史是有局限的，它必须被盖上历史的封印，在具有娱乐价值的同时，不具任何潜在的不安因素。当下也是展演的历史，新兴的历史兴趣早已摆脱了专业的历史学科，甚至超越了博物馆和历史展览。参与今日历史的不仅有大学教授、政治家，还有策展者、电影导演、信息传播者，等等。历史展演延伸到了更广阔的空间中，它们被视为历史事件发生、人们倾力演绎的舞台。

上述四个考察之后，作为本书的总结，阿斯曼讨论了国家与记忆的关系。她认为，记忆是表征民族/国家和历史之间关系的纽带，在德国的历史语境中，两者是断裂的，这源于纳粹政权所造成的历史创伤，它像一块巨大的岩石横亘在历史的道路上，民族/国家退场了。两德的统一终止了去国家化的历史，德国国家形象的缺失愈来愈被视为一种缺陷，国家自豪感在德国极度匮乏。因而 20 世纪 90 年代后，关于历史的教育功用和国家历史的讨论被重新提出，新旧历史主义的区分引人关注。《明镜周刊》发表了一期长文，回顾了德国漫长的历史，强调民族/国家是如何在地域中产生的。然而，这只是媒体所展演的历史，当下体现民族/国家的历史无处不在，在历史市场的浪潮中，夺人眼球的展演不仅是历史本身，也同样在娱乐和经济效应中。所以，历史将以何种方式进入记忆，哪些部分能够进入，仍待商榷。在新历史主义的框架下，记忆中的历史变得越来越琐碎，人们通过历史找寻民族/国家的认同时，必须注意到，虽然德意志民族的诸多历史篇章无法进入民族/国家的范畴，但它仍是一个漫长的、多样的有机体。

三

在阿斯曼的文化记忆著述中，如果说《回忆空间》是令人折服的"厚重"之作的话，《记忆中的历史》则让人有一种掩卷后的"沉重"感。后者看似薄薄的小书，实则讨论了战后德国人如何面对内在化的纳粹历史的大问题。要深化理解该问题，实有必要读读阿斯曼题为《德国人的心灵创伤？——在回忆与忘却之间的集体责任》的长文。阿伦特（Hannah Arendt）曾经说过，个人不可能不负有国家的和民族的责任，除非这个人是国际难民或无国籍者。① 虽然，战后纳粹的历史业已翻过一页，但以记忆的方式沉潜于德国人——个体、世代、家庭、公共领域之中，并且影响到德国人对民族/国家的认同。阿斯曼认为这是一种罪责意识作用的结果，她谨慎地使用了加问号的"心灵创伤"（Trauma）一词。

"心灵创伤"原本是医学上的概念，现在成为文学和文化研究中每每言及的主导性概念，用于研究历史上的集体苦难。阿斯曼指出，心灵创伤本是一种被遮蔽的回忆，但是它并没有被纳入意识之中，而是被安置在地下的尸骨洞穴里，因此，当被唤起时，亢奋状态会长时间持续并有扩散之势。就德国人来说，这种创伤是1945年战败后深藏在意识之中的对于战争罪责的自卑情结。阿斯曼以冷峻的笔触展现了战后德国人围绕"集体责任"（Kollektivschuld）的各种言说，纽伦堡审判没有涉及"集体责任"，但历史盖棺论定后，德国人自觉地成为战争罪责的继承者，有的直呼"我们的耻辱尽皆暴露在世人的眼中"，有的面对被展示的纳粹犯罪，强烈地感受到"这就是你们的罪责"，有的认为"虽然不允许沉默，但还是不能说"，有的感觉"唤不起良心的声

① Hannah Arendt, *Responsibility and Judgment*, edited and with an introduction by Jerome Kohn, Berlin, Schocken Books, 2003.

音"，有的说"这让我永远不得翻身"等，人们以各种方式体验着集体责任。[1] 从《记忆中的历史》中，读者也不难看到这种罪责意识在不同世代中所引起的裂痕，在家庭中所掀起的阵痛，在建筑物和媒介等表象空间上所呈现的错杂。其实，正如阿斯曼所说，哲学家卡尔·雅斯贝尔斯(Karl Jaspers)对罪责概念做过严格的区分，绝大多数德国人完全可以从"集体责任"的创伤中解脱出来的。

1946 年，历经波折，雅斯贝尔斯《罪责》(*Die Schuldfrage*)一书出版了。该书把德国人的战争罪责分为四个层面：刑法的、政治的、道德的和形而上学的。刑法上的罪责指具体的犯罪行为，当事人要受到相应的刑事惩罚。政治上的罪责指当事人虽然没有具体犯罪行为，但由于身处一定的政治和决策位置，间接地参与了刑事犯罪，为此需要付出代价，如被剥夺政治权力和权利。所谓道德罪责则指一般大众而言，他们没有刑事上和政治上的罪责，但作为共同体的成员没有阻止战争，甚至还拥护战争，因而负有不可推卸的道德责任。如果能从这种道德责任中获得自觉，即能消弭罪责，从而获得新生。形而上学的罪责是人面对神的自觉，通过内心的活动而获得重生，这可以成为新的生活方式的源泉。[2] 按照雅斯贝尔斯的说法，绝大多数德国人的罪责属于道德

---

① Aleida Assman, "Ein Deutsches Trauma? Die Kollektivschuldthese zwischen Erinnern und Vergessen", *Merkur* 608, H. 12, 53 Jg., 12, 1999.

② Karl Jaspers, *Die Schuldfrage*, Heidelberg, Lambert Schneider, 1946.

责任和形而上学责任的范畴。

1945 年 5 月，纳粹德国覆亡后，欧亚大陆另一端的日本东京遭到美军飞机的狂轰滥炸。面对日本帝国的末路，时任东京帝国大学教授的渡边一夫在日记中悄悄记下一段话："不被爱的能力。"（愛さえない能力）[1]这句话出自一位普鲁士军官的日记，而该军官则转引自罗曼·罗兰（Romain Rolland）。"不被爱的能力"德文为 Unbeliebtheit（不受欢迎）。渡边认为，德国人在意识到自己的"不被爱的能力"后，试图克服邻人的戒惧；而日本虽然处于同样的境况，非但不自觉，反而在强化这种能力。无疑，渡边的解读并不正确，应该放在战后半个多世纪德国人在罪责意识驱动下所做的各种赎罪努力的语境中来把握。今天的德国人可以自信自己拥有被爱的能力，而达到这一步，德国人经历了艰难的历史煎熬。翻阅《记忆中的历史》，读者不难得出这一结论。

离开马萨达后，沙尘暴没有来，突如其来的是一场大雨。第一天漫长的会议结束后，东道主邀请国外学者在一家小餐馆用晚餐。刚落座，东道主即起身要给我介绍在另一处用餐的一对夫妇——阿莱达·阿斯曼和其丈夫扬·阿斯曼！惊喜中，我来不及懊悔昨日自顾自地讲

[1] 渡边一夫：《敗戦日記》六月十八日，东京，博文馆新社，1995 年。

述自己记忆研究的尴尬，告知阿斯曼她的《记忆中的历史》正在翻译。一晃快要过去 5 年了，现在该书终于可以付梓出版了，让我如释重负。两年前，译稿交给我后，根据责编的详细意见，我对译稿做了很多校改和润色，在此我要感谢一丝不苟的责编，先于中文版译出的日文版阿斯曼著作的译者及其解读①，还有协助我工作的学生，他们是闵心蕙、王楠、宋逸炜。

　　时值冬月，在南京的寒风苦雨中，回想当年在马萨达与阿斯曼的邂逅，不禁要感叹一声：摩诃不可思议。

---

① アライダ・アスマン：《想起の空間——文化的記憶の形態と変遷》，安川晴基訳，東京，水声社，2007 年。アライダ・アスマン：《記憶のなかの歴史——個人的経験から公的演出へ》，矶崎康太郎訳，京都，松籟社，2011 年。中译本分别为《回忆空间：文化记忆的形式和变迁》（潘璐译，北京，北京大学出版社，2016 年）和《记忆中的历史：从个人经历到公共演示》（袁斯乔译，南京，南京大学出版社，2017 年）。

概

念

中国人的亚洲自画像 *

　　凡是对 20 世纪 80 年代有记忆的中国人，大概都知道曾经流行于大江南北的歌曲《大海啊，故乡》。乍听上去，这首歌给人以矫情做作之感。因为对于绝大多数生活在内地的国人来说，说到"故乡"，自然会联想到"乡土"，即使生长在海边的人，也未必情愿把凶险莫测的大海比作"乡海"。但是另一方面，如果我们把歌曲还原到中国真实的历史长河中去体味的话，则不难发现其中所包含的历史内容：和大地一样，大海也是孕育中国文明的故乡，略去大海不提，有关中国文明的叙述将是不完整的。

一、海上中国

　　当资本主义世界市场从西欧兴起后，依靠政治力量

＊　　本文原载《书城》，2004 年第 8 期。

建立起来的世界帝国便不再有昔日的威光。在中国数千年的文明史上，19世纪后半叶之所以具有重要意义，乃是因为世界市场所带来的全球化知识和价值观如同洪水般涌入中国，颠覆了以中国为中心的世界秩序——朝贡贸易体系。

面对数千年未有之变局，与时共进的近代思想家梁启超在字里行间不断流露出接触外部世界时的惊讶之情。1890年，在参加过北京举行的科举会试后，梁启超途经上海，"从坊间购得《瀛寰志略》。读之，始知有五大洲各国"。《瀛寰志略》是一部关于世界地理的著作，刊刻于1848年，作者徐继畲在任福建巡抚期间，根据从传教士处得来的地理知识，辅以明代以来的地理知识，编纂了此书。该书被学者誉为代表当时中国最高水平的世界地理著作。对于以科举入仕为人生至高目标的儒家知识分子来说，缺乏阅读此类书籍的内在动力当是不难想象的，但是，生活在广东的梁启超在此之前对世界地理真的一无所知吗？值得怀疑。在我看来，对于梁启超这句常常被人引用的话语，我们需要做些分析，即梁启超并非对世界地理一无了解，而是通过阅读《瀛寰志略》，第一次按照欧洲人的地理概念，对世界地理有了比较全面清晰的认识。

其实，在梁启超知道五大洲之前约400年，五大洲的观念即已漂洋过海，进入中国人的知识空间。17世纪初，自称"大西洋人"的意大利传教士利玛窦（Matteo

Ricci)在觐见明朝万历皇帝时，呈上了一幅万国地图。这幅地图上不仅写明南北极、赤道南北昼夜的长短等，还清楚地标出了五大洲的名称。深知如何取悦龙颜的利玛窦在地图上做了手脚，把处在"亚细亚"的大明帝国移到了地图的中心。

令人深思的是，为什么四百年前"大西洋人"带来的世界地理知识没有在中国广泛传播？难道"大西洋人"带来的知识与中国毫不相关吗？中国人对外部世界，对海洋世界真的一无关心吗？

如果检索中外学者的历史叙述，可以清清楚楚地看到在中国文明的成长过程中，大海所扮演的重要角色。秦汉东南地区的"百越之民"在从事稻作和渔猎的同时，即展开了海外贸易。徐福率童男童女东渡的故事，虽然传说多于事实，却从一个侧面反映了海上仙境诱惑着人们不畏艰险，往还于海上。研究中国古代史的日本学者福永广司在《马的文化与船的文化》一书里，借用"南船北马"的说法，把中国文化概括为两个理想型。他认为，"春秋战国时期形成的儒教文化和代表马文化的北方骑马民族，都具有父系社会的结构特征。而越文化是信奉道教的船文化。秦汉帝国具有这两个特征，在陆地进行绢、马交易的同时，把越南、朝鲜纳入册封体系里，与对方展开朝贡贸易，甚至还涉足从东南亚到朝鲜半岛和日本的南海贸易"。把具有多样性的中国文化纳入"南船北马"两个类型来把握显然不尽准确，但是，"船文化"

的确构成了中国文化的重要组成部分。

航海技术的发达与否是检测中国船文化的重要准绳。在南宋，中国的航海技术举世无双。可载500人的大船，有4个船板、4根或6根的帆柱和12面帆，配以最先进的航海图和指南针，这比之近代以前航行于地中海上的欧洲人的船只，具有绝对优势。美国汉学家费正清（John King Fairbank）在晚年的中国历史著作中，曾不无感叹地写道：当回首宋代的发展和创造性时，任何一个近代扩张主义者都不难设想，如果宋王朝继续存在下去，去征服海上世界，从亚洲向欧洲侵略，将欧洲殖民化，则近代历史必然可以逆转。但是宋代中国人唯一缺少的是（向外进行扩张的）动机和刺激。的确，从南宋，历经元代，直到明代，中国人持有先进的造船技术，郑和"宝船"在规模上又远胜于南宋。在1405—1433年期间，郑和进行了7次大规模的航海，足迹远到东非海岸。据说郑和的"宝船"长达150米，宽50多米，可载400～500人，而哥伦布的远航船仅有25米长。

但是，郑和的远航和近代欧洲人的大航海目的具有根本别异：没有探险的意义。中国科学史家李约瑟（Joseph Needham）称，郑和远航具有和平性质。确实，郑和船队所走的路线是按照业已形成的中国—阿拉伯之间的贸易航路。郑和船队所到之处，皆以朝贡贸易名义进行物品交换，携回中国的不过是珍奇异兽而已。1433年当最后一次航海结束后，伟大的郑和航海成为不复再来的过去时。在其后的 40 多年的岁月里，发生了一件令人引为憾恨的事情，1479 年，"兵部职方司郎中"（兵部副官）刘中夏将郑和航海纪录（历史！）尽皆销毁。在晚明严厉的海禁政策下，海上中国的影子日渐暗淡。而此时，欧洲人正扬帆海上，接踵东来，亚洲历史翻开了以欧洲人为中心的一页。

二、东洋·西洋

在从文明史观解剖近代世界历史时，沃勒斯坦（Wallerstein）把以世界市场为中心建构的世界体系（world system）划分为中心、半边缘和边缘三个不同层次。自然，19 世纪的中国正处于这个世界体系的边缘。不仅如此，在近代知识上中国也处于世界体系的边缘。唐代大诗人李白那句"海客谈瀛洲，烟涛微茫信难求"，仿佛谶语，不仅真实地反映了中国近代的尴尬处境，而且成为论者在指责中国落后于欧美时常常提到的话语。

从 19 世纪末倒数 400 年，明代中国的航海技术领先于欧洲人，关于亚洲的知识也绝不少于远隔重洋的欧洲。虽然，明朝以及宋元早已定格在遥远的历史时空，刘中夏的销毁航海纪录之举令人扼腕，但是，中国人航海足迹所激起的回声绝不可能消失得渺无踪影。如果从别异于欧洲人的地理观念，即从"反近代"的角度，按照古代中国的概念——东洋与西洋，我们不难梳理出一套古代中国的亚洲/世界地理的图景。

在当今汉语的语汇里，"东洋"与"西洋"已近乎死语，相对说来，人们更喜欢使用较为准确的"东方"与"西方"概念。另一方面，同属汉字文化圈的日本倒常常使用这两个词汇。在日语汉字与中文汉字里，"西洋"和"西方"语义基本相同，指称欧美。但是"东洋"与"东方"除了同指亚洲外，还有另一层相反的使用法：正如中国人以"东洋"称呼日本一样，日本人亦常常用"东洋"指称中国。

东洋与西洋的观念凝聚着沉甸甸的历史内涵，它们的起源与中国古代关于四海的地理知识关系密切。中国居中央，四周有四海，其中之一为南海，南海就是海外诸国，而东洋与西洋位于南海的东西两侧。本来，南海是一个比较空泛的抽象概念，大约在9世纪初的唐代，"南海"具象化为后世"南洋"的概念。唐代盛世，东西交通发达。南海概念的具象化说明唐人关于南海的认识已非想象多于实际。随着航海经验的累积，中国人的南海知识逐渐丰富起来了。

南宋周去非在《岭外代答》一书里称南海有东南诸国、西南诸国以及正南诸国，在南海海域里有东南洋和西南洋。日本中国史大家宫崎市定认为，这是见诸史册的古代中国最早的东洋和西洋的记述。既然南海一分为二，那么，东南洋和西南洋究竟是以哪条线或点来区分的呢？周去非书中的正南诸国之说值得注目。正南诸国有国名曰三佛齐，书中称："三佛齐之来也，正北行舟，历上下竺与交洋，乃至中国之境。其欲至广者，入自屯门；欲至泉州者，入自甲子门。"

三佛齐在唐代史书里称为南海古国，宋代又称三佛誓，位在今天苏门答腊（Sumatra）的渤淋邦（Palembang）。沿着三佛齐北行，位在广州与泉州之间。50年后，赵汝适在《诸蕃志》称："三佛齐间于真腊、阇婆之间，管州十有五，在泉之正南。"当时人的子午线观念稍微有些倾斜，以泉州为起点向正南达于苏门答腊岛东部。两位作者记述的就是宋人南行之航海路线图。元代人在继承上述宋代东洋/西洋知识的基础上，对南海的认识又有深化。汪大渊《岛夷志略》中出现了东洋和西洋字样，东洋指今日爪哇、菲律宾一带，西洋指印度、波斯湾一带。到明代，郑和的大航海继袭了宋元的东洋/西洋知识，随行马欢的《瀛涯胜览》、费信的《星槎胜览》都提到阇婆（爪哇）这一地名，一致认为该地就是东洋和西洋的分界线。

从以上粗略的爬梳中可以看出，中国人关于南海东洋/西洋的知识具有不断承继的连续性，从唐到明，东洋/西洋知识的量和质都在不断增长。但是，欧洲人浮槎东来后，晚明中国人关于东洋/西洋的知识开始悄悄地发生变化，比利玛窦的《坤舆万国全图》晚出十几年的张燮《东西洋考》，虽然未必受到利玛窦地图的影响，称"东洋尽处，西洋所自起也"，以文莱（Brunei）西部、帝汶岛为东西洋分界线，原本属于东洋的爪哇岛（下港）被划归西洋列国里去了。对于截至晚明的中国人东洋/西洋观，宫崎市定曾概括道：东西洋的名称来源于中国人的四海观念，它把四海中的南海进而划分为东南、西南，以泉州或广州为起点，通过此点的南北子午线将南海分割为东西两部分。由于地理知识的不足，从宋元到明初，人们以泉州到苏门答腊东部，明代后期以广州到不丹到帝汶岛为南北线。对于宫崎的看法，即使最挑剔的批评者也不会有多大的意见。但是，另一方面，作者却断言"宋元以来，（子午线）以泉州为起点，反映了阿拉伯人的地理观念。及至明后期，之所以又以广东为起点，则可说是西欧地理观念的产物。通过广东的子午线之所以被设定在帝汶岛东部，乃是基于西欧人的地理知识"。把中国人的东西洋认识看成完全受之于阿拉伯和欧罗巴，姑且不说是否符合历史事实，方法论上的片面性是显而易见的。在我看来，即使明代后期东洋/西洋观念为更科学的欧洲地理观念所取代，从沿用至今的太平洋和大西洋的观念里仍可寻出中国的印记。

三、太平洋·大西洋

在与欧洲人接触以后，中国人关于东西洋的地理认识有所变化，东洋/西洋的区分更加细致了，特别是利玛窦借用东洋/西洋的词语描述欧洲人的世界地理，给东洋/西洋观念注入了新的内容。

首先，东洋观念在原来的东洋基础上，被区分为大东洋和小东洋。小东洋的称呼始见于《岛夷志略》，位于吕宋岛到台湾岛之间。明初小东洋的位置应该在东洋的北部，即台湾澎湖列岛一带，这些地方原本不属于东洋，大概因为与东洋接壤，才被称为小东洋。到晚明，在传教士的万国地图里，小东洋泛指赤道以北的太平洋，而大东洋则在美洲东岸的大西洋一带。

大致与此同时，西洋观念里也有了大西洋和小西洋的区分。以往，在中国人眼中的西洋，其可以把握的地理位置在从天竺（印度）到波斯湾的印度洋一带。再往西，则真的"烟涛微茫信难求"了。因此，利玛窦自称"大西洋人"，旨在表明自己不是中国人说的天竺——小西洋的佛教和尚，而是来自泰西——大西洋的天主教和尚。

利玛窦所说的大西洋在欧洲。就海域而言，欧洲西临的大洋叫 Atlantic Ocean。Atlantic Ocean 本来是有音译中文名字的，晚明传教士艾儒略（Giulio Aleni）《职方外纪》（1623 年）译为"亚太腊海"；近两个半世纪后，晚清传教士裨治文（Elijah Coleman Bridgman）《联邦志略》（1861 年）又命名为"压兰的洋"。但是，这两个符合汉语形声会意规范的译名却湮没无闻，倒是裔出中国西洋的"大西洋"概念被张冠李戴在 Atlantic Ocean 上。这种地理称呼的移位和变异耐人寻味：西洋一语向西旅行后，原来所指的内容转意为"小西洋"，直至最后连小西洋的意义也"蒸发"殆尽，为"印度洋"所取代。而且，大西洋在 Atlantic Ocean 向西旅行，抵达美洲后，在《海国图志》等书里，大西洋摇身一变而为"外大西洋"。原来，在南海地理世界里，东西洋泾渭分明，不容混淆。西洋一语在环球旅行后，竟然在向东外延的"大东洋"的东侧与其比邻而居了。

很长一个时期，Pacific Ocean 一身多名，徐继畲在"亚细亚图"旁注"大洋海即东洋大海，又名太平海"。按太平洋一语所来有自。探险家麦哲伦（Ferdinand Magellan）从 1519 年开始进行环球航海探险，传说麦氏在跨越亚洲和美洲之间的大洋时，因为海上无风平静，麦氏用拉丁语称为 Mare Pacificum，翻译成英语就是 Pacific Ocean。利玛窦的《泰西舆地图说》（1600 年）和《坤舆万国全图》（1602 年）将该词翻译为汉语"宁海"。艾儒略《职方外纪》则译成"太平海"。1847 年麦都思（Walter Henry Medhurs）《英华字典》译为"平洋"。直到 1861 年禕治文《联邦志略》"太平洋"译语问世，Pacific Ocean 译语身有所归。在太平海、太平洋等词进入汉语世界后，其内涵不断扩大，最后与大东洋合为一体。

如此看来，近代世界地理知识的新陈代谢，并非意味着旧有一方必然消亡，从西洋到小西洋、大西洋，乃至外大西洋，从东洋到小东洋、大东洋，东西洋观念的变化说明，旧知识往往会以"转生"的方式在新知识里生发活力。

兰曼（Charles Rockwell Lanman）所编《日本人在美国》（1872年）一书中记述了一件有趣的故事。一位初到美国的日本留学生质疑近代地理道：和日本隔太平洋相望的美国明明在日本的东面，但美国人却把日本称作"东洋"（东方）。这位日本留学生的疑问确实揭示了近代地理学"科学性"暗含了"非科学"的欧洲中心论的观点。另一方面，这个故事也说明日本和中国一样，在接受近代地理知识时所产生的抵触情绪并非尽皆不合理。但是，在历经鸦片战争败北的痛楚后，先进知识分子睁眼看世界，觉悟到中国不仅地理上不外在于亚洲，文化上也只是亚洲的一部分。存亡的危机意识促使近代中国人放弃自我中心的东洋/西洋观念，第一次把自我置于亚洲这一地理的、文化的空间里重新定位。

四、亚洲认同

作为地理名词的 Asia，从晚明进入汉语后，曾出现过多种译名。魏源《海国图志》竟同时使用了阿西亚、阿西阿、阿细亚、亚细亚、亚齐亚五个译名。亚洲一词在汉语里落地生根大概是在 20 世纪一二十年代。对于近代中国人来说，比如何翻译 Asia 一词更重要的是如何认同 Asia 的问题。

近代日本是一个先例。在迈向"脱亚入欧"的道路上，日本较早产生了亚洲身份认同的紧张感。冈仓天心有句名言："亚洲形象是欧罗巴人一手造出来的。"的确，亚洲是欧美人用来指称"他者"的概念，在文明—野蛮的二元架构里，亚洲被置于野蛮的位置。因此，语义多重的亚洲主义（Asianism）以其强调日本与亚洲各国的"连带感"，主张进行文明与文明（东西方）、种族与种族（黄白种人）间的对抗，曾引起近代中国知识分子的关心。特别值得一提的是，樽井藤吉用汉语写作的《大东合邦论》提出了一个亚洲主义的"理想型"：日本和朝鲜对等合为一邦，与中国结盟，同西方白种人展开"人种竞争"。这激发了近代中国知识分子的亚洲想象。在建设近代民族国家和反抗帝国主义（包括日本帝国主义）的过程中，近代中国人试图架构属于自己的亚洲未来图景。近代中国人的亚洲自画像宛如一个立体形，呈现出三个不同的层面。

第一个层面是强调以中日两国为轴心的亚洲国家间的联合。梁启超在接触亚洲主义后，一度似乎对日本亚洲主义者提出的"同洲同文同种"颇为赞同，还介绍过《大东合邦论》。戊戌政变后，亡命日本的梁启超在横滨创办了《清议报》。该报第一期"叙例"所列四项宗旨中，有两条涉及亚洲主义，即"交通支那日本两国之声气，联其情谊""发明东亚学术以保存亚粹"。从清末到民国大约 20 年间，孙中山不仅信仰亚洲主义，更是身体力行。晚年他在放弃了对日本的政治依赖后，以"公理"扬

弃亚洲主义，虚拟了一个"王道"的亚洲主义。1924 年
11 月，孙中山在神户做了题为"大亚洲主义"的演讲。
在这篇著名的演讲里，孙提出了"王道"（仁义道德）和
"霸道"（功利强权）两个相互对立的概念，认为亚洲主
义应当以"王道"为基础，以实现亚洲受压迫民族的解放
为目标。其话语的内核是"王道"，表皮是亚洲主义，因
此，这里的亚洲主义不过是孙中山"随缘"的说法，不具
实质意义。"王道"思想远可溯及孟子，是一个非近代的
观念，对此，孙中山心知肚明。但是，他向日本提出
"王道"的亚洲主义却具有不同寻常的意义：亚洲是你
的，也是我的。你要当"盟主"也行，但所作所为要符合
仁义道德，让人心悦诚服。可以说，"王道"话语至今仍
是中国人观察亚洲时一个非常重要的伦理出发点。

　　近代中国人的亚洲自画像的第二个层面是强调亚洲
被压迫弱小民族间的联合。倡言"排满"革命的章太炎具
有强烈的"黄白种族"对抗意识。1906 年，他在东京留
学生欢迎会上发表演说，以国粹思想批评留学生"有欧
化主义，总说中国人比西洋人所差甚远，所以自暴自
弃，说中国必定灭亡，黄种必定剿绝"。在文明种族的
语境里，章的亚洲观和梁启超、孙中山等并无根本区
别。但是，在政治战略上，他更注重中国和亚洲被压迫
弱小民族之间的联合，而不是中日之间的联合。1907 年
4 月，他联合张继、刘师培、陈独秀等，在东京与流亡
日本的印度、越南知识人共同发起成立了"亚洲和亲

会"，期以"亚粹"来整合亚洲弱小民族，"反抗帝国主义，期使亚洲已失主权之民族，各得独立"。亚洲和亲会存在时间不长，似乎也没有特别值得详述的活动，但亚洲弱小民族联合的构想在中国革命语境中的意义是不应该否认的。

李大钊的新亚洲主义承前启后，展示了近代中国人的亚洲自画像的第三个层面。1917年，李大钊在《甲寅》上发表了《大亚细亚主义》一文，表示赞同对抗欧美"大西洋主义"的亚洲主义，但是"当以中华国家之再造，中华民族之复活为绝大之关键"，"更进而出其宽仁博大之精神，以感化诱提亚洲之诸兄弟国，俾悉进于独立自治之域，免受他人之残虐，脱于他人之束制"。在第一次世界大战后，日本参与西方帝国主义国家瓜分中国的活动。1919年2月，李大钊在《国民杂志》上又发表《大亚细亚主义》一文，尖锐地批判日本的亚洲主义是"大日本主义的变名"，是"并吞中国主义的隐语"。李从民族解放的角度提出了"新亚细亚主义"的主张，指出"凡是亚细亚的民族被人吞并的都应该解放，实行民族自决主义，然后结成一个大联合，与欧、美的联合鼎足而立，共同完成世界的联邦，益进人类的幸福"。在李看来，基于同样的民族解放的要求，美洲必将成立美洲联邦，欧洲亦将建立欧洲联邦。李的新亚洲主义的思想指向无疑是全世界的民族解放。他在同年12月发表的《再论大亚细亚主义》一文中，申明"新亚细亚主义"是以公理对抗强权，"亚细亚是我们划出改造世界先行着手的一部分，不是亚人独占的舞台"。

不难看到，李大钊的新亚洲主义在近代中国人的亚洲自画像里最为耀眼：它不但批判了变质为侵略他国工具的日本亚洲主义，还想象在民族自决的基础上，亚洲将来联合为地区共同体——亚洲联邦的可能性。意味深长的是，曾经互相争斗的帝国主义西欧国家，还有遭受过其欺凌的东欧国家，不仅实现了民族和解，而且还拆除近代国家的藩篱，基于共同利益组成了欧洲联盟。而亚洲呢？姑且不论李大钊所预言的"亚洲联邦"遥遥无期，环顾全球，世界上似乎只有东亚地区至今还没有一个地区性的协商共同体。

何以会出现这种情况呢？原因是多方面的，其中中日两国干系最大。在战后近 50 年的冷战格局下，日本在重新成为世界经济大国后，试图通过 ODA 经济援助计划，加大在亚洲和世界其他地区的影响。但是，战后另一种形式的"脱亚入欧"——"脱亚入美"，致使日本不仅缺乏解决过去问题(承担侵略战争责任)的内在紧张感，更缺乏与其经济实力相符合的承担亚洲未来的眼光。另一方面，长期以来，中国对亚洲的关心也是相当不够的。在建设近代国家的过程中，中国人的世界观由传统的普遍主义(天下秩序观)飞跃为现代的普遍主义(亚非拉民族解放和现代化)，其结果，在中国—亚洲—世界这一关系链上，亚洲仅仅是中国人迈向世界的一个中转站。于是,当21世纪历史翻开新的一页后,面对烟波浩渺的大海,我们发现摆在自己面前的仍是同一本旧书:亚洲认同。

"(亚洲)不是亚人独占的舞台。"李大钊洞悉了寻找亚洲认同的困境。智者乐水。也许,自由无碍的大海能赋予我们把握亚洲未来的智慧和想象力。

近代知识亟需"考古"

——我为什么提倡概念史研究[*]

话说在清末的一次科考场上，有位考生面对"项羽与拿破仑"的试题茫然若失，最后提笔写下：项羽力拔山兮气盖世，岂畏拿一破仑（轮）乎？此事是真是假暂且不究，后人所以相传不止，大概缘于考生之无知令人发笑吧。但是，如果不带任何偏见地看待考生的回答，问题似乎并不简单：今日之常识未必为昨日之常识，欧洲之常识不必是中国之常识。在 19—20 世纪之交旧与新、中与西激烈碰撞的时代，对于一个饱读经书的士子来说，楚霸王项羽的自明性毋庸置疑，而拿破仑（Napoléon Bonaparte）是人是物却无从知晓。按照汉字形声会意的原则，该考生的回答当属"常识"范围。同样，如果反过

＊　本文原载《中华读书报》，2008 年 9 月 3 日。

来诘问同时代的法国学子，又有多少人知道项羽呢？可见，对于同一个故事，人们的解读可能截然相反。现代主义的历史叙述在直线的时间序列里追寻事物的因果关联、新陈代谢，而后现代的历史叙述则关注事物的非本质性和不同话语之间的相互关系。

现在，越来越多的学人强调历史研究要回到"历史现场"。所谓"历史现场"，就是通过表述而建构起来的文本世界，我之所以钟情于社会史和概念史，盖由于它们均重视文本分析的方法，前者关心文本背后的情境，后者重视文本自身的构成。

何谓社会史？论者中一直存在不同的看法，有分歧不要紧，要紧的是是否在方法论上自觉社会史所具有的批判性。回顾中国社会史研究，无论是对历史整体的强调，还是对地方历史的执着，在社会史的百货店里最欠缺的是对作用于文本的权力关系的省思。日本社会史提供了相反的案例。在批判"近代"的人为性、揭示"近代国家"的压抑特征后，日本社会史在远离政治的历史空间里与民族主义的自然国家观不期而遇，打个不恰当的比喻，好比左翼和右翼居然成了同一个战壕里的战友。鉴于存在上述两种极端现象，我们所提倡的新社会史，特别强调分析文本背后的知识/权力。在已出版的三辑《新社会史丛刊》（浙江人民出版社）中，不少论文涉及政治、事件、性别、记忆、象征等问题，这些问题与我个人从事的研究密切相关：我试图从社会史的角度研究近代权力（革命、国家和殖民统治）的起源，通过对近代公共记忆与认同形成的考察，探讨近代历史叙述的建构问题。

本来，在一个学科分工越来越细的时代，能够从一而终地将上述目标付诸实践已然不易。但是，不同学科和不同研究旨趣的介入，要求新社会史必须不断地进行自我否定之否定，于是有了《新史学》（中华书局）的诞生。在《新史学》第 1 卷里，主编杨念群教授呼吁中国历史学需要"感觉主义"。这个颇有争议的主张提出后，意外地在日本从事中国现代文学研究的学者中产生了共鸣。一位学者高度赞扬历史与文学的联姻，感叹难以从既往的中国近代史著述中捕捉与文学作品及其作者所生活的时代相关的信息。历史学者需不需要感觉主义，这是今天仁者见仁的问题；历史文本的作者有无感觉主义，那是昨日不用争辩的事实。有感觉有主义的人如何制作了文本，这涉及概念史所关心的问题。

"概念史"（Begriffsgeschichte）一语最早见诸黑格尔（Friedrich Hegel）的《历史哲学》，指基于普遍观念撰述历史的方式。在德语世界里，该词主要被用于语言学和历史辞典的编纂上，现在则成为关于哲学方法论的研究领域。海登·怀特（Hayden White）在将德国的概念史——科塞雷克（Reinhart Koselleck）的研究介绍到英语世界时，认为概念史涉及四个方面内容："历史轮廓""历史观念""历史理论"和"历史哲学"，几乎包罗了整个历史研究。概念史起源于德国，无疑，对原汁原味的概念史的理解应该限定在德国的学术语境中。那么，把概念史的研究方法移植到中国，是否会水土不服呢？这种担心大可不必。回顾新史学的历史，在新史学发轫之时，就已经有人注意到词语和概念的重要性，1930 年，《年鉴》（Annales）杂志曾把"物与词"作为其中一篇文章的副标题。近年在非德语圈也有不少学人尝试进行概念史研究。若问概念史的方法对中国研究有什么借鉴意义的话，我以为可以从它与其他三个研究领域的异同关系来把握。

一曰概念史和词语史的异同。概念史研究的"概念"与"词语"关系密切，概念来自词语，但含义比词语复杂。词语的含义是清晰的，而概念则是含混的。当词语凝聚了社会的、政治的经验和意义时，词语就变成了概念。

二曰概念史与观念史的异同。现在出现了不少关于"观念史"的研究（"关键词"研究也应包含在内），但观念史和概念史并非一回事。在方法论上，观念史将观念视为"常数",虽然一个观念可以用来表达不同的历史形象,但是,观念本身没有发生实质性变化。而概念史则注意到词语与社会、政治因素之间的动态关系,概念本身就是"变数"。

三曰概念史与社会史的异同。概念史关注文本的语言和构成,社会史则将文本作为分析手段,用以考察其背后的情境。

鉴于概念史的上述特点,我以为中国的概念史研究应该包含以下内容:词语的历史;词语被赋予了怎样的政治、社会内涵并因此而变成概念的历史;同一个概念的不同词语表述或曰概念在文本中的不同呈现;文本得以生成的社会政治语境。其狭义内涵是关于词语和概念的研究,广义内涵是关于知识形态的研究。

多年前,读到过一本法国汉学家弗朗索瓦·余莲(François Jullien)讨论中国历史和文化的著作《势:中国的效力观》。作者一别于往昔的论述方法,认为"势"这个具有正反两义性的概念不同于西方概念——它们对事物的表述总是建立在正反命题之上的。作者在对"势"的不同论述和"势"在中国历史中的呈现的考察之后指出,"势"是理解近代被"哲学化"了的中国思想的关键概念。在我的心目中,这本关于"势"的概念史的研究堪与福柯(Michel Foucault)的《词与物》媲美。

但是，我们进行概念史研究的目的不是为了慎终追远，探讨中国传统的知识形态，而是要探讨17世纪，特别是19世纪以来中国乃至东亚近代知识空间形成之问题。具体而言，是在中国与欧美世界发生碰撞后，大量的"西学"和日本化的西学——"东学"知识如何传入的问题，尤其是"他者"知识是如何内化为"自我"知识的问题。这么说并不是要否定中国历史自身所具有的近代性，而是要强调，在中国，所谓近代作为问题的出现乃是在与欧美相遭遇之后。这个关于近代知识的"考古"工作既需要了解中国、欧美和日本的学术背景，也需要不同学科之间的取长补短。4年前，我和一些同道开始从概念、文本和制度三个方面展开研究，重点是进行概念和文本的比较研究：一个西方的概念如何被翻译为汉字概念，其间中国和日本之间发生了怎样的互动关系，中西、中日之间的差异揭示了怎样的文化移植与变异问题。我们设想要从100个影响中国20世纪历史的关键概念入手，研究中西概念、中日概念之关系，透过《新史学》第2卷"概念的空间"和"文本政治学"两个栏目的论文，读者可以略见这个研究计划之一斑。

概念史研究是一项吃力不讨好的工作，书海无边，没有人能穷尽近代知识的底蕴。但是，我相信一个个概念做下去，一本本文本读下去，多少会有助于我们了解中国近代知识的来历。历史充满了正反两义的吊诡：拿破仑之伟大在于他颁布了不朽的《拿破仑法典》，但人心中的拿破仑却是和滑铁卢之败纠缠在一起的英雄形象；项羽力拔山兮之势令人叹为观止，垓下之败让人扼腕叹息，然而，若不是刘邦定鼎天下，今天的中国人是否得称"汉字"为"楚字"、易"汉族"曰"楚族"，亦未可知也。

概念、概念史与中国语境*

如果打开中文搜索引擎，输入"概念"二字检索，一定会蹦出数以万计关于"概念"的信息。"概念"一词如此普及，乃致不管人们是否了解其在逻辑学中的含义，都以为对概念有了"概念"（理解）。如果继之输入"概念史"一词检索，则会发现"概念史"是近几年才比较多地被使用的词语，主要体现在两个方面的著述之中：一类为《新史学》丛刊（中华书局版）所提倡的概念史，它强调德国概念史方法对中国历史研究的借鉴意义；另一类是在翻译和介绍欧洲政治思想史的著作时，人们注意到英国"剑桥学派"的研究与德国的概念史方法相似。值得思考的是，与概念史一词相比，广为学者使用的是"观

---

* 本文原载《史学月刊》，2012 年第 9 期。为《亚洲概念史研究》第 1 辑（孙江、刘建辉主编，北京，生活·读书·新知三联书店，2014 年）序文。

念史"或"关键词"①，这可能与两本影响广泛的著作有关，一本是威廉斯（Raymond Williams）的《关键词》②，一本是洛夫乔伊（Arthur O. Lovejoy）的《存在之链》③。更主要的原因可能是，中国人日常所使用的"概念"，其内涵近于"观念"，在很多情况下，一些冠以"观念史""关键词"的研究，其内容和概念史的旨向并不相悖。其实，细究起来，在欧洲语境里，概念史和观念史在研究方法上径庭有别，在概念史的提倡者看来，无论是"关键词"，还是"观念史"，都没有如概念史研究一样区分语词的内涵和运用，因而在其研究中看不到"历史"。④

---

① 如张凤阳等著：《政治哲学关键词》，南京，江苏人民出版社，2006年。金观涛、刘青峰：《观念史研究：中国现代重要政治术语的形成》，北京，法律出版社，2009年。

② Raymond Williams, *Keywords*：*A Vocabulary of Culture and Society*, New York, Oxford University Press, 1977. 中译本参见雷蒙·威廉斯：《关键词：文化与社会的词汇》，刘建基译，北京，生活·读书·新知三联书店，2005年。

③ Arthur O. Lovejoy, *The Great Chain of Being*：*A Study of the History of an I-dea*, Cambridge, Harvard University Press, 1936.

④ Melvin Richter, *The History of Political and Social Concept*, *A Critical Intro-duction*, New York, Oxford University Press, 1995, p. 134. 中译本参见梅尔文·里克特：《政治和社会概念史研究》，张智译，上海，华东师范大学出版社，2010年。斯金纳批评以往政治思想史研究没有"历史"（genuine histories）。参见 Quentin Skinner, *The Foundations of Mod-ern Political Thought*, Vol. 1, *The Renaissance*, Cambridge, Cambridge U-niversity Press, 1978, p. xi. 中译本参见斯金纳：《现代政治思想的基础》上卷《文艺复兴》，奚瑞森、亚方译，南京，译林出版社，2011年，"前言"第3页。

一、概念

19世纪中叶汉译西书曾对日本学习西方影响甚深，不到半个世纪，源自西方的各种新知识借助"和制汉语"大量涌入中国，出现了众多的新的社会政治概念。时人在生吞活剥地吸收来自日语的外来词时，发明了各种速成学习方法，其中影响最大的是"戊戌变法"失败后亡命日本的梁启超在1899年编写的《和文汉读法》一书①。借助这一独特的学习方法，梁启超及其读者们得以广泛涉猎日语西学书籍。不过，如果要对《和文汉读法》吹毛求疵的话，其实问题不少。如，关于"概念"一词的释义，不知是出自梁启超，还是哪位传抄者，竟望文生义地旁注道："大概想念。"②这一似是而非的翻译完全忽略了"概念"在逻辑学中的含义，也忽略了"概念"被生产的语词的历史。

概念/concept一词源于拉丁语conceptus，在拉丁语中的意思为把握、萌芽、构思及受孕、胎儿等。笛卡儿（René Descartes）在《第一哲学沉思录》一书中使用过概念一词，但是，意欲以"直觉"和"演绎"来证明物质世

---

① 陈力卫：《梁啓超の『和文漢讀法』とその「和漢異義字」について——『言海』との接点を中心に—》，见沈国威编：《漢字文化圈諸言語の近代語彙の形成》，大阪，关西大学出版社，2008年。

② 梁启超：《和文汉读法》，京都大学藏梦花芦氏本，第64页。"观念"则解释为"观而想念"，第90页。

界的笛卡儿对"观念"和"概念"并没有加以严格区分。①
一般认为,对概念最早做出明确界定的是康德(Immanu-el Kant)。在《纯粹理性批判》一书中,康德认为概念
(conceptus)是表述(representatio)的产物,表述有感觉与
认识之别,认识有直观和概念之分,概念则有经验概念
和纯粹概念之异,纯粹概念又有悟性概念和理性概念
(理念)之差。后世有关概念的讨论都是围绕康德的言说
展开的。②

当 concept 漂洋过海来到中国时,19 世纪初英国传
教士马礼逊(Robert Morrison)的《英华字典》及其后继字
典都将 concept 译为"稿",在解释 conception 的含义时,
将其与 notion 并称为"意""意见"。③

第一个以"概念"(がいねん)来翻译 concept 的是日
本明治时期的启蒙学者西周,西周受过严格的汉文训
练,又有留学荷兰的"兰学"经历,他准确地捕捉了当时
欧洲关于概念的界说。他认为,概念指从各个事物中抽
取共同特点而建构的表象,具有内涵(意味内容)和外延

---

① René Descartes, *Meditationes de Prima Philosophia* (*Œuvres de Descartes*: 7), Paris, J. Vrin, 1996.
② 关于康德"概念"的讨论,参见近藤和敬:《概念について》(连载"真理の生成"第 2 回),《现代思想》,2012 年 1 月号。
③ Robert Morrison, *A Dictionary of the Chinese Language*, Macao, Honorable East India Company's Press, pp. 1815-1823.

（适用范围）两个方面，由被称为"名辞"的词语来表示。① 1869 年，西周在《学原稿本》一文中阐述了逻辑学原理——他称之为"学原"或"致知学"。他举例说，人们之所以未见而能知，可以在横滨讲述长崎的狗，在长崎讲述横滨的乌鸦，乃是因为人们的心中已经有了狗和乌鸦的形象，借助这一形象得以知之。这个"知"属于逻辑学的范畴，但还只是"直知"，只有不断累积"直知"，才能最后形成"念"。②"念"有概念（notion）和想念（idea）两个层面，"概念"是"归纳之思"，"想念"为"推演之思"。③ 1871 年，西周在《五原新范》一文"念区概括"一节中，进而阐发道：概念是在了解事物的表征之后而形成的，概括不能完全究明事物的外形和本质；"想念"是想象力的产物，是通过直觉和直知将事物的外形和内容呈现于心中。④ 西周以"概念"一词翻译 notion，以"想念"一词对译 idea，涵盖概念和想念的"念"对译什么呢？西周在"念区概括"一节旁注中，注明"conception""begriffe"（begriff——引者）。1875 年，在《致知启蒙》一文

① 石塚正英、柴田隆行编：《哲学·思想翻訳語事典》，东京，论创社，2003 年，第 34 页。佐藤亨：《幕末·明治初期汉语辞典》，东京，明治书院，2007 年，第 88 页。
② 西周：《学原稿本》，见大久保利谦编：《西周全集》第 1 卷，东京，宗高书房，1981 年，第 314～316 页。
③ 西周：《学原稿本》，见大久保利谦编：《西周全集》第 1 卷，东京，宗高书房，1981 年，第 317 页。
④ 西周：《五原新范》，见大久保利谦编：《西周全集》第 1 卷，东京，宗高书房，1981 年，第 355～358 页。

中，西周在重复上述关于狗和乌鸦的比喻后，在"念"后附注"conception"，而在关于事物"外形内质"的认识中，概念属于"度量观"（quantity），观念属于"形质观"（quality）。①

在翻译"conception"一词时，西周有些踌躇，还同时发明了"理会"一词，可能觉得不如"念"，最后弃之未用。concept 涵盖 notion，西周把 concept 和德语 begriff 并列翻译为"念"，可谓用心良苦。方维规教授指出，begriff 自动词为 begreifen，在德语中的意思是对不容易弄懂的事物的理解，一种经过思考而获得的理解。② 西周的"概念"和西周之后的"概念"内涵并不相同，后来流行至今的"概念"相当于西周的"念"，包含了西周所讲的"想念"即"观念"（idea）的意思。1878 年，美国人费诺罗沙（Ernest F. Fenollosa）受邀到东京大学讲授哲学，他在《政治学讲义》第三讲中称："不存在固定不变的关于事物因果关系的概念。"③1881 年，毕业于哲学科的井上哲次郎在编纂的《哲学字汇》中收录了这一翻译。④ 1887 年，今井恒郎在译著《哲学阶梯》中称："观念由觉

---

① 西周：《致知启蒙》，见大久保利谦编：《西周全集》第 1 卷，东京，宗高书房，1981 年，第 397～398 页。
② 方维规：《概念史研究方法要旨——兼谈中国相关研究中存在的问题》，见黄兴涛主编：《新史学》第 3 卷《文化史研究的再出发》，北京，中华书局，2009 年，第 18 页。
③ 参见松本三之介、山室信一编：《学问と知識人》（日本近代思想大系 10），东京，岩波书店，1988 年，第 357 页。
④ 井上哲次郎编：《哲学字彙》，东京，东京大学，1881 年。

性而得，概念由悟性而得。"①

虽然，"概念"作为哲学用语在 19 世纪 80 年代即已在日语中扎根，但还不能说"概念"已经具有社会政治含义而广被使用。1874—1875 年出版的著名学术刊物《明六杂志》一次也没有出现过"概念"，涉及思想、政治和文学的综合杂志《国民之友》在 1888 年一年内只出现过 2 次，1894 年的《女学杂志》中出现过 1 次，著名的综合性杂志《太阳》中出现的次数分别是 28 次（1895 年）、11 次（1901 年），大约在 19 世纪 90 年代中期以后，概念不再仅仅是一个学术词语，而成为在社会上流通并被赋予一定时代内涵的"概念"了。

《和文汉读法》将概念解释为"大概想念"，只是清末知识人学习日语时的小插曲。1903 年，汪荣宝、叶澜编《新尔雅》在"释名"一节谈名学即论理学时称："若干个物公性之总合，谓之概念。结合二个之概念，指定其间之关系者，谓之判定。指定两个以上之判定间之关系者，谓之推理。"②概念出自"公性总合"，那么，"公性总合"又是什么呢？在"释教育"一节中，编者写道："为心意之产物的表象，谓之观念，从个物抽出其共同之点，而生起共同观念者，谓之概念。"③原来，"公性

① ウェンツケ：《哲学阶梯》，今井恒郎译，东京，春阳堂，1887 年。原著为 von J. A. Wentzke, *Compendium der Psychologie und Logik: für die Gymnasien und Realschulen erster Ordnung*, B. G. Teubner, 1868.
② 汪荣宝、叶澜：《新尔雅》，上海，明权社，1903 年，第 75 页。
③ 汪荣宝、叶澜：《新尔雅》，上海，明权社，1903 年，第 54 页。

总合"就是"共同观念"，就是"概念"。《新尔雅》虽然准确地传递了当时流行的逻辑学意义上概念的意思，但是，汉语概念具有日语概念的问题，即"观念"和"概念"之间的界限尚不明确。在日语和汉语中，大概两个名词都侧重在"念"上——佛教语汇，故而没有特别加以区分。宣统三年(1911 年)出版的陈文《名学教科书》，对于名学/逻辑学(logic)知识解释如下："名学者，研究思惟之律令之科学也。"而"思惟"(thought) 则是"以同时现于心中之二观念联结而发明其相属与不相属之心作用也"。接着，又写道，观念(idea) "由官体之感觉收为认识之形式，而为意识之主者也"。"人类一切知识，皆由观念始。未见汽船、汽车者，必不知汽船、汽车之为何状，未习英语、德语者必不知英语、德语之为何声也。"而概念(concept)是"悬比多数观念之性而综合之也。如由梅、桃、樱等诸花悬比其通有之性，以构成非梅、非桃、非樱之一新观念，曰花。此新观念即为概念"①。即，概念是观念的综合和抽象。

从以上"概念"一词在汉语中的产生和演变过程可知，翻译不只是词语对译，还涉及意义和修辞等问题。翻译之所以可能，乃是基于对不同语言和概念"同一性"之认识，不同语言和概念之间具有可通约性。但是，从后结构主义批评理论关于翻译"不可能性"和分析哲学关

---

① 陈文：《名学教科书》，上海，科学会编译部，1911 年，第 1~4 页。

于翻译"不确定性"可知，"概念"一词未必能准确传达
concept 一词的意思，更何况如本文开头所述，在实际使
用时还衍生出各种歧义。于是，当一个多世纪后重新审
视包括"概念"在内的近代诸概念生产、再生产的历史
时，一项名为"概念史"的研究便赫然呈现在我们面前。

二、概念史

"概念史"（Begriffsgeschichte）一词最早出现于黑格
尔的《历史哲学》，指基于普遍观念撰述历史的方式。在
德语世界里，该词主要被用于语言学和历史辞典的编纂
上。20世纪中叶以后，概念史逐渐发展为一门关于哲学
方法论的研究领域。里希特（Melvin Richter）在比较《历
史的基本概念——德国政治和社会语言历史辞典》[①]《哲
学历史词典》[②]《法国政治和社会基本概念工具书，
1680—1820》[③]这三部风格各异的多卷本巨著时，将"概
念史"视为涵盖三者概念历史研究的"一般性术语"

---

① Otto Brunner, Werner Conze, Reinhart Koselleck, *Geschichtliche Grundbegriffe : historisches Lexikon zur politisch-sozialen Sprache in Deutschland*, Stuttgart, Klett-Cotta, 1972-1997.

② Herausgegeben von Joachim Ritter, et al. , *Historisches Wörterbuch der Philosophie*, Basel, Schwabe, 1971-2007.

③ Rolf Reichardt, et al. , *Handbuch politisch-sozialer Grundbegriffe in Frankreich, 1680-1820* , Oldenbourg, 1993.

(a generic term)。① 方维规在《历史语义学与概念史》一文中认为，概念史和"历史语义学"（historische semantik）是同义词，"历史语义学"关乎语词和语句，同时并不排斥"历史"，它不是严格意义上的学科，而是一种研究问题的方法（与阐释学、话语分析等相类）。② 在《概念史研究方法要旨》一文中，方维规简要介绍了德国的"概念史"亦即"历史语义学"模式、英美的"观念史"模式、法国的"话语分析"或"概念社会史"模式，强调历史沉淀于概念之中，概念史通过对历史中那些政治和社会的"主导概念"或"基本概念"的形成、演变、运用及社会文化影响的分析，揭示历史变迁的特征。③

与德国概念史不同的是以波考克（J. G. A. Pocock）的"话语"（discourses）和斯金纳（Quentin Skinner）"意识形态"（ideologies）研究为代表的英国"剑桥学派"的政治思想史。斯金纳批评以往政治思想史研究为非历史的神话研究，认为为了再现主体的意图，应该关注构成文本的语言习惯和作者/主体的信念，将思想史上的各种话语

① Melvin Richter, *The History of Political and Social Concept*, *A Critical Introduction*, New York, Oxford University Press, 1995, p. 4.
② 方维规：《历史语义学与概念史——关于定义和方法以及相关问题的若干思考》，见冯天瑜等主编：《语义的文化变迁》，武汉，武汉大学出版社，2007年，第12~19页。
③ 方维规：《概念史研究方法要旨——兼谈中国相关研究中存在的问题》，见黄兴涛主编：《新史学》第3卷《文化史研究的再出发》，北京，中华书局，2009年，第3~20页。

置于政治事件中来考察。① 对于"概念史",斯金纳承袭维特根斯坦(Ludwig Wittgenstein)"概念即工具"(concepts are tools)这一观点,强调要理解概念必须先理解与其相关的事物,因而不存在所谓概念的历史,而只有如何使用概念的争论的历史。② 尽管如此,里希特还是试图在德国概念史和剑桥学派之间牵线搭桥,他强调,剑桥学派和德国概念史关系密切,概念史方法可以应对英语世界的"语言学转变",同样为思想导入了历史内涵。

笔者关注概念史方法是与对自身所从事的社会史研究的反省相关联的。在笔者看来,20 世纪 80 年代后期出现的中国社会史研究经过 20 余年的发展后,由于过度强调界域划分和社会科学方法的运用,社会史原本具有的"反命题"(antithese)特质黯然不显。③ 当学者的研究"对象"——文本(text)与产生文本的语境(context)相互关联后,文本生成背后的情境成为社会史的关心所在,文本自身的语言和构成成为概念史的研究领域。

---

① James Tully, *Meaning and context：Quentin Skinner and His Critics*, Cambridge, Polity Press, 1988. 在这本书中,斯金纳的批评者讥讽他的研究反对以往思想史"神话",却创造了"碎片化的神话"。

② Melvin Richter, *The History of Political and Social Concept*, A Critical Introduction, New York, Oxford University Press, 1995, p. 133.

③ 孙江:《后现代主义、新史学与中国语境》,见杨念群、黄兴涛、毛丹主编:《新史学——多学科对话的图景》,北京,中国人民大学出版社,2003 年。

其实，回顾法国"新史学"的历史，在其发轫之初就有人注意到词语的重要性。1930 年刊行的《年鉴》(*Annales*)杂志曾把"物与词"(things and words)作为其副题。马克·布洛赫(Marc Bloch)曾说：人在改变风俗习惯的时候，没有改变语汇的习惯，这一事实常常使历史学者犯下错误，他们自认为是一个新词，而这个词实际上很早就存在了。① 针对学界在"观念史""关键词""新名词"和"概念史"等使用上缺乏统一，笔者曾撰文做过辨析。② 根据科塞雷克(Reinhart Koselleck)的提示，可以将德国概念史的主要特征概括如下：

（1）概念史与语词史。单个语词都有明确意义，而概念未必有明确的意义。概念是通过词语表现出来的，但比词语拥有更为广泛的意义。一定的社会、政治经验和意义积淀在特定的词语里并被表述出来后，该词语就成为概念。概念史研究方法旨在打破从词语到事物和从事物到词语的简单循环，从而在概念和现实之间引发出一定的紧张关系。③

① Marc Bloch, *Apologie pour l'histoire ou Métier d'historien*, Paris, A. Colin, 1993. 中译本为马克·布洛赫：《为历史学辩护》，张和声、程郁译，北京，中国人民大学出版社，2006 年。
② 孙江：《文本的终结与近代知识的发生：概念史的视角》，"国民国家的近代性及其文化制度"学术研讨会，成钧馆大学东亚学术院，2006 年 7 月 5—7 日。孙江：《近代知识亟需"考古"——我为什么提倡概念史研究?》，《中华读书报》，2008 年 9 月 3 日。
③ Reinhart Koselleck, *Futures Past: On the Semantics of Historical Time*, trans. Keith Tribe, New York, Columbia University Press, 1985.

（2）概念史与观念史。在观念史研究中，即使个别的观念能反映历史事象，但是，观念自身基本上是不变的常数，而概念史关注社会的、政治性的词语，概念是可变的、复数的。[1]

（3）概念史与社会史。社会史研究以文本为手段，试图揭示文本中没有包含的东西，而概念史主要对文本和词语感兴趣。比如，社会史在研究社会团体、阶层、阶级之间的关系时候，往往超越具体的语境，揭示中期或长期的结构及其变化；而概念史本来源于哲学用语史、历史语言学和语义学等领域，是在对文本加以解释的基础上出现的研究领域。如此看来，所谓概念史就是关于词语的社会、政治史，或曰社会、政治的词语史。[2]

在德国执教鞭的小林敏明在关于日本现代思想研究的《主体的走向》一书中，提出了一个意味深长的问题，即，在汉语哲学词汇里类似于主体/客体、主观性/客观性等带"体"和"性"等涉及身体语言的翻译甚多，如"主体"是对 subjekt（subject）的翻译，但这个翻译却是远离本来意思的"能指"（signifiant）游戏。[3] 追根溯源，造成这种误译的源头在 subjekt 由以产生的西欧思想语境之

---

[1] Reinhart Koselleck, *The Practice of Conceptual History*：*Timing History*, *Spacing Concepts*, Stanford, Stanford University Press, 2002, p. 22.

[2] 《史学理论研究》（2012 年第 1 期）刊登了李宏图等四位学者关于"概念史"的笔谈，可知近期国内学者对概念史的理解。

[3] 小林敏明：《〈主体〉のゆくえ——日本近代思想史への一視角》，东京，讲谈社，2010 年，第 11 页。

中。小林的提醒，让我想起一句老生常谈：翻译有不同语言之间的翻译，也有同一语言内的翻译，而近代日本和中国的翻译则兼而有之。

三、中国语境

中国"近代"知识的生产及其社会化过程不仅有中西、中日的纠葛，还有古今、雅俗之不同。那么，概念史研究方法对中国近代知识形成的研究有何借鉴意义呢？

裔出德国的概念史告诉我们，每一种文化都有自己的概念史。20 世纪 80 年代柯文（Paul Cohen）《在中国发现历史》一书出版后，曾唤起国内读者对"中国中心说"的误读和追捧，冷静想想，用西方概念与知识体系叙述的"中国"真的是"中国中心化"的中国吗？法国汉学家余莲（François Jullien）《势：中国效力观》一书堪称福柯（Michel Foucault）《词与物》的中国版，书中力证中国古代思想与西方二元对立概念之间的区别。中西之间的这种不可通约性并不是说中国思想缺乏现代/后现代要素，余莲从政治、文字和历史等角度研究"势"（运动性）概念后指出，以主体和因果关系为中心的欧洲思想发展到现代才开始强调差异性和动态，而这些都可以从中国思想中找到源头活水。① 毋庸说，用西方二元对立概念叙述的中国思想，不是"本真"的中国思想。与余莲的运思不同，张寿安对围绕"乾嘉之学"的各种话语——汉学、考据学、朴学、实学等——提出异议，经过对"乾嘉之学"条分缕析后，她认为18世纪出现的"专门之学"表明传统学术内部业已萌生如现代学术之"分科"，及至晚清，"经训之学"成为一门独立之学，崔适假江藩之名所撰《经解入门》一书将"经解"视为一种专门之学，从方法、资料到理论、目的都有清楚的界定。② 余莲和张寿安的研究分别揭示了与西方现代知识相对应的中国知识叙述的可能性，无疑，这是展开中国概念史研究时不容忽视的问题。

与德国不同的是，中国的概念史研究还具有跨文化特质，这是德国概念史未曾有过的。撇开围绕现代性认知之不同，在讨论16世纪末以降中国内部变化时，人们无法回避与西方遭遇的历史，正是这一遭遇及其一系列连锁反应铸就了被称为"近代"的知识空间。各种西方

① François Jullien, *La propension des choses : pour une histoire de l'efficacité en Chine*, Paris, Seuil, 1992. 参见余莲：《势：中国的效力观》，卓立译，北京，北京大学出版社，2009年。余莲在本书和其他著作中的观点，成为欧洲主流汉学界批评的对象（参见王论跃：《法语儒学研究中的相异性之争》，《中国社会科学报》，2010年11月23日）。但是，笔者认为从概念史的角度看，余莲的思路值得肯定。
② 张寿安：《专门之学：钩沉传统学术分化的一条线索》，见黄东兰主编：《新史学》第4卷《再生产的近代知识》，北京，中华书局，2010年。

语言文本被翻译为汉字文本，在中国和日本分别出现了
一个被称为"翻译文化"①或"跨语际实践"（translingual
practice）②的时代，并且中日之间还经历了以汉字为媒
介的"概念旅行"。近年，学者们已经围绕一些重要概念
展开了研究，有关"近代社会—国家"的概念，有革命、
宪政、地方自治、民主、自由、共和、社会等。如上述
小林关于"主体"概念的论述，概念史研究在词语上涉及
同一语言内的翻译和不同语言之间的翻译问题。又如
"大学"一词，明末来华耶稣会士艾儒略（Giulio Aleni）似
乎最早使用③，这位"西方孔子"曾在意大利博洛尼亚
（Bologna）讲授过人文科学，巧得很，博洛尼亚是欧洲大
学的诞生地，而当时所谓大学不过教授神学、哲学、数
学和修辞等，博洛尼亚大学外加罗马法，内容十分有
限。艾儒略选择"大学之道，在明明德"（《大学》）之"大
学"来翻译 universitas，无疑有其考虑，这里暂且不论。
拉丁语 universitas 原本是互助之意，后来演变为学生与
教师的共同体。在欧洲，"大学"的内涵并非一成不变，
而被翻译为汉语的"大学"最后真正能够对应近代西欧语
言则是很晚的事情，来自日本的因素不可忽视。诚如与

---

① 丸山真男、加藤周一：《翻訳と日本の近代》，东京，岩波书店，2012
年。此书系二人关于翻译的对话。
② 刘禾：《跨语际实践：文学，民族文化与被译介的现代性（中国：
1900—1937）》，宋伟杰等译，北京，生活·读书·新知三联书店，
2008 年。
③ 艾儒略：《职方外纪校释》，谢方校释，北京，中华书局，1996 年。

"大学"相关的词语还有"书院""大学堂""学堂""学校"等，中国的概念史研究不仅要对各个重要词语的历史进行深描，还要注意概念词源的复数性，有必要对构成概念的词语群加以研究。极力反对将哲学用于诠释中国思想的傅斯年曾经说过："大凡用新名词称旧物事，物质的东西是可以的，因为相同；人文上的物事是每每不可以的，因为多是似同而异。"①信哉，斯言！

　　一如概念史研究关心文本一样，要追究词语如何演变为概念，有必要对涉及国家、政治、文化的重要文本进行研究。清末出现的翻译文本如《圣经》《万国公法》《国富论》《天演论》等，创作文本如《孔子改制考》《訄书》等，以往都有过比较深入的研究。和上述"大学"概念相关，研究近代知识的规训和普及离不开教科书。清政府在1902年和1904年先后发布了《钦定学堂章程》和《奏定学堂章程》，后者对各学科的教育目的和内容都做了具体的规定。如在《奏定中学堂章程》里写道："先讲中国史，当专举历代帝王之大事，陈述本朝列圣之善政德泽，暨中国百年以内之大事；次则讲古今忠良贤哲之事迹，以及学术、技艺之隆替，武备之弛张，政治之沿革，农、工、商业之进境，风俗之变迁等事。"②清政府

---

① 傅斯年：《与顾颉刚论古史书》，《中国古代思想与学术十论》，桂林，广西师范大学出版社，2006年，第214页。

② 璩鑫圭、唐良炎编：《中国近代教育史资料汇编·学制演变》，上海，上海教育出版社，1991年，第326页。

还规定"戒袭用外国无谓名词，以存国文，端士风"①。
教科书文本的编纂方针、语言修辞和内容体现了权力的
意志。关于教科书研究，如斯金纳一样，不仅要考察文
本中写了什么，怎么写的，有何种叙述性意义（mean-
ing），更重要的是挖掘作者语言和议论背后的写作意图。

　　与概念和文本相关的制度研究也是不可或缺的。这
里所说的制度确切地说应该称为"制度化"。知识是由语
言建构的，人们借助语言来接受知识。需要附加说明的
是，从概念形成的角度看，知识确实受社会政治制度制
约，但制度并非先验的，而是如梅洛·庞蒂（Maurice
Merleau-Ponty）批评结构决定论时所使用的具有动态特征
的"制度化"——把捉过去、开启未来的"事件"②。近代
知识是在能动的过程中积淀而成的。就上述"大学"概念
而言，与此相关的制度包括学校、分科、教科书制作等
知识/权力装置。

　　概念、文本、制度是展开中国概念史研究的三个切
入口，其他还有诸如"文体""图像"等路径可循。在考
察过德文《历史的基本概念》《哲学历史词典》和法文《法
国政治和社会基本概念工具书》后，里希特呼吁有必要

---

①　《奏定学务纲要》（1904 年 1 月 13 日），见璩鑫圭、唐良炎编：《中国
　　近代教育史资料汇编·学制演变》，上海，上海教育出版社，1991
　　年，第 494 页。

②　Maurice Merleau-Ponty, *L' institution : dans l' histoire personnelle et pub-
　　lique ; Le problème de la passivité : le sommeil, l' inconscient, la mémoire :
　　notes de cours au Collège de France (1954 -1955)*, Paris, Belin, 2003.

编纂英文版概念史辞典，认为闻名世界的《牛津英语辞典》无论怎么增补，也无法取代概念史辞典的功能。在历经"语言学的转向"后的中国学界，既有的由不同学科条分缕析而建构的知识体系受到质疑。现代知识是如何按照时代需要和制约而被建构的？在其获致现代性霸权的同时有哪些固有的中国知识或泊自欧美和日本的知识从现代语境中脱落了？为此，实有必要编纂一部多卷本的中国概念史大辞典，可能的话，最好名为"东亚近代历史的基本概念"。因为，在近代知识这一能动的世界里，单纯的概念并不存在。

切入民国史的两个视角：概念史与社会史[*]

  承近代史研究所民国史研究室不弃，发来会议邀请函，感谢之余，不禁有些恍惚：我是研究"民国史"的？在我的意识里，自己的研究介乎社会史与思想史之间，论时代，应该从 19 世纪往上溯才对。不过细算起来，近年写的文字大都集中在 20 世纪上半叶，受惠于这一领域的前辈同好也最多，这种颠倒梦想似乎应验了法国人拉康(Jacques Marie Émile Lacan)的一句话："我不思，故我在。"

  拉康的同胞、符号学大家罗兰·巴特(Roland Barthes)曾写过一本关于日本的小书，名为《符号帝国》。^①罗兰·巴特认为，在欧洲，精神世界试图赋予"符号"意义，而日本则"拒绝意义"，或令符号"缺失意义"。首都

---

 * 本文原载《南京大学学报》，2013 年第 1 期。为《亚洲概念史研究》第 2辑(孙江、陈力卫主编，北京，生活·读书·新知三联书店，2015年)序文。

 ① Roland Barthes，*L'Empire des signes*，Genève，Albert Skira，1970.

东京的中心"皇居"空空荡荡，这和欧洲城市中心挤满教堂、政府机关、广场、银行、剧院等截然不同，这种"空洞的中心"有一种脱离"意义"的解放感。在笔者看来，罗兰·巴特揭示的"日本文化"是欧洲这一先验的镜像所反照出来的真实/非真实的他者，忽视了意义"缺失"背后意义的存在，以及由此派生出来的对本真性的执着。话说回来，如果把民国看作一个符号，该符号内涵又外加了怎样的意义呢？

民国即"中华民国"之略称，由孙中山发明。1904年8月31日，孙在面对美国公众撰写的英文文章《中国问题的真解决》（*The True Solution of Chinese Question*）一文中写道，"把过时的满清君主政体改变为中华民国"（the transformation of this out-of-date Tartar Monarchy into "Republic of China"）。"中华民国"英文为 Republic of China，从文末"我们要仿照你们的政府而缔造我们的新政府，尤其因为你们是自由与民主的战士"（We intend to model our new government after yours, and about all because you are the champion of liberty and democracy）可知，孙中山心目中的"中华民国"应该是以美国政体为原型的。但是，通读英文原文不难发现，孙中山的 Republic是以西欧民族—国家（nation-state）模式为张本的，内里夹杂着些许美国要素。稍后（1907年）章炳麟的《中华民国解》更是将这种民族—国家模式推向极致。①

Republic 的汉译名为"共和"，是经由日本"出口转内销"的。② 作为翻译词，19 世纪中叶 Republic 传入中国时曾有许多其他译名，如"合省国""众政之国""民主之国"等。在汉语语境中，Republic 和 Democracy 的最大公约数是"民主之国"，承袭了欧文原来的暧昧。③ 梁启超译柴四朗政治小说《佳人奇遇》中有："厌王政而希民政"，"盖以共和而建民政"。④ 民政即 Democracy。罗存德(Wilhelm Lobscheid)《英华字典》释 Democracy 道："民政，众人管辖，百姓弄权。"⑤因此，孙中山的"民国"一词含有 Democracy 和 Republic 两层意思。中华民国成立后，1913 年第二版《上海方言英华字典》释 Republic 道："民国，民主之国。"民国走进《英华字典》。

颠覆君主政体后成立的民国远不是孙中山、章炳麟所构想的民国，中国问题也远没有得到"真解决"。此后

---

① 章炳麟：《中华民国解》，《民报》第 15 号，1907 年 7 月 5 日。

② 陈力卫：《近代中日概念的形成及其相互影响——以"民主"与"共和"为例》，《东亚观念史集刊》，2011 年第 1 期。

③ 方维规：《"议会"、"民主"与"共和"概念在西方与中国的嬗变》，《二十一世纪》总第 58 期，2004 年。

④ 东海散士：《政治小说佳人奇遇》卷 1，《清议报》第 1 册，北京，中华书局，1991 年。日文原文："我士民王政ヲ厭ヒ民政ヲ希ウテ"，"諸君見スヤ共和ヲ以テ民政ヲ建テ"(东海散士：《佳人之奇遇》卷 1，页 22b，东京，博文堂，1885—1897 年)。

⑤ 麦都思(Walter Henry Medhurst)《英华字典》(1847)作"多人乱管，小民弄权"。详见陈力卫《近代中日概念的形成及其相互影响——以"民主"与"共和"为例》一文。

孙中山在言论上强调"民政",要求实行"直接民权",似乎在呼唤法国大革命时期的民主——"众人管辖,百姓弄权",实际上无论在中华革命党时期,还是在对国民党进行改组之后,孙中山都试图把政党作为"众人管辖"的归结点和载体。确实,在近代国家建设的要求下,共和也罢,民主也罢,都表征着一个具有强制性的均质化时代的开始,不可通约的复数的个体被纳入可通约的单数的国民装置之中。

那么,被通约的复数有何反应呢? 1929 年江苏省宿迁县(今宿迁市)发生了一起反对"庙产兴学"的事件,当时报章的主流叙事一直影响到今人的再表述,论者认为这是一起土豪恶僧煽动的反革命暴动。但是,如果从地方角度看,来自南京的官员所实行的变革不仅打破了固有的社会秩序,还扰乱了传统的精神秩序,事件的发生有着深刻的社会政治原因,而县长通过对当事人的"藤条椰杠,烛燎香烧,毒刑遍施"所建构的叙事使政治均质化完全丧失了正当性。[①]

"小说家虚构故事,历史学家发现故事。"(Hyden White,海登·怀特)戴维斯(Natalie Zemon Davis)在其名著《档案中的虚构》中揭示了 16 世纪法国赦罪者的故事:"把恐怖的举动转变成一个故事,乃是使自己疏远这件事的一种方法,往坏处想它是自欺的一种形式,从好处

---

① 参见孙江:《一九二九年宿迁小刀会暴动与极乐庵庙产纠纷案》,《历史研究》,2012 年第 3 期。

想它是原谅自己的一条途径。"①1943 年抗日根据地山西黎城县发生的离卦道事件则呈现出另一番光景：将自身行为和事件"隔离"也是事件制造者常常采取的方式，因为至少可以达到瞒上的目的，幸运的话还能得到褒奖。事件过后，当地一位毕业于山西大学的知识分子说道："今天所谓民主自由，在群众看来，较满清时代的专制还不自由，因为在当时，只要完了粮（交田赋），便完全自由，任你抽大烟、赌博……一概无人管。今天出门还得开路条，动不动就开会，反而成了不自由。回想那时，真是在天堂上生活。"②面对这种反共和/反民主的历史叙事，套用罗兰·巴特的说法，对于民国符号不断变化的意义，在意义的彼岸存在拒绝意义的声音，这种声音可能很微弱，但并非不重要，它昭示出百姓不要说没有"弄权"的可能，连拒绝"乱管"的能力也没有。

如此说来，切入民国史至少有两条路径可循：一是着眼于文本的意义层面，二是关注社会的情境层面，前者可谓之为概念史研究方法，后者则是社会史研究方法。

---

① Natalie Zemon Davis, *Fiction in the Archives: Pardon Tales and Their Tellers in Sixteenth-Century France*, Stanford, Stanford University Press, 1987, p. 114. 中译本为娜塔莉·泽蒙·戴维斯：《档案中的虚构：16 世纪法国的赦罪故事及故事的讲述者》，饶佳荣、陈瑶等译，北京，北京大学出版社，2015 年，第 121 页。

② 参见孙江：《文本中的虚构——关于"黎城离卦道事件调查报告"之阅读》，《开放时代》，2011 年第 4 期。

所谓概念史，就是研究文本的语言和结构，通过对历史上主导概念的研究揭示该时代的基本特征。马克·布洛赫(Marc Bloch)在《为历史学辩护》中说过一句话：人们在改变风俗习惯的时候，没有改变语汇的习惯，这一事实常常使历史学者犯下错误，他们自认为是一个新词，而这个词实际上很早就已存在了。① 我觉得，实际情形可能正好相反，更多的时候我们自以为是历史性的语言和概念，其实早已当下化了。反对用西方哲学诠释中国思想的傅斯年曾说道："大凡用新名词称旧物事，物质的东西是可以的，因为相同；人文上的物事是每每不可以的，因为多是似同而异。"②此话十分中肯。对于诸如 Republic/共和之类的概念，首先需要关注语词翻译问题。③ 这里所说的语词不是单一的，涉及民主等相关词语，接着是语言被赋予特定社会、政治内涵而成为概念之问题，最后是概念在一定时空下发生了怎样的变化/变异之问题，等等，所有这些问题都需要梳理，否则所谓 Republic 研究不过是脱离文本意义的能指游戏。目下，越来越多的学者开始关注概念史研究，以致出现将概念史与观念史混同的现象，其实二者根本不同。无

---

① Marc Bloch, *Apologie pour l'histoire ou Métier d'historien*, Paris, A. Colin, 1993. 马克·布洛赫：《为历史学辩护》，张和声、程郁译，北京，中国人民大学出版社，2006 年。

② 傅斯年：《与顾颉刚论古史书》，见《中国古代思想与学术十论》，桂林，广西师范大学出版社，2006 年，第 214 页。

③ 无须多说，对于 Republic 的词源及其在西方语言中的变化也需加以考虑。

论是以人物言论为主线的思想史，还是"存在巨链"下的观念史，都是脱离"历史"的思想和观念。① 在观念史研究中，即使个别观念能反映历史事象，但观念自身基本上是不变的常数，而概念史中的概念是可变的、复数的，是注入了社会和政治内涵的词语。②

20 世纪 80 年代中期社会史在中国重新起步后，迄今果实累累，负荷亦沉，不少在社会史名义下的研究其实是反社会史的。10 年前，我们提倡进行"新社会史"研究，乃是有感于社会史研究过于拘泥于"结构"，"年鉴学派"第四代代表夏蒂埃（Roger Chartier）等多谈"文化"而少言"社会"，就是要回避这种结构性的历史叙述。回顾社会史从诞生到今日的历史，我觉得贯彻始终的是批判和自省精神。社会史首先是作为批判的武器而出现的，无论是早期强调社会经济史研究而划定与政治史的自他界线，还是当代针对"语言学的转向"拆除自我限定的藩篱而摆脱社会科学理论的纠缠，都内含了对主流叙事的批判和自我反省。何以"年鉴学派"钟情于中世纪晚期，乐此不疲地出版了那么多历史著作？ 秘密在于质疑

① Arthur O. Lovejoy, *The Great Chain of Being : A Study of the History of an Idea*, Cambridge, Harvard University Press, 1936. 斯金纳批评以往政治思想史研究没有"历史"（genuine histories）。Quentin Skinner, *The Foundations of Modern Political Thought*, Vol. 1, *The Renaissance*, Cambridge, Cambridge University Press, 1978, p. xi.
② 参见孙江：《概念、概念史与中国语境》，《史学月刊》，2012 年第 9 期。孙江、刘建辉主编：《亚洲概念史研究》第 1 辑，北京，生活·读书·新知三联书店，2012 年。

"近代"的唯一性和绝对性。何以"年鉴学派"关心心态史和记忆问题？旨在阅读被"近代"这个差异装置所压抑的沉默的声音。相对君主制，共和内含了不可解构的正义价值，但是，作为法律和秩序的共和却是可以解构的，因为任何法律和秩序都蕴含了暴力。于是，在共和的主旋律中，人们可以听到宿迁和黎城事件所代表的不同于主流叙事的另一种声音。

接续清朝而出现的"民国"是中国历史上罕见的大变局的产物，涉及的问题之繁多，积淀的史料之庞杂，是以往历朝历代所无法比拟的。非法非非法。说到底，概念史和社会史不过是帮助我们接近不在场而具有实在性的过去的方法，如何阅读文本才是历史研究的基本，这种工作不仅要读出文本中写了什么和没有写什么，还要考察文本制作者基于何种动机这样说而不那样说，不加甄别地网罗资料而加以排列组合的朴素的实证主义，看似旁征博引，其实没有多少知识生产的意义，更不要说回击"历史修正主义"的挑战了。

1974年4月11日，罗兰·巴特和四名法国左派知识分子应邀访问中国，一行从北京飞往上海，再从上海坐火车经南京到洛阳和西安，最后飞回北京，于5月3日返回法国。一路上罗兰·巴特记下了不少观感，但直到他去世多年后，这些观感才以《中国旅行笔记》为题出

版。① 翻阅这本未成型的小书，可以真切地感受到自西
徂东的作者被眼前均质性的意义/非意义符号所震撼，
文中多处留下"乏味"之类的评语。在南京，寒风细雨
中，罗兰·巴特一行来到东郊，对于高大的中山陵，罗
兰·巴特没有表示出任何兴趣，远看雾霭中明孝陵冰冷
的石人石兽，罗兰·巴特脑海中浮现出的是巴黎的"商
店""咖啡馆"，抽去意义的符号不过是一道苍白的风
景线。

---

① Roland Barthes, *Carnets du voyage en Chine*, édition établie, présentée et
annotée par Anne Herschberg Pierrot, Bourgois , IMEC, 2009.

重审中国"近代" *

希罗多德(Herodotus)在《历史》一书开篇劈头写道："在这里发表出来的，乃是哈利卡尔那索斯人希罗多德的研究成果，他所以要把这些研究成果发表出来，是为了保存人类的功业。"[1] 如果以今人的眼光看，文中的"历史"当指"功业"（γενόμενα），而非"研究成果"（ιστορια/ historia），然而结果恰恰相反。循此，我们不难理解亚里士多德(Aristotle)为什么会扬文学而抑史学了。亚里士多德在《诗学》中写道："历史家与诗人的差别不在于一用散文，一用'韵文'；希罗多德的著作可以改写为'韵文'，但仍是一种历史，有没有韵律都一样；两者的差别在于一叙述已发生的事，一描述可能发生的事。因此，写诗这种活动比历史更富于哲学意味，更被

---

* 本文系《亚洲概念史研究》第 3 辑（张凤阳、孙江主编，北京，生活·读书·新知三联书店，2017 年）序文。

[1] 希罗多德：《历史》上册，王以铸译，北京，商务印书馆，1997 年，第 1 卷，第 1 页。

严肃地对待；因为诗所描述的事带有普遍性，历史则叙述个别的事。"①历史与文学（诗学）的区隔不在于文体，而在于前者解释已发，后者书写未发；前者追求特殊性，后者带有普遍性。其时，相对于诗学，"历史"一词尚未普及，希罗多德《历史》中仅出现过 20 次，柏拉图只提到 4 次，亚里士多德最多，也不过 24 次。②"历史"由"调查研究"而转为"功业"是后来的事情。

18 世纪前，"历史"作为一种知识体系指向过去，恰如汉语里昨天的昨天是前天一样，"前"指向过去，当下的意义是由过去赋予的，过去（antiquus）是否定现在（modernus）的依据。18 世纪后，"历史"发生了根本转向——"进步"成为其孪生兄弟，从此"历史"不仅涵盖过去，还朝向未来，正如科塞雷克（Reinhart Koselleck）所言，"历史"是过去的经验空间和未来的期待地平相结合的产物。③

距此一个世纪后，即 19 世纪中叶，中国人真正经验了这种"近代历史"。1870 年，出使欧洲归来的清朝外交官志刚，在船驶入东洋/南海时，遥望中国大陆，在日记中写道："尔谓中国为在中央乎，则大地悬于太

---

① 亚里斯多德：《诗学》，罗念生译，北京，人民文学出版社，1962 年，第 28～29 页。

② 柳沼重刚：《語学者の散歩道》，东京，岩波书店，2008 年，第 95～96 页。

③ Reinhart Koselleck, *The Practice of Conceptual History: Timing History, Spacing Concepts*, Stanford, Stanford University Press, 2002, pp. 100-114.

空，何处非中？谓在中间乎，则万国相依，皆有中间。谓在中心乎，则国在地面。中国者，非形势居处之谓也。我中国自伏羲画卦已来，尧、舜、禹、汤、文、武、周公、孔、孟所传，以至于今四千年，皆中道也。（中略）则所谓中国者，固由历圣相传中道之国也。而后凡有国者，不得争此中字矣。"①在此，中国不再是"中央之国"，而是伏羲画卦以来的"中道之国"。空间意义从"中国"脱落，"中国"被转化为一以贯之的时间概念。然而，这个时间已非过去的经验所能独占的。1873年，李鸿章在一则奏章中写道："臣窃惟欧洲诸国，百十年来，由印度而南洋，由南洋而中国，闯入边界腹地，凡前史所未载，亘古所未通，无不款关而求互市。我皇上如天之度，概与立约通商，以牢笼之，合地球东西南朔九万里之遥，胥聚于中国，此三千余年一大变局也。"②欧风挟着美雨，如不速之客，不请自来，过去的经验无法解释当下，中国处在"三千余年一大变局"之中。

19世纪是中国历史上重要的转型期，它承袭了既往的余韵，开启了其后的型式。回看欧洲，在群星璀璨的"年鉴学派"那里，历史学家们之所以盘桓于中世纪晚期而耕耘不辍，盖源于对"近代"的怀疑：何以作为单数的

---

① 志刚：《初使泰西记》，见钟叔河主编：《走向世界丛书》合订本，长沙，岳麓书社，1985年，第379页。

② 李鸿章：《奏为密陈遵旨通盘筹画制造轮船未可裁撤事》（同治十一年五月十五日），见《录副奏折》，中国第一历史档案馆，档案号：03-9402-019。

近代得以从中世纪生发，其他可能性因此而隐没无闻？同样，中国近代的已然和盖然也隐藏在19世纪前后的历史/事件之中，这些值得深描细究。

事实与事件径庭有别，前者是"人类的功业"，如刮风下雨，不针对具体的人，后者有指向性。德塞都(Michel de Certeau)认为事件不能完全客观化，因为对于观察者来说，事件本质上是纳入理解者的理解行为之中的，事件是对于某(些)人的事件，其意义伴随观察者所在的意义世界而变动。① 后现代文学批评家保罗·德曼(Paul de Man)甚至激进地认为："历史不是进步或倒退，而是一种事件(event)，一种出现(occurrence)，当'权力''斗争'等词突然浮现时，就存在历史了，各种各样的事情在发生(happen)的瞬间，就存在所谓出现、所谓事件。因此，历史不是时间序列的概念，仅仅是从认知语言中突然出现的'权力'话语。"②

谈事件，不能不说社会史。社会史如一根橡皮筋，其弹性足以使之涵盖几个不同的领域。③ 社会史是从批判19世纪实证主义史学中产生出来的。实证主义史学执着于官方史料，认为可以用客观方法即经验方法直接观察事实，这回应了正在成长中的近代国家对历史的需

① Michel de Certeau, *L'Ecriture de l'Histoire*, Paris, Gallimard, 1975.

② Paul de Man, *Aesthetic Ideology*, Minneapolis and London, University of Minnesota Press, 1996, p. 133.

③ Reinhart Koselleck, *The Practice of Conceptual History*: *Timing History, Spacing Concepts*, Stanford, Stanford University Press, 2002, p. 115.

求。20 世纪 20 年代后，随着人文社会科学的发展，心理学、地理学、人类学等进入史家的"调查研究"中，"年鉴学派"与时俱进，从《社会经济史年鉴》（1929）到《年鉴——经济、社会、文明》（1946），再到《年鉴——历史、社会科学》（1994），刊名的变更反映了问题意识的变化，"二战"的悲剧让人们重新思考何谓近代文明，"语言学的转向"让历史成为社会科学的田野。

语言不仅是传达意义的工具，还有作为语言的功能意义，人的思考是由语言所决定的。[①] 语言学家索绪尔（Ferdinand de Saussure）如是说。就历史/事件而言，"调查研究及其成果"是表象行为的产物，是被再构的事实，论者只能借此寻找事实。福柯（Michel Foucault）的"话语"（discourse）业已被滥用了，所谓话语就是借助语言的表现，内涵事件的张力。[②] 福柯自称历史学家，却给作为"功业"的历史宣判了死刑。1989 年，夏蒂埃（Roger Chartier）在《作为表象的世界》长文中，严厉地批判了过往"年鉴学派"的社会史实践，提倡打破结构的历史叙述，"在形成社会的各种结合和对立关系中，寻找切入口"[③]。与"年鉴学派"主要人物有交集的日本法国史学

① 费尔迪南·德·索绪尔：《普通语言学教程》，高名凯译，北京，商务印书馆，1999 年。
② 参见米歇尔·福柯：《知识考古学》，谢强、马月译，北京，生活·读书·新知三联书店，2003 年。
③ Roger Chartier, "Le monde comme représentation", *Annales ESC*, 1989, No. 6, p. 1507. 参见 R. 沙蒂埃：《作为表象的世界》，水金译，《国外社会科学》，1990 年第 7 期。

者二宫宏之则说:"社会史概念是作为反对僵化的武器来使用的,不是自我限定的概念,而是逸出(はみ出し)的概念。"①社会史本来就具有自我内省的批判精神,对历史的观察不仅要摆脱"东方学"(orientalism)的掣肘,还应该从普遍性转向地方性,从抽象的概念世界转向日常生活的世界。

历史认识论的转向对理解中国社会的"近代"转型至关重要。齐美尔(Georg Simmel)有道:"秘密,赋予与公开世界相并列的第二世界(einer zweiten Welt)以可能性,同时公开世界亦受到第二世界所具有的可能性的深深的影响。"②粗言之,倘若中国存在两个"社会"的话,一个社会如宗族、行会及其派生物,是所谓的第一世界;一个社会如江湖、会党等,乃是第二世界。一百多年来,中国的第二世界被等同于"秘密社会"(secret societies),这是一种污名化的语言表现——话语不仅反复进行能指的游戏再生产,还妨碍了对第一世界和由媒体、资本形成的新世界的把捉。

社会的近代转型未必触动人心。在《文明的进程》(1939)这部拓荒之作中,埃利亚斯(Norbert Elias)强调

① 二宫宏之:《歷史·文化·表象》,东京,岩波书店,1999年,第217页。
② Georg Simmel, *Soziologie*, Georg Simmel. Gesamtausgabe, Herausgegeben von Otthein Rammstedt, Band11, Frankfurt am Main, Suhrkamp, 1992, s. 406.

要理解社会向近代的变迁，不变的"心性"是一个切入口。① 埃利亚斯曾转述费弗尔(Lucien Febvre)讲过的一则故事。话说有一天早晨，法国国王弗朗索瓦一世(在位时间1515—1547)从情妇家中出来，坐上马车准备回宫，途中听到远处教堂的钟声，内心为之一动，急令马夫调转方向，驱车前往教堂祈祷。弗朗索瓦一世昨夜的行为和今早的举止之间的分裂关乎"灵与肉"，如果在传统史家那里，一定会从道德统一性角度解释称国王听到钟声而心生悔意。但从心性史角度看，灵与肉是可以分离的，换言之，灵与肉共在，弗朗索瓦一世今晚可能仍不回宫。1955年，历史学家吕思勉在给华东师范大学毕业生讲话时讲起一段家史，他说自己的祖先吕公是明朝的"失节者"，做了清朝的"伪官"。② 现代人吕思勉内心深处端坐着传统儒者的名节观，这一不变的心态与其历史写作两不相碍。

目下，记忆研究方兴未艾。心性史与记忆研究的根本不同在于，心性史研究过去积淀于现在的痕迹，而记忆研究则侧重于现代如何想象过去。后者涉及为何要研究历史，按照尼采的说法，一是好古，一是纪念，而最好的是与"生"(Leben)紧密结合的历史。③ 但是，如此

① 诺贝特·埃利亚斯：《文明的进程》，袁志英译，上海，上海译文出版社，2009年。
② 吕思勉：《史学四种》，上海，上海人民出版社，1981年，第61页。
③ 尼采：《历史的用途与滥用》，陈涛、周辉荣译，上海，上海人民出版社，2005年，第16页。尼采：《不合时宜的沉思》，李秋龄译，上海，华东师范大学出版社，2007年，第二编"历史学对于生活的利与弊"。

一来，与纪念的历史一样，历史叙述必然带有非历史的当下性。是的，对于文字这种历史/记忆的媒介，历来存在截然对立的理解：一种是怀疑的态度，认为文字在人心中播下"遗忘"①，"能愈多而德愈薄矣"②。另一种认为文字具有魔力，是作为抵抗第二种社会之死——忘却——的武器。从文字发明到印刷术的普及，再到今日电子媒介的无所不在，我们身处"链接性转向"（connective turn）时代。③ 历史成为"潜在性"知识。人们不必在尘土堆中呼吸发霉的空气，寻寻觅觅，只需凭借一定的工具即可乾坤大挪移。"链接性转向"让冷漠的历史学终于感受到"语言学转向"（linguistic turn）的寒冬：固有的学科常识正在摇曳。

回思 16 世纪末以降三百余年间中国所发生的翻天覆地的变化，大致可以看出如下知识变动的轨迹：耶稣会士将中国知识传入欧洲后，影响了 18 世纪启蒙思想家思考世界的方式及其对中国的认识，此乃"宋学西迁"的结果。19 世纪来华西人传播的西学知识形塑了中国人的自我/他者认识，开启了建设现代国家的历程，是为"西学东渐"的产物。"甲午战争"后，中国知识人大举

---

① 柏拉图：《斐德罗篇》，见《柏拉图全集》第 2 卷，王晓朝译，北京，人民出版社，2003 年。
② 刘安：《淮南子·本经训》，见何宁撰：《淮南子集释》中，北京，中华书局，1998 年，第 572 页。
③ Andrew Hoskins, "Media, Memory, Metaphor: Remembering and the Connective Turn", *Parallax*, Vol. 17, No. 4, Routledge, 2011, pp. 19-31.

东渡，移植日本西学知识（包括传入日本的来华西人传播的西学知识），更加速了这一进程，这是"东学入中"的知识往返。

学者日用而未必尽知。《亚洲概念史研究》系南京大学学衡研究院主办的学术集刊，本刊致力于从概念史的角度研究近代知识空间的形成，进而探讨别异于欧美的中国乃至东亚的现代性问题。1922 年，在西潮滚滚，骎骎乎有席卷全国之势的情况下，一群学贯中西的知名学者会聚南京大学的前身国立东南大学，创办了《学衡》杂志。《学衡》旨趣曰："诵述中西先哲之精言，以翼学；解析世宙名著之共性，以邮思；籀绎之作必趋雅音，以崇文；平心而言，不事嫚骂，以培俗。"逝者不可追，犹待来者。

儒学与社会主义的早期邂逅 *

　　首先感谢《开放时代》邀请我参加会议。听了前面几位学者的发言，感到有些恍惚，是不是走错了门，我所想象和理解的儒学与社会主义是另一番光景。

　　昨天在来广州的飞机上，一直在阅读随身带的两本书，一本是法国学者毕游塞（Sébastien Billioud）和杜瑞乐（Joël Thoraval）合写的《圣贤与民众》（*The Sage and the People*：*The Confucian Revival in China*），刚刚出版，写当代中国的儒学复兴。还有一本是幸德秋水写的《社会主义神髓》，1903 年 7 月出版后，10 月就由在东京的中国留学生翻译为中文，在中国人接受社会主义的历史上，这本书非常重要。刚才大家讲到的社会主义中的社会、主义乃至社会主义本身，都是 19 世纪末舶来的概念，认真起来，需要从概念史的角度进行考察。我留意到刘骥拿着一本书：列文森（Joseph R. Levenson）的《儒教中

　　*　本文原载《开放时代》，2016 年第 1 期。

国及其现代命运》。这本书出版于 20 世纪 60 年代，记得列文森在书中给儒学判了死刑，称儒学已经进了"博物馆"。假如列文森重生，看到当下的儒学热，不知是否会修改自己的观点？《圣贤与民众》第 9 章的标题是"儒学的用途与滥用"（The Use and Abuse of Confucius），这让人想起尼采（Friedrich Wilhelm Nietzsche）的英译著作《历史的用途与滥用》（*The Use and Abuse of History*），因此，我有点担心，在讨论儒学的时候，我们是否陷入了目的论和本质主义，把基于今天的关怀投射到历史，对历史加以裁剪和直线的勾连。尼采在《历史的用途与滥用》里指出有 3 种历史，第一种是纪念的历史，纪念的历史远离原因，用充满煽动的词语怂恿勇敢的人做轻率的事，热心的人做狂热的事。第二种是怀古的历史，把自我与历史同一，在发霉的空气中贪婪地呼吸，在尘土堆中觅觅寻寻。第三种是自我救赎的、批判的历史，把过去带上法庭，进行审问并定罪。尼采的看法发人深省，但是，包括他所提倡的第三种历史在内都是目的论的历史，作为一个历史学者，在面对过去与现在的关系时，我基本上采用的是社会史和概念史相结合的方法。所谓社会史的方法，就是关心文本背后的情境。近年，在我和一些朋友的鼓吹下，概念史逐渐热了起来，概念史关心的是文本的语言与结构。基于社会史和概念史的立场，我对儒学与社会主义问题的考虑可能和大家从义理上的辨析、非历史性的"穿越"不尽一样，我强调的是一种实践的、可把握的历史维度。这里，我谈几点粗浅的想法。

第一，文本与实际的关系问题。所谓儒学，我们今天所谈的儒学，除了以现在进行时出现的发明的儒学外，基本是一个"死亡的意识形态"（deadly ideology），活在文本中的过去。而作为一个历史学者，反观这 100 多年的中国历史，我关注的是"活着的"（living，active）儒学，这种活着的儒学不是通常理解的儒学。儒学的近代命运，如这 100 多年中国的命运，从打倒孔家店到重建孔家店，从杀死复数的祖先到建构以民族为符号的单数的祖先。孔家店被打倒后，孔家店的伙计，孔家店的商品，风流云散了吗？没有！一些浮在历史的表层，如康有为、陈焕章等搞的孔教运动。更重要的是，孔家店被打倒后，礼失求诸野，儒学依然活在民间。我所说的民间儒学，在王朝时代，它们的共名是"邪教"；在革命时代，它们的共名是"会道门"。如果细看这两个共名里的内容，观感可能大不一样了，核心内容是儒学、儒教，或者准确地说，这些民间宗教无论是提倡"三教合一"（儒释道），还是主张"五教合一"（儒释道耶回），儒学都处在显要的位置。改革开放后，这些民间宗教重新浮现，政府一仍其旧，阳为抑压，阴以默认，没有予以重新定位和改造。《圣贤与民众》讲到一贯道，它在大陆曾经是"反动会道门"，在台湾已经很大程度上儒教化了，其成员来往于海峡两岸。对于这类包括儒学在内的宗教，国际学界称为"救世宗教"（redemptive religion）。杜赞奇（P. Duara）好像最早用这个英文词称呼民国的新宗教。很长时间，我与欧美、日本的学者一起进行关于"救世宗教"的研究，我主要研究道德会、红卍字会。我发现几乎所有民间宗教，撇开宗教性的成分，都对儒学——文本儒学——抱有强烈的关怀，很认真地运用儒学资源面对当下，批判近代给人带来的种种不安和不平。当然，沉淀在民间的儒学，并不是如文本儒学那样，很纯粹，我称它具有杂种性（hybridity）。面对这种"活着的""实践的"儒学，我们无法用传统儒学来描述，所以，如何处理文本和实际的关系是必须认真对待的一个问题。

第二，社会主义概念问题，如果将这个词拆开，是不是社会 + 主义 = 社会主义？没那么简单。作为近代词语的"社会"，译自 society，是日本人最先翻译的，在这之前大多译为"伙伴"，"伙伴"贴近严复翻译的"群"。"群"与"社会"这两个词差异很大，在我们编的《亚洲概念史研究》（生活·读书·新知三联书店）第 2 辑收录了德国汉学家冯凯（Kai Vogelsang）教授的论文，按照他的理解，"群"是准天然的、同质性的、不变的，与"国家"同步产生；而"社会"是人造的、异质性的、历史性的，与"国家"相对。再看 ism（主义）。最近出现了很多出色的研究，如挪威学者史易文（Ivo Spira）博士的《中文主义的概念史》（*A Conceptual History of Chinese-Isms*）、王汎森教授的长文《"主义时代"的来临——中国近代思想史的一个关键发展》（《东亚观念史集刊》第 4 期）等。在我们编辑的《亚洲概念史研究》里也有专门讨论。简单地说，是日本人井上哲次郎在《哲学字汇》（1881 年）中最早将 ism 译成"主义"，之前有"原理""学说"等。清末中国人，无论接受"社会"概念，还是接受"主义"概念，其过程都不简单。最后，把这两个概念合在一起，"社会主义"又是怎样一个情形呢？社会主义这个概念，刚才唐教授提到梁启超在《清议报》第一版刊载的关于社会主义的文章，梁启超对社会主义的理解是经由日本中转来的，在我看来，他所说的社会主义仅仅是一个观念，不能称为概念。照科塞雷克的说法，只有当词语被赋予了具体的社会政治意义之后才能成为概念，即只有结合中国情境，赋予社会主义以中国的内涵，作为观念的社会主义才能成为中国化的概念。梁启超与孙中山对社会主义的理解有差异，现代人的理解和他们彼此之间的差异相比，差异可能更大。

第三，作为一个历史学者，我关心的是历史事件是在怎样的时间点上发生的？翻开历史，我们会发现社会主义进入东亚的时候，最先遭遇的是儒学，刚才提到的《社会主义神髓》作者幸德秋水是一个重要人物。这个人非常豪迈，被捕后不久即被押上刑场，口占汉诗，慷慨就义。幸德秋水是《民约论》即卢梭《契约论》的译者中江兆民的入室弟子，吃住都在一起，深受中江兆民影响。幸德秋水对社会主义的理解中，有挥之不去的儒学——志士、仁义等——的影子。比《社会主义神髓》出版稍早，他还出版了《二十世纪之怪物：帝国主义》，比列宁的《帝国主义论》早很多，我曾比较过两个文本，与列宁不同，幸德秋水批判帝国主义有很强的儒学色彩。巧得很，《二十世纪之怪物：帝国主义》也是在日文版出版后不久就被翻译成中文了。游学东瀛的中国知识人为什么会关心社会主义？须知，文明进化、优胜劣败、国家强权等是思想界的主流，无疑，这和当时知识人持有的儒学背景有关。所以我觉得在我们讨论儒学与社会主义的关系时，需要关心一下这一被遗忘的历史层面。

最后回到当下儒学复兴，毕游塞和杜瑞乐在《圣贤与民众》一书中讲得比较详细了，这里就不重复他们的论点了，只讲我自己的意见：（1）讨论儒学与社会主义的关系的时候，不能仅仅从文本和义理上进行勾连，需要有质感的、跃动感的历史事象来支撑，作为讨论的前提。如果这样的话，可能需要把被现代化、革命赶到边缘的、失落在民间的儒学传统唤回来，这涉及重新审视民间宗教、结社乃至会道门等问题。一个强大的现代国家需要历史和解，毕竟这些被政治化的宗教结社也是中国历史传统的一部分，它们比文本中的儒学更有生活质感，借用尼采的话，是真真实实的作为"生"（leben）的儒学。（2）社会主义在中国 100 多年的实践中，儒学对社会主义的理解是一个被忘却的传统。这一传统与今天的理解有什么关系，需要比较和思考。（3）儒学在过去和现在、文本和实际之间存在着一个不可逾越的沟壑，要将儒家经典中的理想落实到现实中，需要进行"传统的发明"（invention of tradition）工作。

东

亚

解构靖国神社的政治话语[*]

一

1996 年 11 月 24 日,《朝日新闻》第 35 面社会版"青铅笔"栏刊载了一则不起眼的短讯,内容如下:

> 23 日,(原)长州藩城下町、(现)山口县萩市市长野村兴儿访问了福岛县会津若松市,与该市山内日出夫市长会谈。在互相交恶的戊辰战争过去一百二十七年之后,两地的最高首脑终于第一次会面了。以往(萩市方面)曾多次提议和解,但均为会津方面所拒绝。这次访问是在会津市民剧团的邀请、萩市方面强调"私人""非正式"的前提下得以实现的。但是,双方达成的共识只有一点,即"现在立

---

* 本文原载《读书》,2006 年第 3 期。

刻实现和解是困难的"。萩市市长认为"二者之间基本上没有隔阂"。与此相反，会津若松市长则说："一场战争留下了深深的伤痕。不仅会津与长州如此，日本和亚洲也是如此。"直到最后，二人也没有握手。

阅读上述文字，不难确认如下事实：(1)在 1868 年日本明治维新的前夜爆发的戊辰战争中，长州藩和会津藩之间有过激烈交战；(2)战争致使两地关系长期恶化，事隔 127 年，仍然没有达成和解；(3)对于这场战争，受害一方的记忆仍以现在时的形态存续着。

人们也许会问，萩市何以会向若松市提出"和解"要求？萩市的前身长州藩在对会津藩的战争中和战后干了什么，以致给对方留下了百年难愈的"伤痕"？回顾日本历史可以知道，长州会津之战是戊辰战争中最关键的一次战役。1868 年 8 月，拥有近代武器的明治新政府军3000 人避开正面对决，迂回突袭会津藩中心若松城。藩主松平容保匆忙组织藩众进行抵抗，历经一个多月的浴血奋战，会津藩被迫于 9 月 22 日开城投降。是役，会津藩战死者达 3000 人，包括数百名未成年的"少年白虎队"成员。此外，还有很多人集体自杀。据在日本一所高中任教的今井昭彦博士的研究(《近代日本与战死者祭祀》，东洋书林，2005 年)，对于这些战死的"朝敌"和"贼军"，新成立的明治政府军下令不准收殓安葬其尸体，违者严惩不贷。结果，会津藩阵亡者的尸体被狐狸、鸢鸟啮食，乃至腐烂。直到同年 12 月，在藩士町野主水等人的再三恳求下，才获准由受歧视的"部落民"来埋葬，而且不得树碑题词。死者的尸体固然惨不忍睹，生者的境遇也十分悲惨。会津藩由开启江户幕府的德川家康的孙子的后代所传袭，已历二百多年，战败给会津藩人带来了种种耻辱。会津藩被贬迁到临近北海道的严寒之地斗南藩（现青森县），17000 余藩士和他们的家属不得不移居他乡；会津人被诬为"会贼"（音 kaizoku，与"海贼"即海盗音同），他们居住的地方被蔑称为"白河以北一山百文"，意为穷山恶水，非人所居之地。

与此相反，会津之役后，明治政府为不到 300 名的政府军战死者树碑立传，后来还将其祭祀到靖国神社里，予以褒扬。意味深长的是，政府军主力萨摩藩的军队，后来因为与明治中央政府为敌，也被视为"朝敌""贼军"。在 1877 年西乡隆盛率兵发动的西南战争中战死的萨摩藩的阵亡者，也和会津藩的战死者一样，不得入祀靖国神社。而另一支主力长州藩，则作为明治维新的功臣而备享恩宠，藩士伊藤博文等长期入主中央政治。当长州藩与日本国家开始其"光荣"的近代之旅时，会津藩的子孙们却在经历着"耻辱"的近代。1923 年，生前倾力埋葬和祭祀死者的会津藩武士町野主水以 85 岁的高龄去世，生前留下遗嘱，命其子用粗糙的草席包裹自己的尸体，再用粗糙的草绳将尸体拖到坟地，以此表达对当年政府军酷待战死者的悲愤和抗议。此时会津之战已经过去了整整 55 个年头！

虽然，上述萩市和若松市的会谈无果而终，但是，对于自己祖先的加害行为，萩市不断提出"和解"请求，市长野村兴儿甚至不远千里跑到受害者的子孙那里道歉，可谓其情切切。另一方面，会津若松市市长在公开场合拒绝与萩市市长握手的举动不能仅仅视为个体行为，作为一个经过民主程序选举出来的市长，即使他个人愿意伸出那只没有伸出的手，背后还有成千上万的选民和死者在阻止他伸手，前任市长就因为曾发言响应萩市的"和解"倡议在市长选举中落选。受害者的历史记忆成了一堵无法逾越的高墙。

饶有兴味的是若松市市长的一番讲话，他认为："一场战争留下了深深的伤痕。不仅会津与长州如此，日本和亚洲也是如此。"这位市长的话指的是第二次世界大战中日本给东亚各国所造成的伤害。中国是最大的受害国，战争伤害所带来的记忆即使时过数十年仍然没有消失。但是，与会津若松市和萩市不同的是，战后中日两国用了不到 30 年的时间便实现了"和解"。1972 年，日本首相田中角荣在北京与中华人民共和国最高领导人毛泽东握手言和，两国恢复了邦交；1978 年，邓小平亲临东京，与日本政府签订了友好条约。人们不禁要问，为什么会津藩和长州藩的子孙同为日本国民，至今未能达成"和解"？为什么中国和日本分属不同国家，却达成了"和解"呢？我们知道，战争双方能否和解，既与受害者超越战争所带来的创伤的努力有关，也同加害者对于自身责任的认知和行动相辅相成。虽然长州藩的子孙与百年前的战争没有直接关系，但是他们自觉地担负起寻求和解的"战后责任"。若松市市长拒绝对方的要求也自有其理，会津藩祖先所饱尝的辛酸岂是子孙所能代为了却的！不同的是，在几乎没有对战争认识和战争责任进行清算的前提下，中国政府和日本政府却握手和解了。这不能不说是一桩奇迹，是双方基于共同需要而营造的结果。

在论及社会成立的条件时，法国社会学家涂尔干（Emile Durkheim）在《社会分工论》（1893 年）中注意到，任何一个由合理的契约所建构的社会或人际关系都存在不合理的基础，契约关系能否履行，最终取决于订约人是否信守契约，而这没有任何契约可以保证。自打 1984 年中曾根康弘首相参拜靖国神社并遭到中国政府抗议后，中日之间达成了某种政治默契，即日本政府主要阁僚不再参拜祭祀着甲级战犯的靖国神社。可是，当历史翻开了世纪的新一页后，时光倒转了。2001 年以来，日本首相小泉纯一郎不顾中国政府和人民的反对，前后 5 次参拜靖国神社，最终使两国关系冷至冰点。

在中日关系冷至冰点的时候，靖国神社成为各方关注的热点。其实，在战后日本的历史上，靖国神社曾多次成为热点。1945 年，驻日盟军总司令部（GHQ）曾一度准备废除为军国主义张目的靖国神社，为此靖国神社匆忙举行了"临时大招魂祭典"，把许多没有战死的活人也当作亡魂来祭祀了。在东西"冷战"对立的格局下，由国家神道改为宗教法人后的靖国神社得以存续和发展。1955 年以后，日本政界出现了试图将靖国神社"国营化"的动向，自民党曾 5 次提出《靖国神社法案》，要将靖国神社改为"特殊法人"，置于首相的直接监督下，由国家拨出专款支付靖国神社的祭祀费用。1974 年，如果没有被称为战后"最大的思想对决"（村上重良《慰灵与招魂——靖国的思想》，岩波新书，1974 年）的日本社会的广泛抗议，靖国神社差一点就成了"特殊法人"。十年后的 1984 年，对于中曾根康弘首相参拜祭祀着甲级战犯的靖国神社，日本舆论反应强烈，反对者认为"如果国家护持祭祀着这样一些祭神的靖国神社，或者国家首脑正式参拜靖国神社，日本国民将会因以自己的手正式抹去第二次世界大战的战争责任和战争犯罪而遭到来自世界的谴责"（大江志乃夫《靖国神社》，岩波新书，1984 年）。相比之下，2001 年后小泉首相 5 次参拜靖国神社，在日本社会并没有激起多大的波澜。这一方面和"冷战"结束后日本社会意识形态斗争的退潮有关，另一方面也和近十年民族主义思潮的升温不无关系。小泉首相辩称参拜靖国神社是基于个人的信仰和日本的文化传统，别国（中国和韩国等）对此不应该说三道四，这在日本社会产生了一定的共鸣。因此，与 1974 年和 1984 年围绕靖国神社的激烈对抗相比，可以说今天的日本社会对靖国神社问题的关注点发生了变化。"首相参拜靖国神社为什么会成为一个问题，对此真正知道的人并不多。而且，连知道靖国神社是一个什么样的神社的人也为数很少。如果不了解靖国是一个什么样的神社，就无法理解首相参拜靖国神社为什么会成为问题。不理解参拜为什么会成为问题，也就谈不上对这个问题持有自己的见解。"2005 年 4 月出版的高桥哲哉先生的《靖国问题》一书，目的正是为了打破日本社会这种沉闷的状态。

　　对于高桥哲哉先生，中国学界还很陌生，他是东京大学哲学教授，是研究德里达（Jacques Derrida）的专家。10 年前，高桥从哲学角度介入关于战争认识和战后责任问题的讨论，出版了《记忆的伦理》《战后责任论》《历史/修正主义》《证言政治》《心与战争》《国家与牺牲》等近 20 部相关书籍。此外，他还参与创办了《前夜》杂志，秉持独立知识分子的立场，围绕日本社会的种种问题发表意见。《靖国问题》一书出版后，立即引起了日本社会的广泛关注，一版再版，至今已经发行了 28 万多册。一本讨论靖国神社问题的书籍何以能够成为畅销书？28 万多日本读者是以怎样的心情阅读这本书的？对中国读者来说，这本身就是一个值得思考的问题。

二

靖国神社是和"血"的话语联系在一起的，这"血"既是死者的血，也是被赋予了意识形态意义的"想象的血"，加害者和受害者的遗属关于血的记忆和想象凝聚着截然不同的情感。在《靖国问题》的第一章里，作者劈头说道："靖国问题之所以成为一个复杂的问题，最大的原因在于它是一个'情感'问题。而情感问题的要害又是'遗属情感'问题。"

2001 年 8 月 13 日，小泉纯一郎在就任首相后首次参拜了靖国神社，对此，639 名日本人和韩国人向大阪地方法院提起诉讼，要求法院判决首相参拜为违宪行为，要求首相停止参拜靖国神社，并为侵害原告的宗教人格权向原告支付赔偿。与此相反，支持首相参拜靖国神社的人们为了给小泉首相辩护，也提起了诉讼。在法庭上，一位名叫岩井益子的老太太表述了自己对于"英灵之血"的感受。"丈夫生前从未怀疑过假如自己战死的话一定会被祭奠在靖国神社，他就是怀着这样的信念奔赴战场的。对我来说，靖国神社受到玷污，这比我自己受到玷污还要耻辱几亿倍。（中略）只要听到哪怕是一句谩骂靖国神社的话，我的身体就像是被劈开了似的，全身的热血倒流，溢出体外。放眼望去，我的热血变成了战士们的血的海洋，向四周蔓延开去。"如果说像岩井这样的遗属为战死的家人被合祀在靖国神社而感到喜悦的话，被她起诉的那些反靖国神社的遗属们则为战死的家人被合祀于靖国神社而感到悲痛，两种情感的对立不可调和。小泉作为日本的首相一再参拜靖国神社的行为，使围绕靖国神社的两种截然对立的情感以受害国（中、韩等）与加害国（日本）之间的对立的方式凸显在人们面前。出生于中国台湾的高金素梅女士，在看到自己的祖先被日军砍下头颅的照片时，浑身战栗，引发出她对于族群的历史记忆。

一般而言，为死去的亲人悲伤乃是人之常情，何以会有人对亲人战死而感到喜悦呢？原来，近代国家通过"感情的炼金术"，塑造了国民的生死观和世界意识。靖国信仰隐瞒了战死的悲惨和恐怖，在将死神圣化的同时，向陷入悲哀、无奈和怨天尤人的情绪之中的遗属们提供了"光荣战死"的意义，从而剥夺了遗属作为普通人对亲人之死抱有的悲痛情感。那么，如果摆脱了这种意识形态对情感的操作，完全沉浸于悲痛之中是不是就行了呢？作者的回答是否定的。他认为，这样做充其量只不过构成一个仅存在于日本国民之中的、以悼念本国国民之死为目的的"哀悼共同体"而已。日本军发动的战争造成了大量的死者和受害者，除了日本国民之外，还有许许多多被日本军杀死的人，如果无视这些死者、受害者的存在，"哀悼"行为将无法避免来自外部的批判。由此，作者引出了如何认识战争责任的问题。

第二章集中讨论了历史认识问题。在日本，人们普遍认为"甲级战犯合祀"问题是日本和中、韩两国之间的"外交问题"。作者认为这种看法是错误的，因为早在韩国、中国等对日本的首相参拜靖国神社进行报道并进行批判之前，日本国内就有人对合祀进行了批判，认为它将"会导致对战争的肯定"。所谓"甲级战犯"，是指在远东国际军事法庭（东京审判）中被指控犯有"破坏和平罪"的人，其中有14人于1978年10月17日被合祀于靖国神社。作者认为，仅仅追究"甲级战犯合祀"问题将把战争责任问题大而化小，因为靖国神社里还祭祀着近千名乙级、丙级战犯，靖国神社称这些被处以死刑的人为"昭和殉难者"，他们在1970年之前即已合祀于靖国神社。乙级、丙级战犯和甲级战犯一样，都犯有"破坏和平罪"，同样负有战争责任。对于东京审判，日本国内有不少人认为是战胜国对日本进行的单方面的审判，是"胜者的审判"，因而拒绝接受东京审判的结果。高桥认为，作为给亚洲国家人民带来了重大损失的战争发动者，战犯们难逃罪责。东京审判中存在的问题不在于受到惩罚的人，而在于没有受到惩罚的人。"甲级战犯"虽然受到了惩罚，但是，对他们所侍奉的君主、自始至终担任帝国陆海军"大元帅"的昭和天皇却未予起诉。这是出于美国的意志，是美国对苏联、中国、澳大利亚等国提出的追加起诉的提议进行压制的结果。其他，如日军"七三一"部队等犯下的战争罪行，也由于美国的意志而没有受到追究和惩罚。

此外，在日本，人们普遍认为中国政府以"甲级战犯合祀"为由批判日本的首相参拜靖国神社，乃是要彻底追究日本的战争责任。在作者看来，事情恰恰相反。中国政府是想通过把问题限定在"甲级战犯"这一点上，寻求达到某种"政治解决"。而有关甲级战犯分祀的议论，不但不能深化人们对于与靖国神社有关的历史的认识，反而妨碍了人们对靖国神社的本质和战争责任问题的认识。因为在日本人们通常所说的"战争责任"要么是指对美国战争失败的责任，要么是说东京审判所追究的1928 年以后日本的战争责任，而从靖国神社的历史来看，从 1869 年其前身东京招魂社（1879 年改名为"靖国神社"）建立之时起，它与近代日本国家进行的每一次战争都密不可分。甲级战犯合祀问题只是与靖国神社有关的历史认识问题的一个部分，应该追究靖国神社与日本近代殖民主义之间的关系。

那么，在战后日本转变为民主国家的过程中，靖国神社是否断绝了与战前的靖国神社的关系了呢？在第三章里，作者指出，靖国神社坚持战前的合祀逻辑，声称合祀是出于"天皇的意志"，所以一经合祀，无论是什么人，即使他们的遗属要求撤销合祀，也决不能同意。靖国神社以此为理由拒绝将"甲级战犯"分祀，拒绝一部分遗属提出的将亲人的灵位迁出的要求。作者还指出，即使实现了"甲级战犯"的分祀，小泉首相参拜靖国神社也没有任何法理根据。回顾迄今为止涉及日本首相和其他官方人物参拜靖国神社的诉讼，虽然原告提出的赔偿要求没有一次获准，但没有一次判决认定以官方身份参拜靖国神社"合乎宪法"。相反，仙台高等法院对岩手靖国诉讼做出的判决，福冈地方法院对小泉靖国参拜诉讼做出的判决，都明确认定参拜行为为"违宪"之举。大阪高等法院对中曾根参拜诉讼做出的判决，也认定其"有违宪之嫌"。在这种情况下，对于希望首相进行"公式参拜"的人来说，要么（1）"修改"宪法关于政教分离的规定，要么（2）使靖国神社不再成为宗教法人。但是，要做到（1）就必须首先做到（2）。实际上，如果能做到（2），也就不再需要（1）了。如果为了在现行宪法之下达到使靖国神社国营化的目的而实现靖国神社的非宗教化的话，靖国神社就不再成其为靖国神社了，有关靖国神社的定位势必回到战前"祭教一致"的老路上。在战前，"神社非宗教"的谎言曾使"国家神道"凌驾于其他宗教之上。

在以上三章围绕近代国家与靖国神社的关系而展开的论述之后，作者在接下来的第四章里驳斥了将靖国问题特殊化的"文化论"的观点。这种观点试图借助"文化差异"理论，以文化多元主义和文化相对主义来强调"日本文化"的特殊性，为甲级战犯开脱罪行，其代表人物是著名评论家江藤淳。

在意识到从宪法和政治层面为靖国神社寻找合法性

行之不通后，江藤淳主张应该从日本文化的特殊性来论证参拜靖国神社的合法性，这也正是小泉首相参拜靖国神社的逻辑所在。江藤淳认为，从"日本文化的连续性"来看，围绕靖国神社的宪法和政治问题不是本质性的问题，对日本人来说，"最为重要的、只要是日本人自然皆会珍惜的东西，就是日本之为日本的特质"，这就是从《记》《纪》《万叶》到今天的日本的历史演进过程中凝聚的个人和民族的全部记忆，是生者与死者的"共生感"。对此，高桥尖锐地指出：第一，所谓自《记》《纪》《万叶》以来的"日本文化的本源"亘古不变之说完全是臆想。第二，如果说"与死者的共生感"是日本文化的话，靖国神社为什么只祭奠日本的战死者中的军人和军队中的文职人员，而不祭奠战死的平民呢？第三，如果说是为了"与战死者的心神感应"的话，为什么靖国神社不祭奠"敌"方的战死者呢？因为在日本的中世纪和近世，受佛教"怨亲平等"思想的影响，形成了祭奠敌我双方阵亡者的习惯。不仅如此，靖国神社不予祭奠的"敌"方的死者，不只限于外国人，即使是"本国的死者"，如果属于"敌"方的话，也决不会予以祭奠，这包括上文提到的戊辰战争中会津藩的3000死者。因此，作者认为，靖国神社的"祭神"不单纯是"战争中的死者"，而是在国家意志的作用下被挑选出来的特殊的战死者。

靖国神社既然存在上述难以解决的问题，那么，打开难局的方法就只剩下建立替代靖国神社并能为日本国内外所接受的"国立追悼设施"了。这是《靖国问题》第五章中讨论的主题。在高桥看来,用这种方法或许可以解决日本和中、韩两国之间的"甲级战犯合祀"问题。但是,正如在第二章中已经提到的那样,以政治手段谋求解决"甲级战犯"问题,将会阻碍更为本质性的历史认识问题的解决。作者认为,问题的关键不在于设立什么样的国立追悼设施,而在于政治,也就是说,国家在有关战争与和平的问题上如何利用或者不利用这个设施,应该防止新设施成为"第二个靖国"。

在日本战败后的1945年10月,在战争中失去儿子、后来以自民党总裁身份出任首相的石桥湛三曾撰文主张废除靖国神社,因为"目下大东亚战争已成奇耻大辱之战争,几乎招致亡国之祸","联合国不仅要解除我国有形之武装,还要解除精神武装"。"万一(靖国神社的)祭典因联合国之干涉而被迫中止,则必使阵亡者蒙受屈辱,给国家带来莫大耻辱与损害。"在本书结语部分,高桥指出,从法律上说,靖国神社只是一个宗教法人,所以无法以政治手段将其废除,要寻得"靖国问题"的彻底解决,必须真正实行政教分离,根除类似于首相、天皇参拜靖国神社这样的国家与神社的结合;在保障靖国神社宗教信仰自由的同时,靖国神社必须答应国内外遗属们提出的撤销合祀的要求;通过自由的言论,纠正把日本近代所发动的战争视为正义战争的诡异的历史认识;最后,为了防止出现"第二个靖国神社",必须朝着非军

事化的方向努力，以确保宪法中的"不战誓言"得以
实现。

三

　　六十年一甲子。只有 10 余万字篇幅的《靖国问题》
一书，言简意赅地梳理了战后 60 年中出现的围绕靖国
神社的各种政治话语，从此，有关靖国神社的争论都无
法绕开该书提出的基本论点；从此，要想求得靖国神社
问题的最后解决，也必须以该书的议论为起点。

　　无论是将靖国神社视为日本国内问题的自我辩解，
还是将靖国神社简单地归之于日本与邻国之间的对立，
其理论力度和视域广度都有严重的局限性。靖国神社问
题所引发的争论，涉及一个十分重要的问题，那就是，
应该如何考虑"个"（个体）、"族"（民族）和"类"（人类）
的价值？

　　民族国家是近代的产物，它将以往人们对家族、地
域和共同体的义务纳入由单数的"国民"建构的具有高度
均质性的国家的话语装置里，将以往生活在各自共同体
内的个体的人格与国家的要求齐整划一。这是近代国家
的普遍特征。在讨论靖国神社与日本近代国家建立过程
的关系问题时，戊辰战争中会津藩的例子极具说明意
义。明治政府军的战死官兵得到厚葬，还被祭祀在靖国
神社里，而与之敌对的会津藩军队的战死者只能暴尸荒

野，原因何在呢？因为祭祀在靖国神社里的死者是符合国家意志的"选灵"。死者受到的不同待遇透显出国家话语所内含的差异性，靖国神社作为明治政府创造的"新传统"，一开始便具有这种差异性特质，因而无法从日本文化的"传统"中找到其合法性。著名哲学家梅原猛在《招致理性复仇的靖国参拜》(《朝日新闻》2004 年 4 月 20 日)一文中，对小泉首相参拜靖国进行了十分尖锐的批评。他指出，靖国神社所代表的国家神道不仅"废佛毁释"，还对传统宗教进行了一次屠杀。

如果祭祀在靖国神社里的"选灵"仅仅是日本国内的问题的话，那么日本的近邻国家便没有理由对日本的官方参拜说三道四了。可是，无论是就历史上靖国神社为军国主义张目的实际作用而论，还是就现实中靖国神社所张扬的为军国战死光荣的象征意义而言，靖国神社问题都已经越出列岛而不是日本一家独户的问题。截至 2004 年 10 月，靖国神社祭祀了 2466532 个"选灵"。除去日本国内战争的战死者(14722 人)外，这些"选灵"中的绝大多数都是在对外战争，特别是对中国的侵略战争和太平洋战争中战死的。因此，只要参拜行为不仅仅是遗属的和其他国民的个体行为，那么，有关靖国问题的讨论就必然触及日本国家与相关国家之间的政治正确问题；只要怀有受害记忆的邻国国民的个体的、族群的记忆没有消失，官方参拜行为所引起的对日本国家的愤怒和批判就不会停止。

那么，如果有一天日本的首相停止了参拜靖国神社，是不是靖国神社问题就自动解决了呢？《靖国问题》一书的回答是否定的，因为靖国神社所代表的历史认识中存在着严重的问题。法国年鉴派学者费罗（Marc Ferro）在《监视下的历史》一书中揭示了公共历史叙述中所存在的三种沉默：第一种沉默是与正统性原理相关的沉默，书写历史的机构，无论是教会、王朝还是政党，在涉及正统性的起源问题上，具有极大的"不透明性"；第二种沉默是一种内在化的、心照不宣的与社会共有的沉默；第三种是对难言之隐痛（加害或被害）的沉默，表现为集体记忆的丧失。对照这三种沉默，靖国神社由于坚持皇国史观的正统原则，它的历史叙述至今仍在漠视反战和平的人类普遍价值。因此，属于第一种沉默。与中曾根康弘过从甚密、日本发行量最大的报纸《读卖新闻》的社长渡边恒雄最近说，任何一个参观过靖国神社的人都会误以为日本所发动的"大东亚战争"取得了胜利。原因何在呢？因为靖国神社及其拥护者共同拥有第二种沉默，他们至今不承认侵略战争所造成的加害事实。在此前提下，一方面参拜靖国神社，另一方面宣称祈祷人类和平与"不再战"，要么是选择性集体失忆，即第三种沉默的产物，要么就是无视他者的存在。梅原猛先生在前文的最后一段向世人提出了如下警示："我认为首相参拜靖国无异于想要使大教院的亡灵复活。作为一国的首相，至少应该具有倾听有识之士的意见、反省自身偏见的理性。无视权威宪法学者和宗教学者的意见，也不考虑外交影响，现在甚至拒绝司法机构的裁决而继续参拜靖国神社，总有一天会招致理性的复仇。令人担忧，小泉首相是不是在重蹈发动冠冕堂皇的鲁莽战争、即使败局已定也不住手、最后使得日本生灵涂炭的东条（英机）首相的覆辙。"一年过去了，又一年也将过去。在靖国问题成为热点的今日，中日关系已经冷至冰点，重读梅原猛先生的这段话，让人蓦然想起丹麦哲学家克尔凯郭尔（Sören Aabye Kierkegaard）在《不安的概念》（1844 年）一书里写下的话："最危险的不安是对于没有不安而不感到不安。"

"一场战争留下了深深的伤痕。不仅会津与长州如此，日本和亚洲也是如此。"拒绝与百年前的敌人握手和解的日本福岛县会津若松市长山内日出夫如是说。

作为事件的"他者"

——近代中日历史教科书里的前近代叙述[*]

    教科书作为近代国家推行匀质化教育的装置，在传授阅读、书写、计算等基本知识和技能的同时，向学生灌输体现国家意志的价值观念，是学生形成自我与他者、本国与外国差异认识的重要媒介。

    在日本，1872 年颁布的"学制"标志着国家近代学校制度的成立。在其后的 10 余年间，教科书系民间编纂和出版，学校自主采用，国家意志尚未完全体现在教科书里。1887 年至 1903 年是日本教科书的"检定期"，所有教科书须经文部省审阅，国家意志贯彻于教科书的编纂上。从 1904 年到 1945 年第二次世界大战日本战败为止，这一时期是日本教科书所谓的"国定期"，各地小

---

[*] 本文系与黄东兰教授合著，原载方维规主编：《思想与方法——近代中国的文化政治与知识建构》，北京，北京大学出版社，2015 年。

学统一使用文部省编纂的教科书。[1]

在明治以降的日本学校教育中，历史科目和修身科目并列，在诸科目中最受重视。日本史是依据以天皇为中心的"国体"观念编纂而成的，主要讲授历代天皇的善政和忠臣事迹，向学生灌输"国体之精华"。在涉及日本与外国关系时，依照文部省制定的"致力于强调作为日本文化之特质的自主性和包容性"[2]方针，突出日本独立自主的外交姿态。

在中国，作为"新政"一部分，清政府先后颁布了《钦定学堂章程》(1902 年，即"壬寅学制")和《奏定学堂章程》(1904 年，即"癸卯学制")，仿照日本建立了近代学校制度。各地蒙学堂、初等小学堂和高等小学堂所使用的教科书皆为民间编纂和出版，最后由学部审定。这与"检定期"的日本教科书相同。1904 年 1 月 13 日，正式颁布的《奏定初等小学堂章程》写道：中国历史教学"其要义在略举古来圣主贤君重大美善之事，俾知中国文化所由来及本朝列圣德政，以养国民忠爱之本源。尤当先讲乡土历史，采本境内乡贤名宦流寓诸名人之事

---

[1] 根据明治三十六年(1903 年)发布的《改正小学校令》，从明治三十七年(1904 年)起国语、修身、历史、地理诸科目使用国定教科书。第二年后，算术、图画、理科也开始使用国定教科书。文部省：《学制八十年史》，1954 年，第 204 ~ 205 页。

[2] 海后宗臣：《歷史教育の歷史》，东京，东京大学出版会，1969 年初版，2000 年第 5 版，第 153 页。

迹，令人敬仰叹慕，增长志气者为之解说，以动其希贤
慕善之心。历史宜悬历代帝王统系图一幅于壁上，则不
劳详说而自能记忆"①。强调忠君爱国与张扬乡贤名宦的
意义。《奏定高等小学堂章程》规定中国历史"其要义在
陈述黄帝尧舜以来历朝治乱兴衰大略，俾知古今世界之
变迁，邻国日多，新器日广；尤宜多讲本朝仁政，俾知
列圣德泽之深厚，以养成国民自强之志气，忠爱之性
情"②。突出中国在世界中的位置和忠爱自强的本旨。
《奏定中学堂章程》进而细分道："先讲中国史，当专举
历代帝王之大事，陈述本朝列圣之善政德泽，暨中国百
年以内之大事；次则讲古今忠良贤哲之事迹，以及学
术、技艺之隆替，武备之弛张，政治之沿革，农、工、
商业之进境，风俗之变迁等事。（中略）凡教历史者，注
意在发明实事之关系，辨文化之由来，使得省悟强弱兴
亡之故，以振发国民之志气。"③强调叙述次序和事理
辩证。

中华民国成立后，民间编纂、官方审定的教科书制
度基本没有变化。1912 年 12 月 2 日，《教育部公布中学

① 璩鑫圭、唐良炎编：《中国近代教育史资料汇编·学制演变》，上海，
上海教育出版社，1991 年，第 295~296 页。
② 璩鑫圭、唐良炎编：《中国近代教育史资料汇编·学制演变》，上海，
上海教育出版社，1991 年，第 310 页。
③ 璩鑫圭、唐良炎编：《中国近代教育史资料汇编·学制演变》，上海，
上海教育出版社，1991 年，第 321 页。

校令施行规则》规定:"历史要旨在使知历史上重要事迹,明于民族之进化、社会之变迁、邦国之盛衰,尤宜注意于政体之沿革,与民国建立之本。历史分本国历史、外国历史;本国历史授以历代政治文化递演之现象与其重要事迹,外国历史授以世界大势之变迁,著名各国之兴亡,人文之发达,及与本国有关系之事迹。"①稍后,《教育部订定小学校教则及课程表》(1912 年 12月):"本国历史要旨,在使儿童知国体之大要,兼养成国民之志操。本国历史宜略授黄帝开国之功绩,历代伟人之言行,亚东文化之渊源,民国之建设,与近百年来中外之关系。"②

那么,什么样的"历史"可以纳入教科书呢?是不是纳入近代教科书里的"历史"就是"近代历史"呢?对此,以往鲜有言及。众所周知,由文字书写的"历史"作为一种知识和学问,是强固社会和文化同一性的媒介,其内容不会因为世代推移而发生变化。翻阅中国和日本各种近代历史教科书可知,所述内容皆有张本,变化的部分主要是体例和修辞。③

---

① 璩鑫圭、唐良炎编:《中国近代教育史资料汇编·学制演变》,上海,上海教育出版社,1991 年,第 669 页。
② 璩鑫圭、唐良炎编:《中国近代教育史资料汇编·学制演变》,上海,上海教育出版社,1991 年,第 692 页。
③ 黄东兰:《一部缺失"开化"的"开化史"——田口卯吉〈支那开化小史〉与日本文明史学之困境》,见张凤阳、孙江编:《亚洲概念史研究》第3 辑,北京,生活·读书·新知三联出版社,2017 年。

在欧洲，不同于以往作为知识和学问的"历史"诞生于 18 世纪，这是与伴随启蒙思想的兴起"进步"进入历史时间有关的。从此，"历史"不仅仅是勾连过去与现在——"通古今之变"（司马迁），还指向"未来"，借用德国概念史大家科塞雷克（Reinhart Koselleck）的话，过去表现为"经验"（experience），未来展示为"期待"（expectation），而现在是牵连二者的中介。"一方面，每个人和每个共同体都有特定的活动空间，在那里过去的事情是以时间（temporal）而存在或被记住的；另一方面，人们总是活动在特定的可期待的地平线上。研究过去与未来的关系，确切地说就是研究特定的经验和期待的关系，以便把握历史时间。历史时间出现在过去与未来这两个时间维度（temporal dimensions）中，人们可以通过经验和期待的差异来揭示之。"① 这种将过去与未来、经验与期待勾连的"近代历史"在教科书线性的时间叙述中并不彰显，除了编辑宗旨和些许时局方面的内容，读者很难判断历史教科书所述的就是"近代历史"。尽管如此，在一些与时下相关的过往事件上，编者在字里行间还是表露了对未来的"期待"，这尤其表现在事关国家认同的事件上。因此，透过这些事件，论者可以捕捉历史教科书作为"近代历史"的踪影。

---

① Reinhart Koselleck, *The Practice of Conceptual History: Timing History, Spacing Concepts*, Stanford, Stanford University Press, 2002, pp. 100-114.

所谓历史是指在过去时空发生的事情。这是作为"事实"的历史。当某人将"事实"告诉给某人时，历史/事实便呈现为"事件"。本质上，事件是被纳入理解者的理解行为之中的事件，是对于某个人或某些人的事件，因此，事件的"意义"伴随着叙述者所在的意义世界的变动而变动。法国历史学家德塞都（Michel de Certeau）在《历史书写》一书中认为，事件不是人们所看到和知道的东西，是建构的某种东西，事件的痕迹是构成事件语义学意义的要素。① 鉴于此，本文将以近代中日两国小学历史教科书为对象②，截取遣隋使·遣唐使、"元寇"和"倭寇"三个历史事件，通过分析教科书里的相关叙述和修辞，双向性地探讨中日历史教科书中的"他者"——反面的"自我"——形象建构背后所蕴含的"近代历史"意义。

一、遣隋使·遣唐使

在明治日本历史教科书里，日本与古代中国大陆之间的交流被分为以下两个时期：一是汉字、儒教、纺织等经由朝鲜半岛传入日本的时期，二是自遣隋使

---

① Michel de Certeau, *L'Ecriture de l'histoire*, Paris, Gallimard, 1975.
② 本文所涉及的日本的教科书从明治时期到 1945 年为止，中国的教科书从清末到 1949 年为止。

派遣之后中国文化直接传入日本的时期。在言及日本受到中国文化影响时，一本教科书指出："与唐之交通益繁，世风为之大开。"[①]这是客观陈述。但是，另一本教科书则道，圣德太子"制冠位十二阶。遣小野妹子往隋国"；孝德天皇时"划定畿内之范围，设有司于各国，置关所驿站，并制定许多法律，定八省百官之冠位等等"[②]。仿佛"冠位十二阶"和"大化改新"等重要制度都是圣德太子和中大兄皇子等日本的政治指导者们在不受隋、唐影响的情况下自己发明出来似的。在后来的国定教科书里，文字表述上虽略有不同，但这种叙述方式被继承了下来，内容趋于空泛。不仅如此，在大正（1912 年）以降的历史教科书里，关于与隋、唐的交往，叙述侧重于日本如何保持自立。比如，关于圣德太子让遣隋使小野妹子向隋炀帝呈递国书一事，明治初期的教科书只是一笔带过。关于该事件，《隋书》记载："大业三年，其王多利思比孤遣使朝贡。使者曰：'闻海西菩萨天子重兴佛法，故遣朝拜，兼沙门数十人来学佛法。'其国书曰：'日出处天子致书日没处天子，无恙。'云云。帝览之不悦，谓鸿胪卿曰：'蛮夷书有无礼者，勿复以闻。'"[③]对此，文部省 1920

---

① 文部省：《尋常小学日本歴史》卷 1，1910 年。
② 文部省：《史略》"皇国"卷，1872 年。
③ 《隋书》卷 81 列传第 46"东夷"。

年编纂出版的历史教科书详加描述：

> 其时支那(原文——引者)国势强盛，学术先进，故而以大国自居，视他国皆为属国。而太子丝毫不畏其势，遣使致书彼国，云日出处天子致书日落处天子，无恙呼？始终以对等姿态与彼交往。①

一面是自高自大的"支那"，另一面是不卑不亢的圣德太子，这种夸张的历史描写可谓第一次世界大战后以"头等国""五大国之一"自居的日本的自我形象的投影。文部省1943年编纂的《初等科国史》(下文简称为战时版国史教科书)，对此事做了如下一段文学式的描写：

> (阅读国书后)隋朝国王气得面红耳赤，大发雷霆。但不知是被我国的气概所压倒，还是想打探我国的情形，派了使者前来答礼。……在这个时期的东亚各国中，唯有日本能显示出如此的威严和荣耀。②

"东亚"一词在此出现，衬托出日本在"大东亚共荣

① 文部省：《寻常小学国史》上卷，1920年。
② 文部省：《初等科国史》，1943年。

圈"中的指导地位。同样，这本教科书只字不提遣唐使
们冒着生命危险渡海前往中国是为了学习唐朝的制度和
文化，而是说："我国国民为了向海外发展，不畏艰险
地完成了使命。"在这里，教科书所起的作用是进行政治
宣传，对历史的叙述脱离了史实。

那么，对于同样的事件，中国的历史教科书是如何
叙述的呢？隋朝历史短暂，历史教科书记述遣隋使者寥
寥无几，看不到有关圣德太子遣使呈递国书的内容。①
关于遣唐使的记述，教科书大都将其置于唐代的文化如
何影响朝鲜、日本以及周边国家这一背景中加以叙述。
例如，关于唐朝和日本列岛的关系，民国初期出版的一
本教科书只是做了如下一段简短的说明："唐又东灭高
丽、百济，败日本之兵，以新罗为属国。"②书中没有强
调中国文化对日本的影响。

抗日战争爆发后，历史教科书有关古代日本接受中
国文化影响的记述增加。截至1941年，范作乘编《高小
历史课本》再版次数多达97次，该书在题为"唐朝文化
和日本"的单元里，详细记述了中日两国从东汉到唐代
的交流史，并写道："（日本）不论政治制度，以及饮食、

---

① 关于这一点，1941年在日军占领下的北京由新民印书馆发行的《高小
历史教科书》也不例外。
② 傅运森：《共和国教科书·新历史》（高等小学用）第2册，上海，商
务印书馆，1912年6月初版，10月第5版。

居处等等，没有一样不仿唐朝。"①这一时期出版的一本教学参考书，对于如何教授古代中国对日本的文化影响，建议教师向学生提问："现时中国和日本的情形与从前比较怎样？"让学生自由回答。② 与同时期日本历史教科书相反，中国历史教科书通过今昔——过去的荣耀和现实的屈辱——之对比，唤起学生的民族—国家意识。

二、"元寇"

在明治以后日本出版的任何一部本国史教科书里，都有关于"元寇"的记述，其内容大同小异。在 20 世纪 30 年代以前，教科书在提到使元军遭受致命打击的暴风雨时，用的只是"大风"一词："偶起大风，敌舰倾覆殆尽，溺死者无数。"③文部省 1934 年编纂出版的国定历史教科书则说："突然神风骤起，敌舰大都沉没，溺死者无数。"④元世祖至元十八年，元军侵略日本，"十万之众，得还者三人也"。仅观《元史》记述，场面相当惨烈："暴风破舟"，"风破舟"，"方伐木作舟欲还，七日，日

---

① 范作乘：《高小历史课本》第 2 册，上海，中华书局，1941 年 1 月第 97 版。

② 胡午峰等编：《高小新历史教学法》第 2 册，上海，世界书局，1938 年初版，1939 年第 2 版。

③ 文部省：《寻常小学国史》上卷，1920 年。

④ 文部省：《寻常小学国史》上卷，1934 年。

本人来战，尽死。余二三万为其虏去"。[①] 在战时版国史教科书里，同样内容变成了下面一段文字：

> 敌人是堪称世界首强的元（朝），这是我国前所未有的大国难。镰仓的武士们夜以继日练就的本领，终于到了为国出力的时候了。大日本是神之国，再度狂风大作，巨涛翻滚，一浪接一浪，将敌舰掀翻击碎。[②]

"堪称世界首强"的元朝，让人联想到当时日本的头号劲敌美国，而那些乘着神风为国而战的镰仓武士们，不就是现实中"皇军士兵"的形象吗？

相比而言，中国的历史教科书中关于元军进攻日本的记述为数不多，而且随着时间的推移呈减少趋势。在清末出版的一本教科书里，作者在叙述忽必烈欲使日本朝贡未果而派兵的经过之后，对暴风雨做了如下客观叙述："遇暴风，舟多覆，大败而还。"[③]

民国成立后，教科书的修辞发生了很大变化。1912年商务印书馆出版的共和国教科书系列《新历史》中，作

---

① 《元史》卷 208 列传第 95"外夷一"。
② 文部省：《寻常小学国史》上卷，1934 年。
③ 姚祖义：《中国历史教科书》（最新初等小学）下册，上海，商务印书馆，1904 年初版，1906 年第 7 版。

者在记述忽必烈建功立业、使元朝版图横跨欧亚大陆之后写道:"(世祖)发舟师征日本,惜为飓风所覆没,不克如志。"①在这套历史教科书的序言里,有如下一段文字:

> 合五大族为一家,故本书尤注重于国土之统一、种族之调和,而于五大族之豪杰,择其最有关系者,一律编入本书,以资儿童观感。务使此书为民国五大族共同适用之书。②

原来,教科书的编者是根据"五族共和"的政治理念,对蒙古族英雄忽必烈开拓疆土加以称颂:元军进攻日本被说成是"征伐";元军以失败而告终,也成了一件值得扼腕之事。在抗日战争时期,前引范作乘编《高小历史课本》的元代部分,通篇称颂成吉思汗和忽必烈开拓疆土,找不到关于元军进攻日本的记述。在日中两国间的对立关系达到顶点的 20 世纪 30—40 年代的教科书里,元代版图的扩大被描绘成"辉煌的过去",反之,元军进攻日本的历史,由于不符合当时中国抵抗日军侵略

---

① 傅运森:《共和国教科书·新历史》(高等小学用)第 3 册,上海,商务印书馆,1912 年 6 月初版,1912 年 8 月再版。
② 傅运森:《共和国教科书·新历史》(高等小学用)第 1 册,上海,商务印书馆,1912 年 6 月初版,1912 年 8 月再版。

的现实需要而被略去。

三、"倭寇"

在明治以后日本的小学历史教科书里，不仅找不到以"倭寇"为题的单元，关于"倭寇"的叙述亦为数极少。可见，对于"倭寇"这一写入正史《明史》的事件[①]，不管其中含有多少他者（中国人），已然成为"日本"历史教科书规避的内容。龙云堂 1883 年出版的一本历史教科书，在记述有关明将郑芝龙为清军所败、前往日本求助的内容时，于将军德川家光听从属下的意见拒绝援手之后写道："足利氏以来，边陲之奸民往往在海上掠夺，明人最惧之，称之为倭寇。明末危害尤甚，故芝龙等欲假其威名以慑敌。"[②]值得注意的是，这里说郑芝龙想借"倭寇"之名来威慑清军。

与日本历史教科书不同，清末以后中国出版的几乎所有历史教科书的明代部分都有以"明之外寇""明之倭寇""倭寇"等为题的单元，记述倭寇对东南沿海地区的侵害以及俞大猷、戚继光抗倭斗争的历史。一本清末出版的教科书说，倭寇最早起源于元代时从日本流入中国的"半商半劫"的失业游民，明时倭寇得到

---

① 《明史》卷 322 列传第 210"外国三·日本"。
② 椿时中：《小学国史纪事本末》，东京，龙云堂，1883 年。

中国内地奸民的接应而势力大增。① 而抗日战争时期出版的一本教师参考书则称倭寇是日本的"无赖之人"，对中国人勾结倭寇之事只字不提。② 前引 1941 年出版的《高小历史课本》，对戚继光领导抗倭斗争的情形做了如下一段详细描述："继光亲自拿了武器，攀缘着崖壁上去攻打，击杀数百人。倭寇遭此惨败，才慌忙逃去。倭乱到这时完全平定。继光治军，极重纪律，号令严明，应赏的赏，应罚的罚。所以他的兵士，一遇到敌寇，个个都愿替国家牺牲。"③ 由此不难看到，在抗日战争时期的历史教科书里，历史上的"倭寇"和现实中侵略中国的日本军的形象相互重叠，而历史上的"抗倭"英雄戚继光，也被当作现实中与日军奋勇作战的"抗日"英雄而备受称颂。

以上分析了近代中日教科书关于遣隋使·遣唐使、"元寇"和"倭寇"的叙述，从中不难看到，即使在同一个国家的历史教科书里，关于某一历史事件——哪怕是发生在遥远的往昔——的叙述也不是一成不变的。对于同一个历史事件的叙述或轻或重，有时甚至选择"忘却"，均蕴含了叙述者基于当下的问题意识而对未来的

---

① 姚祖义：《中国历史教科书》（最新初等小学）下册，上海，商务印书馆，1904 年初版，1906 年第 7 版。
② 《复兴历史教学法》（高级小学适用）第 1 册，上海，商务印书馆，1937 年改编本初版，1938 年改编本第 3 版。
③ 范作乘：《高小历史课本》第 2 册，上海，中华书局，1941 年 1 月第 97 版。

"期待"。在围绕同一个事涉自我和他者关系的历史事件上，中日两国教科书的叙述往往是不对称的，在一方国家的教科书里被重点叙述的，在另一方国家的教科书里则往往被轻描淡写。中日两国教科书所描述的关于对方国家的"他者"形象之间的对立，在中日战争时期的教科书中表现得尤为突出。现实的中日关系在教科书的前近代史叙述中留下了烙印。

在亚洲超越"近代"？

——一个批评性的回顾[*]

20 世纪末，当历史行将翻开新的一页之时，"亚洲""东亚""东北亚"等突然成为学界的热门话题，众声喧哗中隐隐寄托着论者的期待：亚洲各国尽快解开历史魔咒，建构跨越民族—国家（nation-state）藩篱的地域性整合体。然而，2012 年夏，时针倒转，中日、韩日之间围绕岛屿领土归属发生激烈冲突，10 余年过去了，摆在人们面前的仍是同一本旧书，所谓亚洲话语不过是一场各说各话的能指游戏。德国历史学家科塞雷克（Reinhart Koselleck）在《批评与危机》一书中曾解释"批评"（kritik）与"危机"（krise）的语义，指出这两个词具有同样的古希腊语（判断、裁判）和拉丁语（分开、筛）来源，意为甄

---

* 本文原载《江苏社会科学》，2016 年第 3 期。

别、判断和决定。① 如果说，亚洲话语的兴起蕴含了全球化时代所带来的"危机"——民族—国家的藩篱到底是松动了还是强固了，那么对该话语语义加以甄别、梳理乃至批评，或可从过去的历史经验中推导出未来的可能性。

一、竹内好话语

在围绕亚洲话语的讨论中，被置于中心位置的是竹内好。竹内好（1910—1977 年）毕业于日本东京帝国大学"支那"学科，1934 年因不满日本"支那学""汉学"脱离现实而与友人武田泰淳等组建"中国文学研究会"，介绍同时代的中国文学。战争末期（1944 年 5 月），竹内好应征入伍，远赴中国战场，最后在湖南岳阳迎来了日本战败投降。战后，竹内好活跃于评论界，一度任东京都立大学教授，1960 年 5 月因反对美军基地的"安保斗争"夭折，竹内好愤而辞去教职。1972 年中日恢复邦交，竹内好出于对两国如此简单地实现政治和解之不满，宣布放弃中国研究，从公众视线中隐身而去。

在日本，研究中国的学界，除去鲁迅著作的译者和研究者身份外，竹内好称不上学者，几乎没有任何学术地位；即使是作为评论家，竹内好也算不上出色，因为

① Reinhart Koselleck, *Kritik und Krise : Eine Studie zur Pathogenese der bürgerlichen Welt*, Suhrkamp, 1959, 1976, s. 196-198.

无论是战时还是战后，他对中国的判断都背离实际。尽管如此，竹内好比同时代的任何一位中国研究者和评论家都更受关注，获致来自"左""右"不同立场的论者的赞词。竹内好逝世后，因1965年"教科书事件"而与日本政府长期对质法庭的历史学家家永三郎回忆竹内好曾写信对自己表示支持："对你的英明决断表示敬意，有只手单撑倾覆大厦之气概。"① 右翼评论家苇津珍彦带有褒义地称竹内好为"偏见的泰斗"，"即便认为竹内的意见是偏见，总带有一定的尊敬之念"。② 自由派思想旗手丸山真男称竹内好的长处在于"不把自己的想法强加于人"，而这在崇尚"都是日本人"的日本社会是非常难得的。③ 细细思忖，所有这些言论要么在表达对死者的哀惜，要么在赞赏死者生前的特立不群，与其思想本身并无直接关系。

作为活跃于"战后"初期的评论家，竹内好的思想属于他所经历过的战争时代，他的亚洲话语是在西洋—东洋、近代—传统、支配—被支配二元对立结构下展开的。1941年12月8日太平洋战争爆发，竹内好和许多因日本侵略中国而纠结的知识分子一样为之振奋，在

① 家永三郎：《竹内さんと私》，见《竹内好全集》第4卷《月报》，1980年11月。
② 苇津珍彦：《偏見の泰斗》，见《竹内好全集》第12卷《月报》，1981年8月。
③ 丸山真男：《好さんとのつきあい》，见《丸山眞男集》第10卷，东京，岩波书店，1996年，第358页。

《大东亚战争与吾辈之决心（宣言）》一文中欢呼"历史被
创造出来了"，战争将"对祖国之爱"与"对邻邦之爱"合
为一体，对中国的战争乃是反抗欧美、解放亚洲的一部
分。① 战后，当许多知识分子纷纷转向而"拥抱战败"
（embracing defeat）②时，竹内好坚持己见，在 1959 年 11
月发表的《近代超克》长文中强调这场战争旨在打破亚洲
主义所内含的"侵略"与"连带"的困境："'近代的超克'
作为事件已经成为过去。但是，作为思想还没有成为历
史。"③在 1963 年 8 月发表的《日本人的亚洲观》中，一方
面承认日本灭亡朝鲜和侵略中国主权都是不容争辩的事
实，另一方面又说"侵略是不好，但侵略中存在扭曲的
连带感这一侧面"，"大东亚战争的侵略事实不管怎样强
辩，都是无法否定的。但因为憎恶侵略，而否定由侵略
这种形式表现出来的亚洲连带感，令人担心会在倒掉洗
澡水时连婴儿也一起扔掉了"。④ 对竹内好来说，"大东
亚战争"好似古希腊戏剧从机关中突然出现的神（Deus ex

---

① 竹内好：《大東亜戦争と吾等の決意（宣言）》（1941 年 12 月），见《竹
内好全集》第 14 卷，东京，筑摩书房，1981 年，第 294～298 页。

② John Dower, *Embracing Defeat: Japan in the Wake of World War II*, New
York, W. W. Norton & Company, 1999. 中译本参见约翰·道尔：《拥
抱战败——第二次世界大战后的日本》，胡博译，北京，生活·读
书·新知三联书店，2008 年。

③ 竹内好：《近代の超克》（1959 年），见《竹内好全集》第 8 卷，东京，筑
摩书房，1980 年，第 5 页。中译本参见竹内好：《近代的超克》，李冬
木等译，北京，生活·读书·新知三联书店，2016 年，第 369 页。

④ 竹内好：《日本人のアジア観》，见《竹内好全集》第 5 卷，东京，筑
摩书房，1981 年，第 118～119 页。

machina），一举解决了日本近代化过程中无法克服的东洋与西洋、传统与近代对立的难题。战争过去近20年，在"美日安保"下的"殖民地"状态下的日本，竹内好作为日本人的内心被那场不合逻辑的愚蠢的战争所折磨，他试图从中找出被近代/西化扭曲的逻辑性要素。

所谓近代是一种关于时间的认识，离现在比较近的"过去"是"近代"，"近代"是存在于今天的"过去"。对于日本所发动的"大东亚战争"/太平洋战争，战时曾被修辞为"近代超克"。"近代超克"是一句日文，意为克服、超越近代（所带来的困境），英文译为 overcoming modernity。在经历对美国（美英所代表的西方近代）开战"知的战栗"后，1942年7月23日、24日，13位学者在"知的协力会议"名义下召开了一次座谈会，13人的文章后来刊登于杂志《文学界》9、10月合刊号上。会议组织者河上彻太郎在阐述会议宗旨时随意使用了"近代超克"一语，这成为美化战争旨在超越近代困境之修辞。竹内好认为赞成"近代超克"的群体来自三个方面：《文学界》同人、日本浪漫派、京都学派等。[①] 如果把"近代超克"置于日本近代史中加以检验的话，确实不难把捉其中所蕴藉的思想内容，附和帝国战争的意识形态在对日本近代进行质疑时，竟然内含了反对现存体制的倾

---

① 竹内好：《近代の超克》(1959年)，见《竹内好全集》第8卷，东京，筑摩书房，1980年，第52页。中译本参见竹内好：《近代的超克》，李冬木等译，北京，生活·读书·新知三联书店，2016年，第416页。

向，这是著名马克思主义哲学家广松涉关注"近代超克"的原因所在。① 但是，对近代的"超克"需要借助战争来实现，这不过是一种思想的"狡计"，最终必须直面回答战争所附带的伦理问题，思想家柄谷行人把"近代超克"问题转换为"美学"问题，实则回避了对"近代超克"进行历史的、伦理的诘问。②

在辞世 20 余年几乎为人淡忘时，竹内好一跃而为亚洲话语的明星，是日本以外的研究将原本属于日本的竹内好带出日本并置于亚洲话语的中心位置的。一如竹内好通过鲁迅批评日本一样，孙歌称竹内好提示了一种思考方式——"内在的否定才是真正的否定"，试图将从鲁迅发现近代的竹内好引入中国讨论中。③ 鲁迅到底有多大暗示作用？这让克里奇曼（Richard Clichman）试图勾连竹内好与鲁迅思想关系时颇为恍惚，只能借助竹内好的批评方法——抽取（"取り出す"/extract）其中的论点来"参与竹内好的思考"（an engagement with Takeuchi's thinking）。④

其实，竹内好与鲁迅在思想上只是形似。松本健一认为二者的不同在于："鲁迅以中国革命当下应走的道

---

① 广松涉：《〈近代の超克〉論》，东京，讲谈社学术文库，1989 年。
② 柄谷行人：《〈戦前〉の思考》，东京，文艺春秋，1994 年，第 96～122 页。
③ 孙歌：《竹内好的悖论》，北京，北京大学出版社，2005 年。日文版《竹内好という問い》，东京，岩波书店，2005 年。
④ Richard Clichman, *Takeuchi Yoshimi : Displacing the West*, New York, Cornell University East Asia Program, 2004, p. xiii.

路为批判对象，而竹内好以日本意识形态为批判对象。"①不止于此，与鲁迅思想的非民族主义取向相反，虽然竹内好到底是何种取向言人人殊，如丸山真男认为竹内好不是民族主义者，是"国际主义者""世界主义者"②。孙歌续其说："竹内好不是民族主义者，尽管他比任何民族主义者都更干脆地宣称他只关心日本。"③但是，我倾向于松本健一的看法：竹内好是"亚洲主义式的民族主义者"，一如几乎所有主张"亚洲主义"的人都是"国权论者"（民族主义者）一样。自然，与鲁迅对中国传统持尖锐批判的立场不同，"竹内好的日本传统论所显示出活在当下的姿态乃是基于不应负的遗产是负的而加以舍弃"④。面对一边倒地追捧竹内好，子安宣邦在《何谓近代超克》一书中批判竹内好《近代超克》主观地将近代主义与民族主义对立起来，其亚洲话语充斥着"日本在亚洲，但不是亚洲"之类的两义性反语。子安宣邦还进而批判沟口雄三在探寻中国的"近代性"时歪曲竹内好"作为方法的亚洲"在认识论上的意义，创造出属于自己的"作为方法的中国"。⑤ 对于子安的批判，新近出

① 松本健一：《竹内好論》，东京，岩波现代文库，2005 年，第 209 页。
② 丸山真男：《好さんについての談話》，《丸山眞男集》第 9 卷，东京，岩波书店，1996 年，第 337 页。
③ 孙歌：《竹内好的悖论》，北京，北京大学出版社，2005 年，第 12 页。
④ 鹤见俊辅：《竹内好 ある方法の伝記》，东京，岩波现代文库，2010 年，第 11 页。
⑤ 子安宣邦：《近代の超克とは何か》，东京，青土社，2008 年，第 13～14、240～244 页。

版的铃木贞美《近代之超克——它的战前·战中·战后》
则反过来批评子安宣邦"完全不理解"竹内好，对竹内好
的诘问存在"反历史"倾向。① 有关阐述竹内好话语的分
歧已经不单纯是如何理解历史的分歧，还深深地附带了
个人的主观好恶。回顾关于竹内好的研究，虽然论者无
一例外地触及其"近代超克"所依托的亚洲主义话语，但
几乎没有一个人借助历史学的成果具体考察竹内好所说
的亚洲主义到底与实际有多大关系。

二、ism 的亚洲

与竹内好《近代超克》一文一样，发表于 1963 年的
《日本的亚洲主义》是理解竹内好亚洲话语的重要文章。
"安保斗争"失败后，竹内好将思绪寄托于明治以来具有
反西方倾向的亚洲主义上。在该文开篇"何谓亚洲主义"
一节，竹内好在列举了辞典中关于亚洲主义的不同定义
后，反对将植木枝盛、樽井藤吉、大井宪太郎等民权派
的"亚洲连带"主张与玄洋社"大亚洲主义"一分为二，
认为过于"机械"，亚洲主义与侵略主义、民族主义以及
国际主义既有不重叠之处，也有重叠之处，近代日本的
扩张主义催生了"国权论"与"民权论"、"欧化"与"国
粹"之两立，亚洲主义是从中诞生的双胞胎。而第二次

---

① 铃木贞美：《近代の超克——戦前·戦中·戦后の思想》，东京，作
品社，2015 年，第 360～367 页。

世界大战中的"大东亚共荣圈"思想在某种意义上是亚洲主义的归结点，但在另一层意义上则又可谓是对亚洲主义的"逸脱"和"偏离"。[①] "大东亚共荣圈"思想既是亚洲主义的"归结点"，又是"逸脱"和"偏离"，那么"亚洲主义"到底是什么呢？读者可以各取所需地从这种"两义性反语"中阅读竹内好。这里，笔者和克里奇曼一样援用竹内好自身的方法，即通过"抽取"其中的关键论点来讨论构成"近代超克"的历史/文本基础。

樽井藤吉《大东合邦论》是值得言及的文本。在该书中，作者提出了一个令人耳目一新的观点：日本与朝鲜平等合并为一邦，进而与中国结盟。[②] 樽井藤吉最初于1885年用日语撰成此书，因被捕而丢失原稿。出狱后，樽井藤吉为了让朝鲜知识分子能阅读该书，于1893年出版了改用汉文撰写的《大东合邦论》。具有同样构想的不乏其人，1887年中村正直给高安龟次郎《世界列国之未来》一书所写"题辞"中用汉文写道："日本及支那及朝鲜，三邦合盟金石坚，辅车相依唇齿全，犹如同气连枝然。""三邦信义交团圆，不怕饥虎吐馋涎，强援在上赫赫天。"[③]1889年在柏林，留学德国的井上哲次郎邀请

---

① 竹内好：《日本のアジア主義》(1963 年)，见《竹内好全集》第 8 卷，东京，筑摩书房，1980 年，第 97~100 页。

② 樽井藤吉：《大東合邦論》(1893 年)，东京，长陵书林，影印本，1976 年。

③ 中村正直：《题辞》，见东洋奇人(高安龟次郎)：《世界列国乃行く末》，东京，金松堂，1887 年。

中国人、印度人和暹罗人结成"东亚洲会"，清外交官满族人张德彝亦参与其中。①

亚洲作为被西方差异化的概念，被匀质性地归入其中的"亚洲人"基于共同的命运可以产生"连带感"。《大东合邦论》传到中国后，翰林院编修蔡元培读后慨叹："引绳切事，倾液群言，真杰作也。"②但是，"亚洲连带"的非近代话语（种族、文明、地域等）所内含的近代性要素（民族、国家、领土）制约着亚洲主义的走向。1898 年在"上海亚细亚协会"成立之际，郑观应对创办宗旨中"本会或遇同洲有失和之事，在会诸人皆宜设法排解，使归亲睦"条，以小字注曰："日本会员有不愿厮（斯）条者。"③确实，在竹内好罗列的亚洲主义谱系中真正具有世界主义品格的大概仅只宫崎滔天一人，其他人无一例外地可以归入国家"膨胀主义者"（扩张主义者）之中。1907 年，洞悉亚洲主义的本质的章太炎联合印度人在东京组织"亚洲和亲会"，明确提出反对帝国主义，将日本人排斥于外。④ 这个未能如期活动的组织象征意义大于实际意义，因为它具有反讽意味地将首先提出"亚洲连带"的日本/日本人排斥于外。

---

① 张德彝：《稿本航海述奇汇编》第 6 册，北京，北京图书馆出版社，1997 年，第 99~105 页。

② 高叔平编：《蔡元培全集》第 1 卷，北京，中华书局，1984 年，第 79 页。

③ 夏东元编：《郑观应集》下册，上海，上海人民出版社，1988 年，第 218 页。

④ 汤志均：《关于亚洲和亲会》，见《辛亥革命史丛刊》编辑组：《辛亥革命史丛刊》第 1 辑，北京，中华书局，1980 年。

　　作为动词的亚洲概念的生产总是和一定的社会、政治情境相关联的，ism 缀于亚洲之后彰显了亚洲这一概念的政治性。罗存德（Wilhelm Lobscheid）《英华字典》（1866—1869）将 ism 译为"道""理"①；井上哲次郎《哲学字汇》（1881）将 principle 译为"道、原理、主义"，其后把词缀 ism 译为"主义"②。亚洲缀上 ism 稍晚，大概在 20 世纪前 10 年。回顾亚洲连带的 ism 化，即亚洲成为主义的历史可知，亚洲主义本来是游离于日本"近代"边缘的思想或主张，当帝国的边缘成为中心——"生命线"，亚洲主义便被纳入帝国意识形态之中了。朝鲜是一面镜子。以实践樽井藤吉"大东合邦论"理想为幌子，黑龙会（玄洋社）内田良平欺骗朝鲜人李容九颠覆朝鲜国王（皇帝）统治，最后直接导致了日本吞并朝鲜，而不是平等地合为一邦。第一次世界大战后，在日本"帝国主义"化过程中，李大钊（1919 年）和孙中山（1924 年）分别批判日本倡言的亚洲主义其实就是"帝国主义"和"霸道"，可谓一语中的。涉猎亚洲主义在中国的历史实践，真正超越政治、展开中日"连带"的反而是一个鲜为人知的中国宗教慈善团体——红卍字会。日本民间宗教大本教将红卍字会带入亚洲主义的"连带"之中，而这种"连带"对大本教及其背后的黑龙会/内田良平来说不过是实

---

①　Wilhelm Lobscheid, *An English and Chinese Dictionary*, 1866-1869.
②　井上哲次郎：《哲学字汇》，东京，东京帝国大学，1881 年。

现政治目的的手段而已。①

竹内好曾批评历史学者"缺乏阅读史料的眼光"，而他阅读史料的能力则为自己的眼光所遮蔽，他的亚洲主义话语是目的论的产物，借用斯金纳（Quentin Skinner）批评欧洲政治思想史研究的话，竹内好的亚洲主义话语中没有"真正的历史"（genuine histories）②。

三、韦伯的投影

让竹内好割舍不下的亚洲主义给日本留下了沉重的负的遗产——战争责任。2006 年 6 月 30 日，著名评论家鹤见俊辅在名古屋召开的一次名为"竹内好再考与方法论的转换"的学术研讨会上开口第一句话："如果将竹内好的方法与马克斯·韦伯（Max Weber）对立起来看会非常有意思，竹内好这个人是从感情出发的。"③在笔者看来，如果将二人——进而将受韦伯影响的丸山真男与竹内好——对于战争责任的认识做一对比的话"会非常有意思"。

① 内田良平：《満蒙の独立と世界紅卍字会の活動》，东京，先进社，1932 年。
② Quentin Skinner, *The Foundations of Modern Political Thought*, Vol. 1, Cambridge, Cambridge University Press, 1978, p. xi. 中译本参见斯金纳：《现代政治思想的基础》上卷《文艺复兴》，奚瑞森、亚方译，南京，译林出版社，2011 年，"前言"第 3 页。
③ 鹤见俊辅、加々美光行编：《無根のナショナリズムを超えて——竹内好を再考する》，东京，日本评论社，2007 年，第 44 页。

所谓战争责任，是指对战争负有的刑事、政治和伦理责任。1919 年，第一次世界大战中曾经支持德国进行战争的韦伯在一次面对慕尼黑青年学生的演讲中，提出了"心情伦理"（Gesinnungsethik）和"责任伦理"（Verantwortungsethik）概念，这次演讲后来以《作为志业的政治》（*Politik als Beruf*）刊行。[①] 按照韦伯的说法，所谓"心情伦理"就是按照纯粹的意图和感情行动，至于伴随行为而来的结果如何则由神来判定，而"责任伦理"指行为者对于可预测的后果必须承担相应的责任。韦伯在对伦理做这种区分时，并没有将二者对立起来，认为行为的纯粹性和承担责任的态度并非不可共存。但是，面对第一次世界大战的战败责任，韦伯这个民族主义者强调责任伦理——行为的结果，而不是动机是否纯粹。

韦伯所提出的问题困扰着日本知识界。1950 年 11 月，雅斯贝尔斯（Karl Jaspers）《罪责》（*Die Schuldfrage*，1946 年）日译本《战争的罪责》问世，雅斯贝尔斯认为可以将德国人的罪责区隔为四个方面：刑法的、政治的、道德的和形而上学的。刑法上的罪责要接受处罚；政治上的罪责要被追究责任，当事人要付出一定代价，甚至被剥夺政治权力和权利；从道德的罪责中如果能产生出洞察力，伴随而来的是罪的消失和获得新生；形而上学

---

① 韦伯：《政治作为一种志业》（*Politik als Beruf*），中译本参见韦伯：《学术与政治》（韦伯作品集1），钱永祥等译，桂林，广西师范大学出版社，2004 年。

的罪责是人面对神的自觉，通过内心的活动而获得重生，这可以成为新的生活方式的源泉。① 雅斯贝尔斯的著作重新唤起日本知识界对战争责任问题的讨论。1959年1月，鹤见俊辅在《战争责任问题》中指出，1955年之前因为东京审判、开除公职、法律和教育改革等形成了"战争责任意识"的制度化，而1955年以后由于之前的诸制度的废止或无效造成责任意识自动消灭。②

对于1955年出现的关于战争责任认识的逆转，1956年3月丸山真男发表《战争责任论的盲点》一文，批判"一亿人总忏悔"这种统治阶层将所有日本人都染成"乌贼黑"的做法，同时也批判对其进行反驳的黑白二分论。他认为，就对外而言，"区别统治阶层和国民的做法是不错的，但即使如此，不能以任何理由否定国民 =被统治者的战争责任"；对国内而言，日本的法西斯统治不是建立在政治民主主义基础之上的，这与纳粹德国不同，但即使如此，"一般国民"作为市民能否免除"默默服从法西斯的道德责任"，值得商榷。在此意义上，雅斯贝尔斯关于德国国民只有意识到自己的责任后才能获得政治上的觉醒也适用于日本。③ 接下来，丸山真男

---

① Karl Jaspers, *Die Schuldfrage*, Heidelberg, Lambert Schneider, 1946. ヤスペルス：《戦争の責罪》，桥本文夫译，东京，樱井书店，1950年，第66~67页。
② 鹤见俊辅：《戦争責任の問題》，见《鹤見俊輔集》第9卷，东京，筑摩书房，1991年，第159~172页。
③ 丸山真男：《戦争責任論の盲点》(1960年)，见《丸山眞男集》第6卷，东京，岩波书店，1995年，第160~161页。

将天皇和共产党作为两极来讨论战争责任问题，指出远东军事法庭之所以没有追究天皇的战争责任乃是出于政治考虑，但无论将天皇置于怎样的"非政治的"位置，天皇负有不可推卸的"政治责任"，是战后日本社会"道德颓废"的象征。进而，对于战时反对日本法西斯而遭遇镇压的日本共产党，丸山真男认为共产党应该反省自身作为"前卫党"未能有效地组织反法西斯主义及反帝斗争的原因，消解社会民主主义者和自由主义者在战争问题上负于共产党的内心纠结，并与之建立统一战线。①

在 1960 年 2 月发表的《关于战争责任》中，竹内好在回顾丸山真男和鹤见俊辅对战争责任的看法后，同样反对日本社会所弥漫的不追究战争责任的氛围，但是，他认为在承认战争是对文明的挑战前提下，在最后得出这一终极结论前应将责任细分化。竹内好尖锐地指出："罪责越深重，罪责意识越淡薄，这基本上是一个法则。"②接着，竹内好重复其在《近代超克》一文中的论点：日本所进行的战争性格"既是侵略战争，又是帝国主义对帝国主义的战争"③，反对将罪责一般化，"罪责是客观存在的，如果责任未被［责任意识］主体化，就

① 丸山真男：《戦争責任論の盲点》（1960 年），见《丸山眞男集》第 6 卷，东京，岩波书店，1995 年，第 161～165 页。

② 竹内好：《戦争責任について》（1960 年），见《竹内好全集》第 8 卷，东京，筑摩书房，1980 年，第 213 页。

③ 竹内好：《戦争責任について》（1960 年），见《竹内好全集》第 8 卷，东京，筑摩书房，1980 年，第 216 页。

无法证明罪的存在"，"只有讨论战争的哪个部分、哪个方面需要承担责任，有关战争责任讨论才是生产性的"。①

虽然，竹内好表示赞成丸山真男关于战争责任的认识，但实际上二者的观点有着微妙的不同。丸山真男批判日本指导阶层是"没有责任的体系"，并将其（日本法西斯）源头上溯早期的亚洲主义②，而亚洲主义却是竹内好所欲张扬的③；当丸山真男要从福泽渝吉处找回日本近代失去的"理性"时，竹内好则认为这一"理性"正是需要被批判（超克）的④。在论及日本近代化时，竹内好批判近代化造就了国民的"奴性"，按照"如果责任未被'责任意识'主体化，就无法证明罪的存在"的逻辑，在天皇制"奴隶结构"下，"奴隶"（国民）不但无罪，还是受害者。这恰是韦伯所批判的"心情伦理"。

---

① 竹内好：《戦争責任について》（1960 年），见《竹内好全集》第 8 卷，东京，筑摩书房，1980 年，第 217 页。

② 丸山真男：《統補遺（日本支配層の戦争責任）》，见《丸山眞男集（别卷）》，东京，岩波书店，1997 年，第 8 页。

③ 比竹内好走得更远的林房雄在为"大东亚战争"辩护时激烈批判丸山真男。林房雄：《大東亜戦争肯定論》，东京，番町书房，1970 年改定版，第 231～241 页。

④ 丸山真男曾谓："对于日本的近代，（他）是从走福泽路线的角度加以批判的，在这一点上，与我恰恰相反，我试图最大限度地习福泽并以此为盾批判日本的近代。"丸山真男：《好さんについての談話》，见《丸山眞男集》第 9 卷，东京，岩波书店，1996 年，第 339 页。

四、结语

以上，本文分别讨论了竹内好的战争认识、战争认识的"历史"依据以及对战争责任归属的看法等，三个问题相互关联，是理解竹内好思想的三个重要方面。作为暂时性的结论，可以初步确定：竹内好不属于亚洲，把属于日本的竹内好置于亚洲讨论中心是不恰当的。竹内好所谈论的亚洲，无论是作为理念的，还是作为方法的，都与亚洲无关，而他所张扬的日本的亚洲主义是建立在"他者"不在的基础上的。

平心而论，经历过战争的竹内好，在战后徘徊于日本近代的梦魇中，他真诚地面对失败，反省和批判自福泽渝吉以来日本所走过的近代化路线；但又不甘于失败，缠绵于"心情伦理"中，他关于侵略是连带的一种表现反映了其错误的战争认识。当竹内好研究热兴起时，正是历史修正主义和反历史修正主义围绕战争认识博弈正炽之时，竹内好这种模棱两可的战争认识和责任认识成为"沉默的大众"——知识分子——的避风港。于是，当2012年东亚中日韩三国围绕领土的争端骤然升起时，竹内好亚洲话语显得苍白而无力，恺撒的归恺撒，上帝的归上帝，论者的亚洲身份顷刻被化解在族群认同之中。

在全球史视野下，亚洲话语需要一次"方法论的转向"，如果不以"理性"态度彻底告别历史上的亚洲主义，有关亚洲的任何话语再生产都是无谓的。当竹内好成为论者谈资之时，正是日本对美国的依附和与中国、韩国的历史认识对立日益深化之时，如果竹内好活在今日，面对围绕竹内好的亚洲话语会说些什么呢？

访谈

近代东亚史，我作如是说[*]

问：首先想请教孙老师的是，作为 20 世纪 60 年代出生的人，您当时为何选择考历史系？为何将历史研究作为平生志业？进入学界的契机为何？

答：不像很多学者，很早就胸怀大志，我投身于学界完全是阴差阳错的产物。我生在江苏，长在新疆，高中时回到老家参加高考，属于第一代高考移民！不过，和一般高考移民相反，我是"反其道而行之"，从考试相对容易的地方向比较难的地方移民。本来很好的数理化成绩，与内地同学一比落后一截，要想在成绩上追上同龄人谈何容易？仗着记忆功夫还行，以及对古希腊罗马文明的莫名其妙的憧憬，最后决定放弃热爱的数学转报文科，稀里糊涂地进了南京大学历史系。几年前，我回到伊犁寻故访旧，小学、中学同学听说我在研究历史，

———————————

* 本文原载《学术月刊》，2013 年第 12 期。

吃惊得张大了嘴，怎么都不相信，除非我在历史前面加上"数学"二字。

20世纪80年代的大学虽然令人怀念，但是，图书馆里能吸引学生的历史著作并不多，所以我的大部分读书时间都花在读哲学、看小说和学英文上了。所谓哲学和小说也都是比较古典的，当代的少得可怜。和现在的大学生不太一样的，可能是我们是在一种半饥渴状态下拼命找书读，读了以后很自以为是，以为掌握了历史和未来，后来选择做学问也是如此。其实不过胡乱咋呼几声，什么都不是！

问：那后来为什么会选择到日本留学？

答：这也是阴差阳错。在去日本前，我没有学过日语。在南大教书时，来往的也主要是英语圈的学者。2000年8月，我在北京见到坐在轮椅上的魏斐德（Frederic Evans Wakeman）教授，他问我为什么没有如约报考他的博士生。我笑答道："您是一块大肥肉，即使跑到北冰洋，也会有一大堆苍蝇跟着去的！"魏斐德教授闻言，大笑不止。在我认识的老一辈美国学者中，无论是学问，还是性情，我最喜欢的是魏斐德教授。我们认识的时候，那阵子（1990年冬）我很颓废，记得有一次和朋友通宵玩耍后，突然受命带他去第二历史档案馆阅卷。魏斐德教授见我一脸疲倦，非常关切地说，年轻人不要熬夜读书，否则年纪大了会有反应的，还说自己在哈佛念书的时候很用功，曾被反锁在图书馆里。我唯唯不知所云，很尴尬地敷衍了过去。现在魏斐德教授已经故去，我经常想起这事，很遗憾没有机会在他面前坦白这段往事了。

1992年到日本后，我发现学习日文有一个鲜为人知的好处——日本是翻译大国，可以借助日语看到各种文字的译著。但是，一个奔30岁的人很难学进去，所以想转道去美国留学。在东京大学，我遇到了并木赖寿先生，一位非常好的老师，他在学业和生活上对我非常关心，我不好意思就这么离开先生，于是提出了一个非常冒昧的要求：直接报考博士。一般来日本的留学生，不管你以前是否在国内上过硕士，有无教职，都要从硕士研究生开始一步步来。我估计自己肯定考不上，正好可以名正言顺地离开日本。没想到居然考上了，事后问老师为什么会录取我，老师说："语言不是问题，时间长了，自然就可以克服了。"就这样，我开始了在日本的留学生活。

问：日本学界以实证出名，您写的东西好像更注重方法。

答：我一步进入博士课程，让很多人羡慕。刚开始，我也很兴奋，一知半解地狂读各种日本的中国研究著作，发誓要写出比日本人还实证的博士论文。但是，很快我就心生怀疑了：实证是手段，问题意识是出发点，回答问题意识的手段受制于文本史料。而所谓事实是文本事实，以语言/话语建构的文本事实总是同一定的认识/权力相纠结的，如何批判地使用所谓史料——无论是第一手的，还是第二手的，才是问题的所在。我在攻读博士期间，喜欢旁听各种不同学科的课程，从不同学科角度思考问题让我受益匪浅，也让我的博士论文做得很苦。在准备博士论文的阶段，我有几年没有写过一篇论文，就是基于这种学科差异带来的恍惚。

此外，日本有日本的问题意识，美国有美国的问题意识，如何比较各自的特点，形成自己个性化的学术风格呢？在留学期间，我阅读了各种书籍，差不多每星期都会从图书馆借回一大包书，6 年间我用坏了两个大皮包。那时东洋文库可以借书，现在的学生很不幸，已经不能借了。在方法论上，我从日本的欧洲史（特别是法国史）和日本史研究上获益甚大。每个国家都有自己的学术传统，要了解日本的东洋史，不知道日本史和日本是怎么研究西方历史的，肯定是不够的。记得 2002 年在北京香山的新史学会议上，我提出中国新史学要摆脱以美国中国学为中心的中国研究，并套用柯文（Paul Cohen）教授的话，指出有一种 discovering history in American Chinese studies（在美国中国学中发现历史）的研究偏向，引起了一些学者的误解和批评。其实，摆脱以美国中国学为中心的中国研究，并不是要以狭隘的民族话语否定美国中国学，而是要求把美国中国学放在全球学术语境中认识，你看，在中国研究上有建树的美国学者，哪个"西学"底子不好？魏斐德教授就是一个典型。我的这个看法源自对日本东洋史的观察。

问：很赞成孙老师的意见。不过，我比较好奇的是，您的博士论文研究的是革命，为什么会选择这个题目呢？

答：并木先生去世后，我曾应日本现代中国学会之约写过一篇回忆文章。这篇文章后来翻译成中文发表在《博览群书》上。其实，在东京大学读书期间，我在课上学的东西几乎都是有关日本史和中日关系的，比如现在经常有人谈的亚洲主义啦，东亚同文会啦，竹内好啦，等等。最初，我想利用出国前研究过一点基督教在中国的传播问题，比较中日韩近代对基督教抵抗和接受的历史，为此还学了点韩语。但是，当我和并木老师谈论这个题目时，老师敏锐地指出我无法克服的知识背景和比较尺度等问题，最后，我决定放弃做这个研究。作为一个身处国外的中国学人，可以说没有一天不处在"比较"状态，但是，做不同国家或地区的历史比较研究绝不是一件容易的事。后来，我又决定研究日本的亚洲主义。刚进博士课程不久，老师突然命我两周后在讨论课上报告亚洲主义起源之问题，我如临大敌，花了很多时间准备，终于结结巴巴地在课上报告了自己的研究心得。后来听同学们说，寡言的老师在背后夸赞我，很吃惊我才学了半年多日语就能够自如地报告了。殊不知为了练习，我一整夜没有睡觉。所以，在打算研究中日韩基督教之比较的计划泡汤后，我又改弦易辙，和老师讨论研究亚洲主义的可能性与可行性问题。老师劝我研究中国问题，告诫我研究外国需要长时间的积累和观察，仅凭一点书面知识是不够的。确实如此，经过这么多年的磨砺，现在我终于可以说有了自己的一得之见，不久的将来我会拿出关于日本史研究的著作。

做东亚比较研究不行，做中日比较研究也不行，那么，研究中国的什么呢？如果问，20世纪在世界和中国发生的最重要的事情是什么？回答无疑是革命。阿伦特（Hannah Arendt）说过："革命改变了全球的环境，重新组合了本世纪的日常生活结构。"但是，在多不胜数的日本中国研究著述中，以革命为题材的论著少之又少。如果进行统计的话，每年发表的有关中国革命的学术论文数目能不能达到双位数都令人怀疑。几年前，有位日本学者在检讨这一现象时指出：现在的日本中国研究者不是在从事现状分析，便是在进行历史研究。对从事现状分析的人来说，革命已经不是"现状"，对历史学家来说，共产党革命与中华民国史等相比，不是那种可以激发研究兴趣的时髦题目。我在庆应大学召开的一次讨论会上，尖锐地批评了这种"现状"。在我看来，革命作为研究题目能否激起人们的兴趣因人而异，不可一概而论。但是，如果考虑到中国的20世纪乃是革命世纪的话，则无论从事历史研究，还是进行现状分析，革命都是最重要的、无法回避的课题。裴宜理（Elizabeth J.

Perry）教授对于当今学界蔓延的"告别革命"的思潮撰文批评道：中国革命并没有完结，即使想理解近年中国出现的"经济奇迹"，考察中国的政治体制和经济体制的变化，革命都是不可或缺的关键词。在学术上，我喜欢反其道而行之，选择一个重要而不受追捧的题目，这正合我的学术品味。能否撇开以往的理论、概念和框架，从社会史的角度研究革命呢？我开始反复思考，并最终确定了博士论文的题目。

问：原来如此。听说您在日本出版了一本很有影响的书，可惜还没有翻译成中文出版，是否就是您的博士论文？能简单介绍一下吗？

答：这本书名叫《近代中国的革命与秘密结社——中国革命的社会史研究（1895—1955）》，是我的博士论文的一部分，可以说是实践我所提倡的新社会史/新史学的习作。在日本，我既然选择了一个冷门的题目，我就注定是一个另类，这本书的写作很艰辛，出版也很艰难，连续两次申请出版资助都没有得到。书出版后，反响还是不错的，仅就我所知，早稻田大学和青山学院大学先后开过两次关于这本书的讨论会。《宗教学通讯》《中国研究月报》《历史评论》《法制史研究》等先后从不同角度刊发过书评。让我最感动的是，著名学者小林一美教授在长篇书评中称：我坚信该书将给予中国、日本和各国的中国近代史研究以巨大的刺激，是人们重新思考中国国家和社会全体结构时的必读之作，是一部优秀的专门著作。我在拙著中曾激烈地批评这位思想敏锐、堪称20世纪80年代日本中国学界的代表的学者，他在捍卫自己论点、对拙著进行反驳的同时还给予拙著如此高的评价！在这里，我很难简单地介绍拙著，已故著名学者酒井忠夫教授在出版推荐词中称：这是一部里程碑式的著作，值得每一个研究中国近代史的学者一读。我想拙著的最大特点是在实证研究的基础上，注意方法论上的探求，通过具体场景中革命话语的展开来诠释革命的社会起源问题。

问：何以关心秘密结社问题？

答：对于中国历史上不断出现的王朝更替——异姓革命现象，现代学者注意到革命的社会基础——具有反叛倾向的民间结社的存在。他们认为，正是反叛结社的存在使异姓革命有可能发生。但是，结社是生而具有反叛性的吗？虽然，不可否认中国历史上各个时代都存在一些具有反叛行为的结社，但是，大多并非生而具有反叛性的，亦不存在没有断裂的一以贯之的反叛结社传统。近代以来，接续法国大革命传统的中国革命也形成了一个反叛结社的传统，认为国家能将个人从结社的压迫中解放出来，进而由自由的个人建立新的组织和社会。

问：您似乎还关心宗教问题？

答：是的。在我的研究里，宗教和结社属于同一层次的问题，通过宗教这面镜子可以反观中国之近代。最近出版的我的第二本日文著作，名为《近代中国的宗教、结社与权力》，堪称第一本著作的姊妹篇。在这本书里，有相当的篇幅讨论宗教问题。近代以来，我们依然"重男轻女"，关心"德先生""赛先生"，而忽视了"穆姑娘"（moral）；强调法国大革命以来的反宗教的历史，而忽视了在启蒙思想中宗教作为形而上学基础的存在。英语moral 的拉丁语词根是 mos，意思是风俗习惯，我所说的"穆姑娘"包括宗教和迷信等，宗教是关涉"穆姑娘"的核心问题。

问：您在国内提倡的新社会史/新史学和您的研究有何关系？

答：从 20 世纪 80 年代中期，我即致力于社会史研究，2000 年重返国内学界后，和国内同人创办《新社会史》（浙江人民出版社）、《新史学》（中华书局），以期响应"语言学的转向"给历史学带来的冲击，重新界定社会史/历史学的框架。我在一篇可视为自我反省的文章《后现代主义、新史学与中国语境》中指出，20 世纪 80 年代的中国社会史研究本质上是一场"复古"运动，企图以社会史拯救中国历史学，把在中国历史主导叙事形成后新史学没有走完的路回头走一遍；而 1980 年后以法国年鉴派为代表的新史学要否定的是整体的结构历史和历史学过于社会科学化的倾向。

问：那么，为何提倡历史记忆研究？

答：我的历史记忆研究属于思想史的范畴。我关心这个问题有两个动机，一个是历史与记忆的关系问题，另一个是近代国家叙述与公共记忆形成之问题。这几年，我和南京大学的陈蕴茜教授等正在进行关于历史记忆的大规模研究。我们首先翻译当代重要的著述，如法国学者诺拉（Pierre Nora）主编的《记忆之场》（*Lieux de mémoire*）等，进而以"乡土"和"国族"两个关键词来研究现代中国的历史记忆和象征，讨论现代公共记忆的建构及其差异性问题。

我关心历史记忆还同关于战争的历史记录和记忆有关。在同历史修正主义展开的交锋中，一个个当事人的证词"现场直播"了个体记忆中的"战争"，致使日渐远去的战争的影像突然返照于现实生活上，人们发现作为历史的战争虽然过去了 50 年乃至 60 年，但记忆/忘却的"战争"并未停止，相反记忆/忘却的再生产似乎还有加速之势。

问：您主编《新史学》第 2 卷（中华书局），好像是国内第一本概念史方面的论文集，您为何提倡概念史研究？

答：19 世纪中叶至 20 世纪中叶的中国历史，借用德国概念史研究大家科塞雷克（Reinhart Koselleck）的话，可以谓之为鞍峰时代（Sattelzeit）。源自西方的各种新知识借助日本的"和制汉语"在 20 世纪初大量涌入中国知识界，出现了众多新的社会政治概念。

2003 年，我即在日本呼吁展开概念史研究，为什么会想到该问题呢？从上面谈到的我的研究履历可以看到，我是由社会史介入思想史的，在从事社会史和思想史的研究中，我发现有必要梳理基本概念，社会史重视文本背后的情境，概念史重视文本自身的构成。这些年来，我和一些同道开始从概念、文本和制度三个方面展开研究，重点是进行概念和文本的比较研究：一个西方的概念如何被翻译为汉字概念，其间中国和日本之间发生了怎样的互动关系，中西、中日之间的差异揭示了怎样的文化移植与变异问题。从《新史学》第 2 卷"概念的空间"和"文本政治学"两个栏目的论文，读者可以略知我的意图。

问：您在《历史研究》(2010 年第 1 期)上发表的《拉克伯里的"中国文明西来说"在东亚的传布与文本之比较》也可以视为概念史研究的一部分。这篇论文除了对多种语言文字史料的使用外，引人注目的还有历史书写。您的历史考证，读起来很引人入胜。

答：这篇文章的写作得益于很多朋友的帮助，发表后得到很多善意的反应。确实，我比较注意叙事，本来嘛，历史就是说故事！历史写作的一个重要内容是修辞，现在的历史写作太强调辨别事实真伪和追究因果关系，但是，除非和自己的研究相关，大概很少人从头到尾认真阅读过一篇他人的历史学论文。这篇文章可以说是我在概念史研究上的写作尝试。此外，在关于历史记忆研究上，我在写作《太阳的记忆——关于太阳三月十九日诞辰话语的知识考古》(见《新社会史》第 2 卷《身体·心性·权力》,浙江人民出版社)时,也比较重视叙事问题。最近,我发表的《文本中的虚构——关于"黎城离卦道事件调查报答"之阅读》(载《开放时代》,2011 年第 4 期)则是通过解读文本而颠覆文本,可以说是我在社会史研究上对历史叙事的尝试。

问:您的研究涉及范围极广,您还从事学术公共事业,不断组织一些学术活动,目的何在?

答:你问得很好!我关心的是中国人文—社会科学如何与国际接轨之问题。在历经"语言学的转向"之后,既有的由不同学科条分缕析而建构的现代知识体系不断受到质疑,当代人文社会科学正处在重要的转型期。那么,源出欧美的中国现代知识是如何按照时代的需要和历史的制约而被建构的呢?在其获致现代性霸权的同时,有哪些固有的中国知识或舶自欧美的知识从现代语境中脱落了呢?这是关于中国乃至东亚现代性讨论中互为表里的两个问题,思考之,不仅有助于梳理中国/东亚现代性的来历,对于思考/质疑欧美的现代性亦不无益处。我正在策划"近代东亚政治—社会基本概念"研究计划,欢迎有兴趣的朋友和我们一起来研究。

一分钟的沉默，也是记忆之场[*]

    "少小离家老大回，乡音无改鬓毛衰。"这句诗是谈论"历史与记忆"这个话题时，孙江教授最喜欢举的一个例子。《回乡偶书》在孙江看来并非一首该给儿童念诵的古诗，它讲的是"过去之'在'"，时间与空间流转，过去在当下留下了痕迹。"过去和现在发生了一个交错，我们的历史书写就是在这样的情形下形成的"，孙江在关于《记忆之场》的讨论会上说。

    南京大学的孙江教授是《记忆之场》中译本的主编，与此同时，他也是中国"新史学"研究的继承者和开拓者。他和一行历史研究者共同创办了《新史学》丛刊，探讨的问题在国内历史学界具有很强的前卫性。他的历史研究方法贯穿人文社会学科的诸多领域，研究主题涉及政治思想史、社会史、概念史等，"历史与记忆"也一直是孙江关注的领域，他在"记忆研究"领域进行了本土化

*   本文原载《新京报·书评周刊》，2016年4月2日。

的实践，在国际学术界产生了可观的影响。

借《记忆之场》在国内出版之际，《新京报·书评周刊》围绕着"历史与记忆"问题，与孙江展开了对话。

让历史告诉未来，其实只对了一半

新京报：诺拉创造了"记忆之场"概念，其中的"场所"指涉留在当下的历史痕迹。可以谈谈"记忆之场"这个概念，以及它对于重构历史的作用吗？

孙江："记忆之场"（lieux de mémoire）是法兰西科学院院士皮埃尔·诺拉（Pierre Nora）创造的词汇，由场所（lieux）和记忆（mémoire）两个词构成，来源于拉丁语 loci memoriae。场所和记忆是建构历史叙事的重要元素。古罗马的西塞罗（Marcus Cicero）在《论演说家》中提到一个名叫西蒙尼得斯（Simonides）的古希腊诗人，此人号称记忆天才，他利用"场所"和"形象"的记忆方法，从记忆场所出发，一步步迈向回忆的场所，再现事件。

场所是事件发生地，但诺拉所说的记忆之场带有重构性特征，用他自己的话来说，记忆的场所既是自然的，又是人为的，既是可以感知的经验对象，又是抽象的创作，记忆的场所既指实际的自然空间中的场所，也可以是象征和仪式。诺拉认为，教科书、遗嘱、老兵协会等，因其成为仪式中的对象，从而走进了记忆之场，"一分钟的沉默"可以被视为象征的极端例子。记忆和历史相互影响，彼此作用。与历史的实在指涉性不同，记忆之场并没有具体的所指对象，它只是一个指向自身的符号。记忆的场所有三种特征：实在性、象征性和功能性。

新京报：我们当下通过"场所"所窥到的事件，离历史真实总是有距离的。

孙江：一般认为随着新史料的发现，我们离真相愈来愈近，这是很天真的想法，很容易成为历史修正主义者的同谋，陷入修正主义者的陷阱中。比如，几十年来围绕南京大屠杀的争论，并没有因为新资料的不断发现而戛然中止，这说明历史/事件不仅仅属于历史学的范畴，还涉及政治学、伦理学等其他领域。在涉及权力博弈的历史问题时，有时候历史学者应该退场。

就"记忆之场"而言，历史学者的退场，意味着场所不再是当下叙述中的客体，而是有主体性的记忆。我们常说让历史告诉未来，其实只对了一半，因为历史或场所不仅仅是客体，它们是有话语权的。恰如历史学家卡尔（E. H. Carr）所说，历史是历史学家与他的事实之间的相互作用。因此，诺拉告诉我们要倾听历史的声音，而不是随意增减其意义。

记忆是历史的一部分吗？

新京报：如何理解诺拉所说的，"历史正在加速消失"?

孙江：我想强调的是，诺拉所说的"历史正在加速消失"，是指那种记忆与历史浑然一体的时代结束了。这涉及记忆和历史关系正在发生变化，即记忆与历史是对等的，还是记忆就是历史的一部分？诺拉继承了记忆理论大家哈布瓦赫（Maurice Halbwachs）的看法，他认为记忆与历史两者不能混为一谈。哲学家保罗·利科（Paul Ricœur）尖锐地批评诺拉的想法很奇怪。但是，必须承认，我们可以感知的历史以及历史的见证人正在消失，20 世纪末在世界范围内出现的围绕战争记忆的争论，就是在此背景下产生的。

新京报：诺拉研究了很多代表法兰西民族的象征符号，可他为何反对"纪念"？

孙江：诺拉虽然组织了大规模的记忆研究，但他反对相关的历史性纪念，我认为可以这样理解。首先，他之所以开展记忆研究，是出于对当下流行的历史学，特别是年鉴学派等新史学的不满。以布罗代尔（Fernand Braudel）为代表的年鉴学派，重视长时段，而忽略事件性，在诺拉看来，这无疑是对事件史的一次"十字军东征"。与此相关，年鉴学派重视中世纪晚期（前近代的历史），忽视当下，它虽然也含有心态史研究，但心态史关注的是过去的积淀和作用，而不是当下具有再生产意义的记忆；记忆的历史是与过去保持连续性，并由现实的集体所承载的历史。

对"记忆之场"的研究旨在剥去民族/国民象征和神话的表层。然而，与诺拉的主观意图相反，随着前两部《记忆之场》（共三部）的成功出版，"记忆之场"一词被人们广泛使用，逐渐沦为单一性、物质性纪念场所的代名词。诺拉无奈地说道："记忆之场试图无所不包，结果变得一无所指。"其实，《记忆之场》面临着更为深刻的困境，原本打算解构以往法兰西历史叙述的图景，无意中却重构了一部整体的法兰西历史；原本打算写一部"反纪念"的历史书，最终却成为一部关于纪念的里程碑式的大作。在第三部最后一卷结尾《纪念的时代》一文中，诺拉称之为"纪念变形"所致。

新京报：历史教科书作为一种"记忆之场"，我们不断地在书写民族的创伤记忆，这种对创伤的记忆是不是形塑了民族—国家这一共同体的必要因素？

孙江：当然。历史既是荣耀的源泉，也是悔恨的根据。黑格尔说，"幸福的民族没有历史"。不断地揭开自己的伤疤，通过创剧痛深的历史叙述可以营造集体的记忆，从而建构共同体的意识。我们的教科书反复强调的"落后挨打"的话语，就是这个道理。

但是，另一方面，所谓"民族认同"的"认同"（identity）又可译为"同一性"，同一性具有排他性倾向，有的学者甚至说具有排他的暴力性。倘若过分强调这种悲情，无疑增加了认同的暴力色彩。

新京报：诺拉所提出的"复数的法兰西"，就是指向对民族—国家叙事的超越？

孙江：记忆研究想要超越民族—国家的历史叙事，必须处理好"差异性"问题。首先必须包容民族内部的差异性，法国人的民族自信是建立在对自身"差异性"的肯定基础上的。诺拉书中的"复数的法兰西"，就有这个指向，它超越了对民族—国家记忆的单一解释，呈现出多样性的叙述维度。例如，在《记忆之场》中法国南部人的记忆和巴黎人的记忆就不一样，左翼与右翼群体对大革命的解释也不相同。

新京报：可是不同族群的记忆也是有秩序和层次的，在"差异性"中，如何看待具有话语权的记忆与被压制的记忆间的博弈？

孙江：历史是复数的，叙述自然也是复数的，从中并不能抽象出一个绝对的东西，它们是可以兼容的，法兰西本身在书中也体现出多元存在的价值。德国记忆研究者阿莱达·阿斯曼（Aleida Assmann）在评论这部著作的时候，有一句发人深省的话，她说诺拉意欲超越民族—国家的历史叙事，结果却建构了以超越时空的象征为媒介的抽象的共同体。

呼唤"多样的"记忆

新京报：能否谈谈"遗忘"？为什么勒南（Joseph

Ernest Renan）说"遗忘是民族—国家形构中的关键因素"？

孙江：如果只有仇恨，就做不到和解。法国思想家德里达（Jacques Derrida）曾经谈及康德（Immanuel Kant）所说的人性中的"根本恶"，在哲学上讨论过宽恕"不可饶恕的恶"的问题。民族—国家内部是需要和解的，而所谓和解，不是遮掩，而是在充分辨析和批判的基础上实现和解。比如乾隆几次下江南都去杭州的岳飞庙进行祭祀，并且留下了大量文字。我曾经对这个问题做过研究，乾隆在字里行间表达了"满汉和解"的愿望，可以说岳飞英雄形象的定型与乾隆有着最为密切的关系，是他使岳飞逐渐成为中国人共有的集体记忆。

《记忆之场》这部书所叙述的场所的历史，显示了去中心化的倾向，正因为如此，本来有着强烈对立倾向的记忆之场，成为不同群体都能接受的场所。反过来说，记忆的场所与当下生活的关联越单薄，越能成为当下生活的一部分，在这个意义上，真的如诺拉所说，"历史正在加速消失"。

新京报：集体记忆与个体记忆存在紧张关系，权力似乎永远在场。

孙江：确实，集体记忆的形成受到权力的制约，哪些可以记忆，哪些需要被遗忘，不是由个体所决定的。现在流行口述史，有人认为口述史是个人的经验，具有不同于集体的面向。真的吗？诺拉认为口述史听起来很不错，但转念想想，口述资料到底有多大利用价值？口述资料代表了谁的记忆？受访者的还是采访者的？它是一种"第二记忆"——制作出来的记忆。结果，和从档案中寻找记忆一样，人们将这种来自外部的记忆内在化了。是的，口述史原本要通过个体经验来检验集体经验，甚至是反集体经验、反集体记忆的。但按照朴素的实证主义的理解，"说出来就是真实的"，在既有的框架中，把所得的个体经验塞入其中，如果个体经验没有反集体经验的指向，它就是集体经验。

新京报：社会学和历史学倾向于谈论"集体记忆"，似乎"个人记忆"是心理学的范畴。诺拉提出的"复数的法兰西"的概念，是否对"民族的统一性"的形成提出了挑战或是重构？

孙江：理解诺拉，还是要回到记忆理论的谱系上，回到哈布瓦赫这个源头上。哈布瓦赫认为人的记忆被社会框架所制约，他的"个体记忆就是集体记忆"的论述要置于他所处的时代背景来理解。他所面对的对象有两个，一个是《圣经》构筑的世界，另一个是他所生活的法国这一经验世界。战后伴随多元价值的不断推进，个体记忆日益凸显，人们注意到集体记忆的再生产都是对个体记忆的压抑。"复数的法兰西"就是指向"多样的"记忆。"复数的法兰西"可以说在承认法兰西的框架中，包含了"反法兰西"的记忆。

常识的转向

新京报：您提到，记忆研究的兴起是对抗历史书写，这是在怎样的背景下开启的呢？

孙江：所谓历史，一般指由文字所承载和传递的过去的信息。对于文字这种历史/记忆的媒介，历来存在截然对立的理解：一种是怀疑的态度，认为文字在人心中播下"遗忘"的种子。另一种认为文字具有魔力，是作为抵抗第二种社会之死——忘却——的武器。培根（Francis Bacon）说，图像记录过去，不具生产性；文字内涵精神，可使旧思想萌发新芽。

从文字发明到印刷术普及，再到今日电子媒介的无所不在，我们身处"链接性转向"（connective turn）时代。历史成为"潜在性"知识。人们不必在尘土堆中寻寻觅觅，只需凭借一定的工具即可乾坤大挪移：搜索引擎可以帮助我们搜索到任何信息。

"链接性转向"使得固有的文化结构和学科常识正在崩坏。文字是通过视觉记号将语言符号化，而历史留下的"痕迹"不是，"体现在文本中的"史料和"表现为痕迹的"史料分别占据了对立的两极。布克哈特（Jacob Burckhardt）认为符号化的文本是某个时代意识的表象，带有所属时代的偏颇和自我欺瞒；而痕迹是间接性的信息，可以证明没有固化的时代记忆，这种记忆没有受到检阅，未曾伪装。所以，在史料唾手可得的"链接性转向"时代，需要发现文字/文本之内与之外的痕迹。

面对不断重复再生产、食之而不得下咽的"历史"，尼采（Friedrich Wilhelm Nietzsche）冷笑道："想想那些学者们，那些疲乏的母鸡（Hens），他们肯定不是'和谐'的物种。他们只是比以前叫得更多，因为他们下蛋下得更频繁。可尽管有关他们的书更厚了，蛋却总是比以前更小。"

新京报：所以，您提及历史研究需要经受"方法论"的洗礼？诺拉开启的历史学方法论具有怎样的特点？

孙江："记忆之场"是历史学寻求自身变革的产物。回顾20世纪80年代国际历史学的动向可知，"语言学的转向"（linguistic turn）对史料至上的实证主义史学提出了挑战，作为对过去进行表象（représentation）和再表象（re-représentation）的历史学，其在追求历史的真实性时，必须回答文本（文字、图像、声音等）是如何被建构起来的问题。

在《记忆与历史之间》导言中，诺拉虽然没有言及"语言学的转向"，但明确指出历史学面临着"认识论"的大问题，需要确认自身在"当下"的位置。而"记忆之场"的实践告诉读者，在诸如档案等一手史料之外，日记、回忆录、小说、歌曲、图片、建筑物等均可成为话语分析的工具。

以往谈历史，追求的大多是和当下人类情感不太有相关性的主题，而诺拉所追求的"记忆之场"是另一种历史，当下的历史，与过去保持连续性的历史，现实集体所传承的历史。此外，我们以往对"历史时间"的看法有所偏颇，因为"未来"没有进入史家的视野。其实"历史时间"包含了"未来"，用德国史学家科塞雷克（Reinhart Koselleck）的话说，历史书写是缩短过去与未来的距离，是过去的经验空间（space of experience）和未来的期待视野（horizon of expectation）的混合。

新京报：我们的"新史学"在国际视野中处在什么位置？中国经验的特殊性又能为"记忆研究"贡献什么？在当下中国又有什么现实意义？

孙江：如果以 2002 年为纪念梁启超"新史学"发表一百周年举办的学术会议算起（杨念群、黄兴涛、毛丹主编《新史学》上下册，中国人民大学出版社，2003年），中国的"新史学"已经走过了 14 个年头，期间出版了我主编的《新社会史》丛刊三卷（浙江人民出版社），后来又改为今天的《新史学》丛刊（中华书局），可以说，我们的"新史学"在国际学术界已经产生了很大的影响，很多论文被翻译为英语、日语和韩语，还有国外学者专门撰文评论这个丛刊。为什么能产生如此大的影响呢？我想用一句话概括，它具有"全球本土化"（globalization）视野。所谓全球本土化，就是全球化的关怀和本土化的实践。

就记忆研究而言，我主编了《新史学》第 8 卷《历史与记忆》，有四个主题："唤醒的空间""记忆之殇""记忆中的历史"和"殖民·后殖民记忆"，选择的主题不同，切入的方法亦异，均面对着一个具有实在性的"不在"——历史是如何被表象之问题。中国历史悠久，社会的复杂性是任何一个国家无法比拟的，我一向认为只要紧扣中国本土问题，一定能写出傲步于国际学界的记忆研究。

秘密社会究竟有多少"秘密"？[*]

澎湃新闻：帝制中国的王朝更迭常常与民间秘密结社有关，您如何看待这个问题？朝廷又是如何应对的？

孙江：所谓秘密结社，如果从字面上解释的话，顾名思义，是指那些内部结构、信仰仪式鲜为外部所知的组织。作为名目别异、互不统属的民间结社的共名，秘密结社的指称范围非常宽泛，狭义的秘密结社可以指非法的具有黑社会性质的组织，广义的秘密结社则可指一切不为公权力所认可的组织。所谓王朝更替与民间秘密结社的关系，就是从上述理解出发建构的历史叙事，20世纪七八十年代美国的中国研究为此还形成了"叛乱—革命"的历史叙事模式。

对帝制中国的王朝更迭与秘密结社的关系，需要一枝两叶，分开来看。首先，我们通常所谓的历史，与其说是事实，不如说是事件。事实不针对任何人，因此具

* 本文原载《东方早报·上海书评》，2016 年 8 月 21 日。

有客观性；事件则不然，总是与特定的人及其集团相关联，因此具有建构性。沉淀在历史书写中的秘密结社，通常关涉比较大的、具有冲突性的事件，按照历史文本提供的线索，学者在论述结社的历史时，自然会上溯到东汉五斗米道，一路下来，至清末"反满"的革命会党，用因果律把这些结社与王朝政治更替勾连起来，从而建构起本质主义的反体制、反社会的"秘密结社"历史叙事。孔飞力（Philip Alden Kuhn）的《叫魂：1768 年中国妖术大恐慌》是近年广被追捧的著作，一个因荒诞的谣传而编就的政治构陷波及帝国的广大区域。其实问题没那么简单，在"叫魂"之前，清廷曾发生过"惊魂"事件，一个名为黄天教的民间宗教有计划地将女信徒送进宫做娘娘，企图翻天。这个例子很罕见，显然不能概指整个民间宗教结社。

转念想想，结社是从哪儿来的？所依托的社会土壤是什么？回到结社的起点，似乎可以用两个"G"来说明。一个是"God"，即信仰。人有精神欲求，面对生活中的困惑与苦难，需要得到一个解释，报应和原罪是佛教和基督教分别开出的药方。结社中也有自己的一套说辞，或糅合儒释道三教，或信仰"无生老母"——这个创世者在劫难来临时将把自己的子女统统接回去。另一个是"Gold"，就是金钱。如何解决困扰生活的实际问题？互助是最原始、最普遍的结合方式。互助可以是临时的、松散的，比如春秋两季农忙时起个会，忙过了就解散。长期的、固定的结社不一样，很多是为适应人群流动而结成的，配合人群进行跨区域、跨行业的经济活动，它们通常被归入"江湖"这个共名下。你看明清以来的结社，其实与市镇的发展关系密切；20世纪的宗教慈善结社背后都有商业活动做支撑。

基于精神、物质的需求而结成的会社，是结社的常态，构成了被称为"中国社会"的有机部分。结社的常态对应的是社会的常态，当社会非常态时，只有很少的结社会起而发出政治诉求，这只是结社历史的一个非常短暂的、局部的面相。以往关于秘密结社的叙述大多是本质主义的，将对事件因果关系的解释推向了反历史的一面。在解释历史/事件时，因果律非常重要，但不能滥用，现在很多历史写作"风马牛皆相及"，越是重要的事件，存在的问题越严重。事件的建构有事后性。事件留有痕迹，有的呈现为文字，有的系口耳相传，尽可能搜集事件的各种痕迹，就事论事，而不是简单地勾连因果，关乎事件的建构离事实到底有多远或有多近。

关于民间秘密结社的历史叙述，基本上都是"他者"（other）书写的产物，因此被称为邪教、会匪、教匪等。在官方叙述中，不同结社被固有名词所框定，被匀质化的名词来表示，如此一来，看不到不同结社内部的差异。比如，被称为秘密宗教或邪教的白莲教和罗教，两者差异很大，常常互相攻击。如果你相信这种由"他者"书写的历史，如何能把握历史的实在性（reality）？

北京的中国第一历史档案馆保存了很多秘密结社档案，供词是我们研究时的第一手资料。对研究者来说，很重要，也很危险。为什么这么说呢？原来，供词的制作是有迹可寻的，即有固定的格式。有时，看过一份供词后，我很怀疑是不是该犯人说的，因为似曾相识，在其他供词里也能阅读到相似的内容。撇开伪证不谈，细究起来，地方官习惯于把一个特殊事件或者一个有多重原因的事件附会到既定的官方话语上，这样简单处理后，一则可以说服自己，一则对上好交代。清前期，南方会党好多被描述为天地会，哪有那么多天地会？在北方，好多民间宗教都叫白莲教，其实大多也是附会上去的。如果不剥离这层假象，利用第一手资料的历史书写，将使作者身处险境而不自知，甚至还自以为得意。

至于朝廷的应对，要注意政治理念和政治实践的区隔。从统治理念上来说，朝廷绝对不承认这类结社的存在，在官方口径中都称为邪教、会匪、教匪等。但在统治实践中，朝廷由于无法将它们整合到控制体系中，不得不默认它们的存在，否则无法消解统治自身的矛盾。比如，最强调律例秩序的清代，朝廷居然对教匪、会匪采取"不论教不教，只问匪不匪""不论会不会，只问匪不匪"的政策。什么意思？管你是哪种结社，只要你行为上不犯上作乱，不反朝廷，任你随便发展。如果认真按律例办事，清廷得天天被"叫魂"困扰，哪儿还有时间去构建大帝国？看清朝历史会发现，这个集权鼎盛的王朝，恰恰是社会差异性最强的时代，包容差异性恰恰是帝制得以长治的秘诀。

澎湃新闻： 看来您要为传统中国的民间结社正名，您能再展开说明一下吗？

孙江： 正名不正名，能不能正名且不说，先不要给自己"抹黑"。我从不否认存在叛乱性结社，这是毫无疑问的事实，因为任何政治叛乱，如果没有组织化的过程是无法进行的。但我要强调的是，叛乱是短暂的、非常态的，我们不能把它泛化为对整个结社的理解。如果泛化了，对不起，会导致对中国社会和中国人的污名化。比如，在四川，旧时有一种传说，男子十有七八是袍哥，如果袍哥是秘密社会，不就是说四川是秘密社会，甚至黑社会了吗？再往大说，中国社会不就成了秘密社会了吗？中国民众不都成了刁民了吗？国外就有这样的看法！可叹的是，帝制相去已远，我们对自己历史的看法却还停留在帝制话语上。

举一个例子。嘉庆年间，山东武城县徐新庄发生了一起教案，档案中称为"如意门案"（或曰"一炷香案"）。如意门是非常小的宗教结社，领头的姜明有一年去河北走亲戚，习得了如意门修行法，回来后纠集七八人在家里定期聚会，互相切磋。嘉庆十九年(1814)，嘉庆帝突然要强化保甲，落实连坐法，地方官循例张贴告示。姜明的徐姓邻居胆小，见后坐不住了，将如意门告到县衙。县官知道地方上遍地都是类似的结社，就托词没有受理。没想到这位邻居太迂腐，又来上告，言之切切，县官大怒，将举报者杖责一顿。徐不服，于是，去京城上访。走到济南时，徐被当地驻军统领同兴截住，讯问之下，同兴如获至宝，连夜密奏朝廷。朝廷接报，责怪巡抚不作为，巡抚则责令县官戴罪调查。结果，县官把姜明等全部抓起来，流放的流放，杖刑的杖刑，定性为一桩叛乱教案。意味深长的是，县官同时将举报人杖刑八十，理由是供词里有不实之处。由此可见，"不论会不会，只问匪不匪""不论教不教，只问匪不匪"是政治实践中的潜规则，如果认真起来，地方官就没办法办正事了。这个如意门并没有因此案而灭迹，直到 20 世纪 40 年代日本人调查时，当地仍有如意门在活动。这再一次告知人们，当年知县的反应是多么正确。

澎湃新闻："秘密结社"这个提法又是怎么来的呢？

孙江："秘密结社"在英文表述中有两个词，早期是"secret association"，后来的通行用法是"secret society"。在中国官方文书中，对秘密结社的称呼是会匪、教匪等。"秘密"和"结社"两个词连在一起使用，是 19 世纪的事情，它有两个来源，一是传教士，即 19 世纪 30 年代在东南亚活动的马六甲英华书院院长米怜（Dr. Milne）。米怜发现，马六甲华人群体中存在着自称"公司"的组织，他们有一套自己的语言体系，有不为外人所知的仪式，在他看来，像西方的共济会，就称为"secret association"，即秘密协会。不过，这个词后来没流传下来，"secret society"是更为流行的用法。

但是，秘密结社这个词进入中国，不是从传教士那儿来的，是译自日语。日本在描述中国民间结社时有两套话语，一个是沿用中国文书中的会匪、教匪等，另一个是19世纪末用"秘密结社"翻译传教士文献中的"secret society"。日本人撰写的最有名的秘密结社文本是平山周的《中国秘密社会史》。我专门考证过这本书的作者和底本，《中国秘密社会史》1912年由上海商务印书馆出版，章炳麟和宋教仁（署名桃源逸士）分别作序，作者署名平山周。这本书的底本是平山周在《日本及日本人》杂志第569号（1911年11月）上匿名发表的《支那革命党及秘密结社》。该书正文加附录共108页，第一、二、三章中涉及白莲教、秘密结社起源和天地会的篇幅有48页，这部分在体例上，特别是在涉及三合会的内容上，直接翻译了史丹顿（William Stanton）1900年在香港出版的英文著作《三合会或天地会》（*The Triad Society or Heaven and Earth Association*）。其余第四、五章分别为哥老会和革命党，平山周去过湖南，跟革命党人相熟，这部分是以其个人收集到的哥老会和革命党资料为基础撰写而成的，其中包括陶成章的《龙华会章程》。

在"秘密结社"进入中国语境前后，"秘密社会"也进来了。最早使用"秘密社会"一语的是欧榘甲。1901年，他在日本发表《新广东》，文中将兄弟结拜的会党和民间宗教教派统称为"秘密社会""私会"，并且将其定位为反体制的民间组织。欧榘甲把秘密结社的行为和革命党的行动勾连在了一起，反过来说，它把革命党的政治诉求和秘密结社中非常态化的、政治化的内容联系在了一起，而这种"元叙事"在平山周的书中定型。关于秘密结社的话语史，具体可以参考我的《话语之旅：关于中国叙述中秘密结社话语的考察》（刘东主编《中国学术》总第 18 辑，商务印书馆，2005 年）。

澎湃新闻：您在研究中强调秘密结社之所以被秘密化、政治化是因为被界定为"私会"，那么它有没有可能成为"公会"呢？

孙江：这个问题最早也是欧榘甲提出来的，他是个怪人，英年早逝。在谈到"反满"革命时，他提出广东率先独立，各省依同样方式独立后，合在一起建立联邦。如何独立呢？欧认为，首先将广东省各地的三合会之类的结社——"私会"——整合为一个"公会"。关于《新广东》，我们曾经从革命与地方自治等角度研究过，这个文本含有很多思想内容，我甚至在一篇论文中认为它受到美国共和制的影响，你看，字里行间与托克维尔《论美国的民主》很相像。欧的构想后来被继承下来了。如宋教仁在给平山周《中国秘密社会史》的叙言里写道："使再节制其群，广展其宗义，化而如欧美之民党工会。"意思是说，秘密结社可以转化为政治领域的政党、经济领域的工会，从而为政党政治打下基础。

民国时期，曾经有三次将这些"私会"改变为"公会"的政治行动。第一次是民国初年的结社政党化，出现了"社团改进会""中华民国共进会"以及江亢虎的"中国社会党"等，名目繁多，但政党化或社团化的趋向很快就遭遇挫折。细究起来，之所以失败，原因是多方面的，最主要是革命党人对传统结社的现代转型虽然有理念，但缺乏实际作为，没有实实在在地对结社进行再组织化。第二次是在抗日战争爆发后的重庆国民政府治下。为了进行战争动员，国民党试图动员地方上的哥老会（袍哥）进行社会重组，但最后却发现大量的公务人员参加了哥老会，于是，赶紧给公务人员划了一个界，不得参加哥老会。第三次发生在抗战后政治秩序重组的过程中，在各级选举中，出现了结社政党化的趋向，如四川在举行地方选举时，国民党发现当选者很多是袍哥，当时出现了几十个不同名目的帮会政党。

对这三次结社试图合法化、"私会"变"公会"的现象，不能简单地以失败论之，它们给近代政治—社会转型留下了可思考的思想课题，值得探讨。大家知道杜赞奇（Prasenjit Duara）写过一本关于华北的书，在这本书里，杜赞奇提出了 state involution（国家政权内卷化）概念。他认为在推行现代化时由于漠视和摧毁传统的政治和社会资源，结果使政治投资成本与回报之间成反比。结社问题也是如此，我们以往过于强调负面，结果在将其踢出近代过程的同时，也付出了很大的代价。结社中有民间信仰里中和、节制的一面，如"功过格"思想，对人的行为有很大制约，你做好事还是做坏事，得到回报是不一样的。再如，欧洲学者在研究近代启蒙时关注到共济会的作用，在研究近代市民社会时，关注到市民结社的作用，我们的学者也曾关注到结社与近代革命的关系，但基本看法存在问题。

多年前，我曾写过《想象的血》一文，以秘密结社的异姓结拜讨论"血"在创造记忆共同体中的作用，指出中国人原本不是用"血"想象彼此关系的，而是用"气""骨肉"等。这篇文章的写作和我对民族主义的思考有关，检索现代民族理论，我们必须承认中华民族多元一体的论述很特殊，不适用于其中任何一个理论。如何解释这种断裂呢？我在结社历史中找到了根据，即中国历史上基于"联宗"（若干不同宗族联为一个大宗族）、"异姓结拜"的共同体的创出，正是中华民族多元一体思想的历史基础，这在其他地域和文化圈是很罕见的现象。

澎湃新闻：您刚才提到以往研究曾关注结社与革命之关系，但基本看法存在问题，是指辛亥革命吗？有不少研究都突出了会党、秘密结社的作用，您怎么看？

孙江：这是一段长期以来被夸大的历史。孙中山搞了十几次"反清起义"，都失败了，确切地说，大多数还没有起事就流产了。总结教训，他认为会党中人重利，更糟糕的是，有的拿了钱还不干事。其实，会党中的大哥也不一定能整合下面的人，会党很松散，并不是高度组织化的团体，成员有自己的家庭和生活，不是随时随地就可以抛下的。这也从反面证明了我前面说的，民间结社的政治要求是很弱的，即使有，也是临时性的、短暂的。如果考虑了这些情况，是不是可以说我们以往对辛亥革命与会党（秘密结社）的关系强调得太多了。说来，这也和刚才说的谁的历史叙事有关，如果你看当时的报章、档案，地方官和记者习惯于将群体性的事件归入一个已知的认识框架之中来加以解读。如果你把这当成事实，会不自觉导出错误的结论。

那么，是不是可以像孙中山那样将会党排除在辛亥革命叙事之外呢？不能。因为"反满"革命活动中确实有会党的影子，革命者从两个方面吸收了会党/秘密结社的成分：第一个方面就是将"反满"革命诉求与会党历史上短暂出现的政治诉求勾连在一起，比如，强调"排满"革命与"反清复明"的内在联系；又如，在秘密宗教的话语体系中有末日来临、入教免劫之说，在革命政治话语中被转换成新世界的到来。对老百姓来说，《易·革》里讲的"天地革而四时成，汤武革命，顺乎天而应乎人，革之事大矣哉"，是听不懂的，而哥老会《海底》文本谈革命很直白，什么是革命？——"拼命，不要命"。是活不下去了的呐喊。在动员会党上，颇有经验的革命党人陶成章在《龙华会章程》开篇头一句就写道"革命即造反"。一言以蔽之，革命者使用了会党或者秘密宗教中的文化象征资本。

第二个方面是利用会党/秘密结社的模拟血缘关系

创造近代政党。涂尔干（Émile Durkheim）说，人与人的关系是一种契约关系，而任何一种明示的契约关系都存在不合理的基础，因为没有一个明示的契约可以保证每个人都遵守契约，所谓毁约、跑路，过去有，现在有，古今没有区别。那么，怎样才能使契约相对更加可靠呢？歃血盟誓。让神来见证，违者会遭天谴。在天地会的仪式上，通过砍下公鸡的头渲染道："此鸡不是非凡鸡"，"兄弟结义将你斩，若有奸心照样亡"。秘密结社的这种结合方式被革命党运用了。

澎湃新闻：上面会党谈得比较多，那近代中国还有哪些其他结社值得关注呢？

孙江：最值得关注的是宗教慈善结社。注意，我在慈善结社前加了"宗教"二字，我要强调的是这两个字非常重要，中国的慈善结社与欧洲不一样，它不是产生于成熟的近代社会之中，所以既得不到社会的保障，也很难在政治上博得一定的尊重。很多中国慈善组织都有一个共通点，即宗教性，慈善行为与宗教行为是连在一起的。其实，慈善行为需要正当的动机，无论是在社会上还是在宗教上，都要有奖励机制，可能后者更重要。把自己口袋里的钱送给别人，冒着生命危险拯救别人，凭什么？你可以归结为人道主义、普世精神，但这些都太抽象，不如宗教来得直接晓白：功过格。做了好事，给你积分，将来还可以带到另一个世界去。明清以来的慈善结社，很多都是宗教组织办的，20 世纪初的慈善结社也是如此。所以，我们讨论民间结社时，要从中国本土的意义上去理解我们的民间结社的特点是什么，不能像西方那样脱离了宗教性，在市民社会的层次上探讨这个问题。

至于说近代有哪些值得注意的结社？很多。有红卍字会、万国道德会等，这些宗教慈善结社的骨干是中产阶级，他们有财力，敢担当。在纷乱的政治形势下，起到了非常重要的社会作用。比如红卍字会，现在国内外很多人都在研究它，想想看，那么多的慈善活动，经费几乎都来自会员的捐助，不容易呀。现在很多人喜欢民国掌故，民国时期杀戮之惨烈、死伤之众多，值得认真研究。那些被"异族"、被敌人杀死的人的尸体是怎么处理的？成千上万的尸体呀！敌人的尸体不说，同胞的尸体呢？处理得非常草率，随便挖个坑埋了就算了。在我们苦难的近代历程中，这样做是不是少了些人性的东西？红卍字会不简单，几乎每一场大战后战场上都有它的影子。南京大屠杀事件中红卍字会做了很多事，会长陶保晋率领成员在五台山和金陵大学设立两个粥厂，"日食三万"，掩埋了众多死者的尸体。为了救济难民，陶保晋被迫当了11天伪自治委员会会长，战争结束后因"通谋敌国"而被国民政府判为汉奸罪。在我们的历史叙事中，几乎都批判陶保晋失节。有次我在以色列希伯来大学开会，报告完陶保晋的故事后，全场一片寂然，人家对历史的看法似乎和我们不尽相同。

澎湃新闻：近年来您提倡历史记忆和概念史研究，

它们与秘密结社有关系吗？

孙江：社会史、心性史（含历史记忆）和概念史是我研究的三个方面，三者互相关联。有人奇怪，我为什么会如此倾心于秘密结社史研究？秘密结社是一面镜子，我们可以借助这面镜子观照我们所处的社会，借用政治学者张凤阳教授的经典概括：从秘密社会发现社会的秘密。

秘密结社与历史记忆研究关系密切，不仅这个组织自身在不断通过"传统的发明"（invention of tradition）谱写新历史，而且"他者"也在不断利用这个组织来进行历史的改写。就前者而言，在天地会创立初期，郑成功进入其中并成为"反清复明"的象征符号；到晚清，岳飞也进入其中，成为"排满"革命的符号。在结社这个共同体中，同民族叙事一样，存在起源、合法性和象征等的创造和再创造。正因为如此，结社所推崇的象征也成为权力者关注的对象。记得多年前去台湾宜兰县碧霞宫参观。史书上说，日本割据台湾后，士民在进士杨士芳的率领下，将当地岳飞庙改名为碧霞宫，寓意"碧血丹心照晓霞"，寄托对祖国的感情。这么美的故事，作为曾经研究过岳飞的学者，怎么不想去亲眼看看呢？但是，进入碧霞宫，翻开一百年前的史料和账簿，我傻眼了：台湾总督儿玉源太郎几乎每年都要给碧霞宫捐香火钱，这个庙原来是得到殖民政府承认的！说来也是，作为统治者，既然岳飞崇拜这么流行，何不将其纳入自己的统治话语体系之中呢。须知，任何一个帝国，在残酷性的一面之外，还有吸纳差异性的另一面。

现在概念史研究受到越来越多的关注，但是，和很多外来的东西一样，有着走样的可能。比如，有人把概念史与观念史相提并论，其实，两者不是一回事。简单地说，观念史就是以往思想史的延续，而概念史则集语言、思想和社会于一体，没有"历史"做支撑，词语不可能成为概念，也就无所谓概念史。

后 记

"语言的限度即世界的限度。"(维特根斯坦，Ludwig Wittgenstein)

课堂授徒之余，不时有学生问我："老师，您为什么只写论文，不出版著作？"闻之语塞。顾炎武在《窃书》一文中对以往的学术有过批评性的概观，他说，"汉人好以自作之书而托为古人"，如张霸《尚书》、卫宏《诗序》。"晋以下人，则有以他人之书而窃为己作"，如郭象《庄子注》、何法盛《晋中兴书》。"有明一代之人，其所著书无非窃盗而已。"从附会到盗窃，不单是学风问题，实则道出了知识生产的有限性。在我看来，对历史的把捉可以循两条路径展开，一为将简单复杂化，揭示事物内在的差异性，给出暂时性的结论。反之，则将复杂简约化，抽出事物的同一性，给出目的论的阐释。如欲悬隔本质主义的价值判断，不要说撰写著作，就是认真写几篇文字亦非易事。

本文集收录了 2002 年 8 月在北京香山召开的"中国

需要什么样的新史学"会议以来应约所写所谈的长短文和序跋，分"方法""记忆""概念""东亚"和"访谈"五个专题，虽然割舍了我自认为很重要的一些文章，但大致反映了我这15年对"语言学的转向"的冲击在历史认识论、社会史、心性史（记忆研究）、概念史等方面所做的思考，相关的具体研究业已或即将体现在我的研究专著中。

在收集和编辑本文集过程中，每每忆起与学界同人和编辑的交往，套句俗话，没有友人们的不弃，这些长短文字肯定隐没不显了。但是，昨日之我非今日之我，让我从头校对、润饰文字，既无时间，也无热情，因此除对个别文字稍作删削和技术性处理外，体例的统一和纠错工作均交由我的学生分工完成，看下次谁还敢说老师为什么不出版著作。

图书在版编目(CIP)数据

镜像中的历史 / 孙江著. —北京：北京师范大学出版社，2018.1
（新史学文丛）
ISBN 978-7-303-22890-4

Ⅰ.①镜… Ⅱ.①孙… Ⅲ.①史学－研究 Ⅳ.①K03

中国版本图书馆 CIP 数据核字(2017)第 230724 号

营 销 中 心 电 话 010-58802181 58805532
北师大出版社高等教育与学术著作分社 http://xueda.bnup.com

JINGXIANG ZHONG DE LISHI

出版发行：北京师范大学出版社 www.bnup.com
　　　　　北京市海淀区新街口外大街 19 号
　　　　　邮政编码：100875
印　　刷：北京盛通印刷股份有限公司
经　　销：全国新华书店
开　　本：890mm×1240mm 1/32
印　　张：10.875
字　　数：220 千字
版　　次：2018 年 1 月第 1 版
印　　次：2018 年 1 月第 1 次印刷
定　　价：48.00 元

策划编辑：谭徐锋　　　　责任编辑：王一夫
美术编辑：王齐云　　　　装帧设计：王齐云
责任校对：陈　民　　　　责任印制：马　洁